云南民族大学学术文库

香格里拉区域经济
发展方式转变研究

王德强（绒巴扎西） 廖乐焕 著

人民出版社

责任编辑:邵永忠

图书在版编目(CIP)数据

香格里拉区域经济发展方式转变研究/王德强(绒巴扎西)、廖乐焕 著.
　－北京:人民出版社,2011.4
ISBN 978－7－01－009571－4

Ⅰ.①香…　Ⅱ.①王…②廖…　Ⅲ.①地区经济－经济发展－研究－迪庆藏族
　自治州　Ⅳ.①F127.742

中国版本图书馆 CIP 数据核字(2010)第 259887 号

香格里拉区域经济发展方式转变研究
XIANGGELILA QUYU JINGJI FAZHAN FANGSHI ZHUANBIAN YANJIU

王德强(绒巴扎西)　廖乐焕　著

人民出版社 出版发行
(100706　北京朝阳门内大街 166 号)

北京集惠印刷有限责任公司印刷　新华书店经销

2011 年 4 月第 1 版　2011 年 4 月北京第 1 次印刷
开本:710 毫米×1000 毫米 1/16　印张:16.75
字数:300 千字

ISBN 978－7－01－009571－4　定价:39.00 元

邮购地址 100706　北京朝阳门内大街 166 号
人民东方图书销售中心　电话 (010)65250042　65289539

《云南民族大学学术文库》总序

云南民族大学党委书记、教授、博导　甄朝党

云南民族大学校长、教授、博导　张英杰

云南民族大学是一所培养包括汉族在内的各民族高级专门人才的综合性大学，是云南省省属重点大学，是国家民委和云南省人民政府共建的全国重点民族院校。学校始建于 1951 年 8 月，受到毛泽东、周恩来、邓小平、江泽民、胡锦涛等几代党和国家领导人的亲切关怀而创立和不断发展，被党和国家，特别是云南省委、省政府以及全省各族人民寄予厚望。几代民族大学师生不负重托，励精图治，经过近 60 年的建设尤其是最近几年的创新发展，云南民族大学已经成为我国重要的民族高层次人才培养基地、民族问题研究基地、民族文化传承基地和国家对外开放与交流的重要窗口，在国家高等教育体系中占有重要地位，并享有较高的国际声誉。

云南民族大学是一所学科门类较为齐全、办学层次较为丰富、办学形式多样、师资力量雄厚、学校规模较大、特色鲜明、优势突出的综合性大学。目前拥有一个联合培养博士点，50 个一级、二级学科硕士学位点和专业硕士学位点，60 个本科专业，涵盖哲学、经济学、法学、教育学、文学、历史学、理学、工学和管理学 9 大学科门类。学校 1979 年开始招收培养研究生，2003 年被教育部批准与中国人民大学联合招收培养社会学博士研究生，2009 年被确定为国家立项建设的新增博士学位授予单位。国家级、省部级特色专业、重点学科、重点实验室、研究基地，国家级和省部级科研项目立项数、获奖数等衡量高校办学质量和水平的重要指标持续增长。民族学、社会学、经济学、管理学、民族语言文化、民族药资源化学、东南亚南亚语言文化等特色学科实力显著增强，

在国内外的影响力不断扩大。学校科学合理的人才培养体系和科学研究体系得到较好形成和健全完善，特色得以不断彰显，优势得以不断突出，影响力得以不断扩大，地位与水平得以不断提升，学校改革、建设、发展不断取得重大突破，学科建设、师资队伍建设、校区建设、党的建设等工作不断取得标志性成就，通过人才培养、科学研究、服务社会、传承文明，为国家特别是西南边境民族地区发挥作用、做出贡献的力度越来越大。

云南民族大学高度重视科学研究，形成了深厚的学术积淀和优良的学术传统。长期以来，学校围绕经济社会发展和学科建设需要，大力开展科学研究，产出大量学术创新成果，提出一些原创性理论和观点，得到党委政府的肯定和学术界的好评。早在20世纪50年代，以著名民族学家马曜教授为代表的一批学者就从云南边疆民族地区实际出发，提出"直接过渡民族"理论，得到党和国家高层领导刘少奇、周恩来、李维汉等的充分肯定并采纳，直接转化为指导民族工作的方针政策，为顺利完成边疆民族地区社会主义改造、维护边疆民族地区团结稳定和持续发展发挥了重要作用，做出了突出贡献。汪宁生教授是我国解放后较早从事民族考古学研究并取得突出成就的专家，为民族考古学中国化做出重要贡献，他的研究成果被国内外学术界广泛引用。最近几年，我校专家主持完成的国家社会科学基金项目数量多，成果质量高，结项成果中有三项由全国哲学社会科学规划办公室刊发《成果要报》报送党和国家高层领导，发挥了资政作用。主要由我校专家完成的国家民委《民族问题五种丛书（云南部分）》、《云南民族文化史丛书》等都是民族研究中的基本文献，为解决民族问题和深化学术研究提供了有力支持。此外，还有不少论著成为我国现代学术中具有代表性的成果。

改革开放30多年来，我国迅速崛起，成为国际影响力越来越大的国家。国家的崛起为高等教育发展创造了机遇，也对高等教育提出了更高的要求。2009年，胡锦涛总书记考察云南，提出要把云南建成我国面向西南开放的重要桥头堡的指导思想。云南省委、省政府作出把云南建成绿色经济强省、民族文化强省和我国面向西南开放重要桥头堡的战略部署。作为负有特殊责任和使命的高校，云南民族大学将根据国家和区域发展战略，进一步强化人才培养、科学研究、社会服务和文化传承的功能，围绕把学校建成"国内一流、国际知名的高水平民族大学"的战略目标，进一步加大学科建设力度，培育和建设一批国内省内领先的学科；进一步加强人才队伍建设，全面提高教师队伍整体水平；进一步深化教育教学改革，提高教育国际化水平和人才培养质量；进一步抓好科技创新，提高学术水平和学术地位，把云南民族大学建设成为立足云南、面向全国、辐射东南亚南亚的高水平民族大学，为我国经济社会发展，特别是云南边疆民族地区经济社会发展做出更大贡献。

学科建设是高等学校龙头性、核心性、基础性的建设工程，科学研究是高等学校的基本职能与重要任务。为更好地促进学校科学研究工作、加强学科建设、推进学术创新，学校党委和行政决定编辑出版《云南民族大学学术文库》。

这套文库将体现科学研究为经济社会发展服务的特点。经济社会需要是学术研究的动力，也是科研成果的价值得以实现的途径。当前，我国和我省处于快速发展时期，经济社会发展中有许多问题需要高校研究，提出解决思路和办法，供党委政府和社会各界参考和采择，为发展提供智力支持。我们必须增强科学研究的现实性、针对性，加强学术研究与经济社会发展的联系，才能充分发挥科学研究的社会作用，提高高校对经济社会发展的影响力和贡献度，并在这一过程中实现自己的价值，提升高校的学术地位和社会地位。云南民族大学过去有这方面的成功经验，我们相信，随着文库的陆续出版，学校致力于为边疆民族地区经济社会发展服务、促进民族团结进步、社会和谐稳定的优良传统将进一步得到弘扬，学校作为社会思想库与政府智库的作用将进一步得到巩固和增强。

这套文库将与我校学科建设紧密结合，体现学术积累和文化创造的特点，突出我校学科特色和优势，为进一步增强学科实力服务。我校 2009 年被确定为国家立项建设的新增博士学位授予单位，这是对我校办学实力和水平的肯定，也为学校发展提供了重要机遇，同时还对学校建设发展提出了更高要求。博士生教育是高校人才培养的最高层次，它要求有高水平的师资和高水平的科学研究能力和研究成果支持。学科建设是培养高层次人才的重要基础，我们将按照国家和云南省关于新增博士学位授予单位立项建设的要求，遵循"以学科建设为龙头，人才队伍建设为关键，以创新打造特色，以特色强化优势，以优势谋求发展"的思路，大力促进民族学、社会学、应用经济学、中国语言文学、公共管理学等博士授权与支撑学科的建设与发展，并将这些学科产出的优秀成果体现在这套学术文库中，并用这些重点与特色优势学科的建设发展更好地带动全校各类学科的建设与发展，努力使全校学科建设体现出战略规划、立体布局、突出重点、统筹兼顾、全面发展、产出成果的态势与格局，用高水平的学科促进高水平的大学建设。

这套文库将体现良好的学术品格和学术规范。科学研究的目的是探寻真理，创新知识，完善社会，促进人类进步。这就要求研究者必需有健全的主体精神和科学的研究方法。我们倡导实事求是的研究态度，文库作者要以为国家负责、为社会负责、为公众负责、为学术负责的高度责任感，严谨治学，追求真理，保证科研成果的精神品质。要谨守学术道德，加强学术自律，按照学术界公认的学术规范开展研究，撰写著作，提高学术质量，为学术研究的实质性进步做出不懈努力。只有这样，才能做出有思想深度、学术创见和社会影响的成果，也才能让科学研究真正发挥作用。

我们相信，在社会各界和专家学者们的关心支持及全校教学科研人员的共同努力下，《云南民族大学学术文库》一定能成为反映我校学科建设成果的重要平台和展示我校科学研究成果的精品库，一定能成为我校知识创新、文明创造、服务社会宝贵的精神财富。我们的文库建设肯定会存在一些问题或不足，恳请各位领导、各位专家和广大读者不吝批评指正，以帮助我们将文库编辑出版工作做得更好。

二〇〇九年国庆于春城昆明

摘　要

　　2002 年 5 月，首届"中国香格里拉生态旅游区"座谈会在西藏拉萨举行，会议将"香格里拉"区域界定为川西南、滇西北、藏东南相邻的 9 个地州。本课题所指香格里拉区域为香格里拉核心区，即地域上毗连的云南省迪庆州、怒江州，西藏昌都地区和四川省甘孜州。该区域地处滇、川、藏三省交界的横断山区，山脉绵延、高低起伏，江河湍急，是著名的生态旅游区、重要的生物与民族文化多样性保护区、世界自然遗产风景名胜区和国家生态安全屏障；由于山高坡陡、岩石裸露，生态系统稳定性差。长期以来，当地居民为了维持生计，被迫以生态环境资源换取生存资料，出现了过度砍伐、过度垦殖、过度放牧等现象，导致区域生态环境日趋恶化，致使开发与保护的矛盾十分突出。若不切实转变经济发展方式，区域发展将难以为继，并将危及国家生态安全。

　　一、本书首次全面、系统地揭示了香格里拉区域在大西南乃至国民经济未来发展中的战略地位和作用。认为，该区域具备建成国际性旅游景区的资源条件和基础；具备建成我国最大的野生生物资源保护与产业开发基地的条件和基础；具备建成我国新的有色金属工业基地的条件和基础；具备建成国家能源续接基地和大西南水电工业基地的条件和基础；具备建成青藏高原特色畜牧业生产及加工基地的条件和基础；该区域还是长江上游最重要的水土保持和生态保护区。

　　二、本书提出了切实可行又有前瞻性的香格里拉区域经济发展方式转变的目标与思路。即：以党的科学发展观和西部大开发战略的实施为契机，以区域环境资源优势为依托，以制度、技术创新为动力，加强生态环境保护与建设，加强区域经济协作，加强人力资源开发，加强以交通为主的基础设施建设，大力开发区域优势、特色资源，形成区域优势产业，最终实现区域经济增长方式由粗放型到集约型的转变。

三、本书提出了切实可行的香格里拉区域经济发展方式转变的对策建议。这体现于研究报告所涉及的每个专题。报告认为，加强基础设施建设是推进区域经济发展方式转变的基础；以资源环境承载力为依据调整优化区域产业结构，是区域经济转变发展方式转变的载体与有效途径；循环经济模式是资源地经济发展的基本模式，也是区域经济发展方式转变的重要途径；积极发展生态旅游业，是区域经济新的增长点和发展方式转变的突破口；制度和技术创新是区域经济发展方式转变的动力；重视人力资源开发，是推进区域经济发展方式转变的关键因素；构建和完善区域利益共享机制，是区域发展方式转变的出发点和归宿；香格里拉文化建设是区域经济发展方式转变的重要内容，等等。

四、本书始终把香格里拉区域经济发展方式转变置于西部大开发战略与和谐社会建设的总体背景中。充分考虑了西部大开发与和谐社会建设对区域经济发展方式转变所带来的机遇，并通过对区域经济功能的深入分析揭示了该区域参与西部大开发与和谐边疆建设的方式与途径。

五、本书以大量的实地调研和丰富的第一手材料为基础，始终围绕着香格里拉区域经济增长方式转变实践中所面临的焦点问题来开展研究，具有较强的对策性和实践性。

目 录

第 1 章

香格里拉区域经济发展方式
转变研究导论

1.1. 研究的价值与意义

1.1.1. 经济增长方式与经济发展方式

"经济增长方式"与"经济发展方式"既有区别又有联系。所谓经济增长，一般是指一个国家或地区在一定时期内经济规模在量上的扩大，包括商品产出量和劳务量的增加。经济发展方式是指实现经济增长的方式和方法，按照要素投入方式可分为两种：一种是通过增加资源投入和消耗来实现经济增长，即粗放型增长方式；另一种是通过提高资源利用效率来实现经济增长，即集约型增长方式。转变经济发展方式，就是从粗放型增长方式转变为集约型增长方式，即从主要依靠增加资源投入和消耗来实现经济增长转变为主要依靠提高资源利用效率来实现经济增长。经济发展则是一个内涵更为广泛的概念。经济发展不仅包含数量上的增加，而且还包括结构的改善、质量和效益的提高以及发展的可持续性。从经济增长与经济发展的联系看，经济增长是经济发展的基础与手段，没有经济增长就没有经济发展；经济发展是经济增长的目标与归宿，没有发展的经济增长必然是片面甚至是畸形的增长。转变经济发展方式并不排斥经济增长方式从粗放型转向集约型，而是包含了这种转变。因此笔者认为，经济发展方式（即实现经济发展的方式与方法）不仅包括经济增长方式的内容，也包括资源利用方式、结构转换方式、利益分配方式、人与自然和谐等更为复杂的内容；转变经济发展方式不能简单概括为从粗放型方式向集约型方式的转变，还要求从注重数量增加转向注重数量增加和质量提高相结合，更加注重质量提高和结构优化；从一次性和单一性利用资源转向循环利用和综合利用资源；从牺牲环境发展经济转向力争经济与环保双赢；从视资源环境为人类活动的对立面转为强调人与自然更加和谐的发展；从单纯注重企业的经济效益转变为更加关注企业的生态环境保护与社会责任，强调社会成员共享经济发展成果的利益共享机制的建立，等等[1]。

在本项研究中，笔者始终将经济发展方式转变置于区域经济发展的宏阔背景中，以区域经济的发展为目标与归宿，并将区域产业结构的优化调整、循环经济与技术的推广应用、政府职能的转变与更适合区域实情的制度环境的构建、人力资源开发与配置的改进、利益共享机制的构建，以及以人与人、人与自然和谐为核心精神的香格里拉文化建设等作为区域经济发展方式转变的现实基础。

1.1.2. 区域经济发展方式转变研究的价值与意义

本项研究将地处滇、川、藏结合部的云南省迪庆州、怒江州，四川省甘孜州，西藏自治区昌都地区作为一个整体区域进行考察，认为香格里拉区域既是一个自然资源富集而经济贫困亟待开发的区域，又是一个生态环境价值凸显，生态环境系统脆弱，并拥有香格里拉、三江并流世界自然遗产等国际性旅游品牌的区域。这意味着保护与开发、贫困与发展等各种矛盾体必然深刻影响着该区域经济发展方式的转变。因此，该区域经济发展方式转变研究不仅对该区域的可持续发展具有重要的意义，而且因该区域资源产业序列的丰富性、资源产业序列之间的依存性以及各资源产业序列成长过程中在经济技术方面的差异性，使该区域经济发展方式的转变充分展示出多样性与复杂性。

尚需指出的是，该区域三江水能开发和优势矿种的开发已经启动，大香格里拉旅游经济圈正在逐步形成，在此背景下本项研究具有重要现实意义。

同时，本项研究的现实意义还表现在：揭示了香格里拉区域经济发展的特点，并在一定程度上揭示了经济发展方式的区域差异及其原因，从而对该区域

---

[1]　胡学勒：《经济增长方式与经济发展方式的联系与区别》，《经济纵横》2008 年第 1 期。

经济可持续增长和生态环境保护提供相应的借鉴与参考；揭示了制度安排在该区域经济发展方式转变中的地位与作用，使人们认识到在改变经济发展方式中制度的重要性，进而促进西部地区经济发展方式的转变和生态环境的保护；揭示了香格里拉区域经济发展方式转变和生态环境保护的具体途径，并提出了相关政策建议，有助于该区域经济的可持续发展，并由此推进区域经济现代化的进程。

1.1.3. 区域经济发展方式转变研究综述

◎ 国内研究综述

经济增长或发展方式问题一直是我国经济发展的重大问题。长期以来，受社会经济发展所处阶段及整体技术水平的限制，我国主要依靠增加要素投入和物质消耗来推动经济增长，带有明显的高投入、高增长、低效益的粗放型特征。为提高社会经济增长的质量和效益，无论是理论界，还是党和政府的各级决策层，都高度重视转变经济发展方式。早在 20 世纪 50 年代中期，一些学者和经济工作者就开始注意计划经济体制忽视价值规律作用、不重视效率等弊病，指出要重视生产活动中"不惜工本"的问题，并讨论了改变粗放式发展道路的必要性和方法，提出了依据价值规律改革计划经济体制的主张。20 世纪 60 年代，我国从苏联引入了"外延增长"和"内涵增长"的概念，并分析和比较了其优劣。在这些讨论中，开始关注经济增长过程中资本和劳动力的使用效果，形成了粗放型、集约型、外延型、内涵型等表示经济增长特点的概念。[1] 党的十一届三中全会以来，与市场经济体制改革相适应，党中央明确提出经济发展方式要从粗放经营为主逐步转变到以集约经营为主的轨道上来。特别是 1995 年党的十四届五中全会，党中央明确提出要实现两个具有全局意义的根本性转变，即经济体制从传统计划经济体制向社会主义市场经济体制转变；经济发展方式从粗放型向集约型转变。由此，关于转变经济发展方式成为经济界、学术界普遍关注的热点，学术界就此问题从不同角度进行了有价值的探讨。

（一）以马克思主义，特别是建设中国特色社会主义理论为指导，深入探讨了经济发展方式及其转变的科学内涵、理论与现实依据、重要意义、基本要求和转变思路。关于经济发展方式及其转变的科学内涵，学者们认为，经济发展方式是指实现经济增长的方式和方法，按照要素投入方式可分为两种：一种

---

[1] 参见任保平、邵晓：《我国经济增长方式研究述评》，《天津行政学院学报》2007 年第 4 期。

是通过增加资源投入和消耗来实现经济增长，即粗放型增长方式；另一种是通过提高资源利用效率来实现经济增长，即集约型增长方式[1]。对于经济发展方式及其转变的理论与现实依据，学者们认为主要有四个：（1）马克思主义的经济增长和发展理论；（2）现代西方经济增长理论；（3）新科技革命的内在要求；（4）我国改革开放新形势的内在要求[2]。对于经济发展方式及其转变的重要意义，学者们认为，这既是建设社会主义市场经济体制的内在要求，也是新世纪保持我国经济又好又快可持续发展的迫切需要[3]。对于经济发展方式转变的基本要求与思路，学者们认为，转变经济发展方式，就是从粗放型（外延型）增长方式转变为集约型（内涵型）增长方式，即从主要依靠增加资源投入和消耗来实现经济增长转变为主要依靠提高资源利用效率来实现经济增长；要从经济发展战略、经济政策选择、机制创新、评价指标体系构建等方面积极推进这种转变[4]。

（二）从中国经济发展的现实及国际经验出发，深入探讨我国经济发展方式转变的影响因素及重点、难点。对于我国经济发展方式转变的影响因素，学者们认为不可忽视以下因素：（1）财政政策；（2）货币、金融政策；（3）产业结构调整与产业政策；（4）教育与人力资本投资；（5）知识创新、科技创新与自主创新；（6）无形资产投资与价值创造；（7）外商投资；（8）消费方式等[5]。对于经济发展方式转变的重点、难点，学者们集中关注农业、工业、企业、产业结构调整及科技创新等领域和问题[6]。

（三）从全国各地的实际出发，对各省区的经济发展方式进行专门研究。

---

[1] 参见洪银兴：《经济增长方式转变研究》，南京：南京大学出版社，2000；田春生、李涛：《经济增长方式研究》，南京：江苏人民出版社，2002；宁森：《对经济增长方式转变的再思考》，北京大学2007年博士学位论文；朱津鹏：《新时期我国经济增长方式转变新内涵及其实证研究》，浙江大学2008年硕士学位论文。

[2] 刘万贵、路广平：《经济增长方式转变理论探索》，北京：中国计划出版社，1998；王振：《转变经济增长方式研究》，上海：学林出版社，2006；卫兴华、孙永梅：《对我国经济增长方式转变的新思考》，《经济理论与经济管理》2007年第2期。

[3] 参见曾培炎：《加快转变经济增长方式》，北京：中国计划出版社，1995；王庆功、杜传忠：《走向21世纪：中国经济增长方式转变》，天津：天津人民出版社，1996；刘国光、李就文：《中国经济大转变：经济增长方式转变的综合研究》，广州：广东人民出版社，2001。

[4] 陈德华等：《论经济增长方式的转变》，成都：西南财经大学出版社，1997；朱震葆：《经济增长方式转变评价体系研究》，南京：河海大学出版社，1998；姜作培：《经济增长方式转变的政策选择》，北京：中国经济出版社，2000；袁文平：《经济增长方式转变机制论》，成都：西南财经大学出版社，2000。

[5] 参见蒲勇健：《经济增长方式转变中的产业结构调整与产业政策》，北京：华文出版社，2000；侯亚非：《人口质量与经济增长方式》，北京：中国经济出版社，2000；郑必清、李伍荣：《消费增长与经济增长方式转变》，长沙：湖南人民出版社，2002；曲建：《外商直接投资与经济增长方式关系研究》，北京：中国财政经济出版社，2003；雷仲敏：《城市科技创新与经济增长方式转变》，北京：中国言实出版社，2007；朱翠萍：《人力资本理性配置与经济增长方式转变》，云南大学2008年博士学位论文；戴书松：《无形资产投资、价值创造及经济增长方式转变》，北京：经济管理出版社，2008；徐田江：《自主创新对中国经济增长方式转变的作用探析》，中共中央党校2008年硕士学位论文。

[6] 参见侯峰：《技术进步是转变经济增长方式的关键》，《生产力》1997年第1期；郑冶钢、吕海燕：《农村经济增长方式研究》，北京：中国农业科技出版社，1997；蒋永穆、杨建川：《企业经济增长方式转变论》，成都：四川大学出版社，1998；丁保平：《我国转变经济增长方式的难点及对策研究》，《技术经济》2007年第10期。

比如，有学者从增长约束条件角度研究了北京市经济发展方式转变问题；有学者从创新环节研究了上海市经济发展方式转变问题；有学者从影响因素角度研究了山东省经济发展方式转变问题；有学者从体制改革要求角度研究了湖北省经济发展方式转变问题等[1]。特别值得一提的是，很多学者非常关注西部地区，特别是少数民族地区的经济发展方式转变问题，认为转变经济发展方式是西部民族地区经济加快发展、实现区域经济协调发展的关键。比如学者们一方面把西部民族地区作为一个整体，从转变经济发展方式的重要意义、特殊因素、重点、难点及关键环节等角度探讨了该区域经济发展方式转变问题；[2]另一方面，又具体情况具体分析，对四川、新疆、内蒙古、云南等省区的经济发展方式转变问题进行了深入、专门的研究。[3]

对于香格里拉区域经济发展方式转变问题，目前还没有专门、系统的研究成果。但有不少学者从欠发达地区角度，探讨香格里拉区域的跨越式发展：（1）以建设中国特色社会主义理论为指导，探讨香格里拉区域具有藏区特色社会主义发展道路，包括生态文明观、民族文化观、产业文明观和政治文明观的构建[4]；（2）以香格里拉文化为纽带，探讨川滇藏大香格里拉经济区的构建，并从制度创新、技术创新等角度思考区域经济跨越式发展的基本路径与方略[5]；（3）从区域历史文化与现实环境出发，深入探讨区域跨越式发展过程中优势资源开发与合作、生态环境保护、生态利益补偿等突出矛盾及其解决机制[6]。这些研究，为本项研究提供了有益借鉴。

---

[1] 参见高瑞科：《湖北省转变经济增长方式研究》，武汉：湖北人民出版社，1996；上海经济增长方式转变综合研究课题组：《创新：上海经济增长方式转变的必由之路》，上海：上海人民出版社，1998；宗兆礼：《转型经济增长方式及其影响因素的实证研究：以山东省为例》，山东大学2006年硕士学位论文；邱竞：《北京经济增长方式转变研究：基于增长约束的分析》，中国人民大学2008年博士学位论文。

[2] 参见韦剑峰：《民族地区推进经济增长方式转变的制约因素及对策思考》，《民族研究》1997年第2期；赵晓华、李琳：《科学发展观与民族地区经济增长方式的转变》，《贵州民族研究》2004年第4期；江世铭：《西部经济增长方式转型与区域经济协调发展》，《贵州财经学院学报》2004年第6期；袁文倩《西部经济增长方式与生态环境的保护：基于制度视角的分析》，西北大学2006年硕士学位论文；李声明：《信息化推动经济增长方式转变的内在机理——兼论对我国民族自治地区经济增长方式转变的启示》，《山西财经大学学报》2007年第3期。

[3] 参见陈大江：《新疆经济发展与转变经济增长方式研究》，乌鲁木齐：新疆大学出版社，1999；刘秀清：《内蒙古经济增长方式：从粗放到集约》，北京：中国计划出版社，2000；何永芳：《加快经济增长方式转变：四川产业结构调整与产业政策》，成都：西南财经大学出版社，2001；杨永生：《循环经济与云南经济增长方式转变》，昆明：云南大学出版社，2008。

[4] 参见赵绍敏、齐扎拉：《香格里拉之路：有藏区特色社会主义发展道路新探索》，昆明：云南民族出版社，2002；陈一之、缪家福：《解放思想与香格里拉的跨越式发展》，《中共云南省委党校学报》2002年第6期。

[5] 参见齐扎拉：《"香格里拉"保护与发展的探索及行动》，《思想战线》2001年第1期；王洛林、朱玲：《后发地区的发展路径选择：云南藏区案例研究》，北京：经济管理出版社，2002；丁任重：《中国大香格里拉经济圈研究》，成都：西南财经大学出版社，2006。

[6] 参见李伟、周智生：《大香格里拉区域旅游合作及其发展机制》，《经济问题探索》2006年第5期；徐柯健：《大香格里拉地区旅游开发模式比较分析》，《地理科学进展》2008年第3期；于夫：《西部民族地区生态补偿机制研究：以滇西北香格里拉县为例》，中央民族大学2008年硕士学位论文。

　　近年来，党和政府进一步深化了对经济发展规律的认识，形成了指导新时期经济社会发展全局的科学发展观。以落实科学发展观为指导，党中央提出，"实现国民经济又好又快发展，关键要在转变经济发展方式"[1]。学者们普遍认为，从"转变经济增长方式"到"转变经济发展方式"，不是对转变经济增长方式的简单否定，而是转变经济发展方式内涵的丰富与提升[2]。

　　从总体上看，一是国内鲜有涉及区域经济发展方式转变，特别是边疆少数民族贫困地区经济发展方式转变方面的研究；二是研究视角比较宏观，共性研究多，针对某一个特定区域，特别是少数民族地区的研究少，实践价值不高；三是研究方法上多采用规范分析，属于对策性研究的多，实证研究少。

　　◎ 国外研究综述

　　国外对香格里拉区域的讨论多集中于民族文化方面，对区域经济发展关注不够，只有零星的文章论及香格里拉及周边区域的经济发展。

　　艾米丽·T·耶（Emily T. Yeh）在《森林主张、冲突和商品化：中国云南松茸收获村庄的政治生态》一文中，以云南迪庆藏族自治州松茸产业的发展为线索，研究松茸产业链背后的社会结构。在文中，艾米丽首先以松茸交易为媒介，将内陆高原山村与发达的市场经济国家日本巧妙连接起来。其次，论述了在利益驱动下松茸林权的制度安排问题，特别强调了乡规民约对于财产权利认定、利益分配的重要性。她认为，政府政策的支持为松茸提供了商品化的可能性，而乡规民约在法定财产权利与社会和环境结果之间复杂的关系中的重要性展示了全球化市场的影响力以及通过这些复杂的社会过程产生的环境后果。[3]

　　丹尼尔·温科勒（Daniel Winkler）的《西藏的蘑菇、菌类市场——以虫草和松茸为例》认为，冬虫夏草的交易已经发展成为西藏农村地区重要的收入来源。它占到西藏农村家庭经济收入的40%，并且正在迅速成为西藏独一无二的全球性菌类商品。到2007年末，拉萨质量最好的冬虫夏草价格大约在80000人民币左右（约合12000美元）一磅。年均仅50吨冬虫夏草的收获量的价值超过了2004年工业与矿产部门的生产价值总和。由于担心高收益会驱使人们疯狂采集，会给虫草、松茸产业带来毁灭性打击，温科勒在文中特别提示，藏区农户

[1] 胡锦涛：《坚定不移走中国特色社会主义伟大道路，为夺取全面建设小康社会新胜利而奋斗》，《人民日报》2007年6月26日。

[2] 参见唐龙：《从"转变经济增长方式"到"转变经济发展方式"的理论思考》，《当代财经》2007年第12期；何雄浪、杨继瑞：《从转变经济增长方式到转变经济发展方式》，《贵州财经学院学报》2008年第5期。

[3] Emily T. Yeh . *Forest Claims, Conflicts and Commodification: The Political Ecology of Tibetan Mushroom- Harvesting Villages in Yunnan Province, China*，The China Quarterly, No. 161（Mar., 2000），pp. 264—278.

采集者应该用科学的技术采集虫草、松茸等可食用野生菌类，以保证菌类产业的可持续发展。他在文中肯定了西藏大部分县建立虫草、松茸的采集许可体系的做法，呼吁并强调政府要加强市场监管，并应尽快出台相应政策、法规，以保证藏区菌类产业的可持续发展。[1]

莱比锡大学（Leipzig University）的安德烈亚斯·格鲁施克（Andreas Gruschke）在《没有牧场的牧民？康北藏区牧民与前牧民的全球化、区域化和民生安全》一文中向我们展示了青海玉树藏族自治州藏区牧民生活、生计方式的转变情况。他指出，由于广播、电视及网络的出现，藏区牧民的知识信息和视野大为拓展，也使得牧区与城镇之间的联系显得容易且紧密了，由此而来的结果是藏区牧民不再满足于传统的畜牧、游牧生计方式。特别是虫草与藏獒的高利润，使得很多藏区牧民家庭显著减少牲畜生产数量，用很少时间从事放牧，而大部分时间用来采集虫草。作者指出，这样做，一方面可以减缓游牧地区草场的压力，从生态学角度看是有利的，然而，由于牧民作息时间的改变而导致的生活、生计方式的改变则会带来社会学、民族学方面的问题，而且，大家都去采集虫草，长期来看，对生态环境仍然是具有破坏性的，而虫草产业也将不能获得长足发展。[2]

人类学教授南希·莱文（Nancy Levin）通过对四川藏区进行的个案调查，肯定了目前的政府牧业政策有利于当地的牧业发展，但是质疑划围草场、定居游牧和围栏放牧这些行为会产生资源不平衡的负面影响。在此基础上，完成了《从游牧民到农场主——四川藏族的牧场经营模式》一文。安吉拉·曼德沙伊德的《藏东高原游牧民的生活及经济模式》和苏珊·科斯特洛（Susan Costello）的《果洛藏族社会财富的流动》[3] 主要观点是：青藏高原的森林对中国及周边国家的水文起重要作用。东部藏区是森林密集的地方，自然灾害与人类活动对森林有影响。森林采伐与淤泥沉积、水力发电安装之间存在相互关系和作用，应当运用林业科学理论与生态的方法经营森林。随着市场体制的建立，藏区以游牧为主体的传统生产方式将消失。

总体上，在西方研究香格里拉及藏区的作者中，有的是通过旅游者身份走

[1]　Daniel Winkler. *The Mushrooming Fungi Market in Tibet-Exemplified by Cordyceps sinensis-and Tricholoma matsutake* . Journal of the International Association of Tibetan Studies,issue4, 2008.

[2]　Andreas Gruschke. *Nomads without Pastures? Globalization, Regionalization, and Livelihood Security of Nomads and Former Nomads in Northern Khams*. Journal of the International Association of Tibetan Studies,issue4, 2008.

[3]　Susan Costello. *The flow of wealth in Golok pastoralist society: Towards an assessment of local financial resources for economic development*. Proceedings of the Tenth Seminar of the IATS, 2003, Volume 11 Tibetan Modernities Notes from the Field on Cultural and Social Change Edited by Robert Barnett and Ronald Schwartz Publication year: 2008.

马观花进行调研的；有的甚至根本没有来过，而是依据二手资料进行研究。因此，上述作者对香格里拉区域的了解和把握难免失之偏颇。

1.2. 香格里拉区域经济的建构

香格里拉区域范围，是指以云南省迪庆藏族自治州为核心的滇川藏结合部大香格里拉生态旅游圈，具体包括了云南省迪庆藏族自治州、怒江傈僳族自治州、四川省甘孜藏族自治州和西藏自治区昌都地区。区域总面积约30.24万平方公里，总人口约236.15万人（2005年），覆盖了四个地州所辖的36个县域。[1]

本课题将分属不同省区的4个地州、36个县域作为相对独立的经济区域进行考察，理由是：

1.2.1. 地域相连并共处于同一个自然地理单元，即横断山区

山脉连绵，江河纵横，高山峡谷相间，岭谷起伏，零星分布着高原台地和宽谷草场，构成了香格里拉区域内各政区共同的、基本的地貌特征。在自然地理方面，由于印度洋暖湿气流可沿河谷深入，区域气候相对温暖湿润，年降水量可达400—900毫米，但季节性差异十分明显，5—9月为雨季，降水量占全年降水量的80%—90%。河谷带≥10℃的积温在1500℃—4200℃。[2] 从河谷向山顶，积温值逐渐降低。南北走向的山脉所形成的河谷增温效应突出。因而该区域内可分出干热型、干暖型、干温型等河谷气候类型。"一山有四季，十里不同天"，是区域立体型气候的突出特征。植被类型以针阔叶混交林和云杉、冷杉为主。由于区内地势南低北高，植被类型从南往北具有水平地带性加上垂直地带性双重影响的特性。在气候——生物组合特征的综合影响下，形成了区域特有的土壤垂直带谱，基带主要土壤类型为褐土或棕壤；从褐土基带往上，依次发育着棕壤、暗棕壤、漂灰土（主要分布于湿润的阴坡）、黑毡土、草毡土和寒漠土。

---

[1] 根据《中国民族年鉴·2006》和《西藏统计年鉴·2006》有关数据计算。
[2] 参见《中国民族年鉴·2006》，437、467、470页。

1.2.2. 经济结构的同质性

香格里拉区域四地州的经济结构高度相似，在国民生产总值构成中，第一产业所占比例都在 20% 左右，昌都地区更是高达 30% 以上；农业人口占总人口的比例都在 83% 以上，昌都地区则占 90% 以上。这意味着传统农业在各地州经济结构中仍占有优势比重，各地城市化水平还普遍较低。在农业结构中，农牧结合的自给农业占主体地位。2005 年，甘孜州畜牧业产值占农业产值的比例为 59.5%，昌都地区畜牧业产值占农业产值的比例为 63.2%[1]，迪庆与怒江两州农业则以种植业为主。在工业结构中，重工业所占比例高，采掘业、原材料初加工等初级制品业所占比例高。四地州工业产值构成中，昌都地区和迪庆州重工业比重稍低，但也都在 57% 以上，怒江与甘孜州的重工业所占比例都在 90% 以上，重工业在工业结构中明显占有优势地位。改革开放以来，随着旅游业的兴起与迅速发展，第三产业在四地州生产总值中的比重迅速增长，都超过 40% 以上（见表 1—1）。

表 1—1　2005 年香格里拉区域四地州经济结构状况（单位：%）

地　区	生产总值构成			工业总产值构成		农业人口比例
	第一产业所占比例	第二产业所占比例	第三产业所占比例	轻工业所占比例	重工业所占比例	
迪庆州	19.09	38.27	42.14	36.3	63.8	87.3
怒江州	19	34	47	3.4	96.6	85.6
甘孜州	22.1	33.4	44.5	5.3	94.7	83.8
昌都地区	33	25	42	40.7	59.3	92.8

资料来源：根据《云南统计年鉴·2006》、《四川统计年鉴·2006》、《西藏统计年鉴·2006》相关数据整理计算得出。

1.2.3. 经济发展阶段的一致性

从经济发展水平看，区域四地州大体处于基本解决温饱的发展阶段，人均收入水平低，人均消费支出极其有限；人均财政收入低，财政不能自给，地方

[1]　参见《甘孜统计年鉴·2006》，20 页；《西藏统计年鉴·2006》，146 页。

经济依靠上级政府的财政补拨来推动，自我积累、自我发展能力弱。从人均国内生产总值看，怒江州人均国内生产总值不到 5000 元，甘孜州与昌都地区也不到 5500 元；迪庆州人均国内生产总值稍高些，为 7728 元，主要是因为该州人口规模较小。从农民人均纯收入看，迪庆州和甘孜州农民人均纯收入不到 1500元，怒江州农民人均纯收入更低，仅为 1034 元；最高的昌都地区也仅为 1800多元，主要是因为昌都地区经济以农牧业为主，二、三产业产值不高。此外，迪庆州、怒江州和甘孜州人均消费品零售额在 1500—1800 元左右，人均财政收入在 300—400 元左右，人均居民储蓄存款余额在 1500—3500 元左右，都远远低于全国平均水平。因此，总体上，四地州的发展水平大体相当，发展阶段大体相似（见表 1—2）。

表 1—2　2005 年香格里拉区域四地州经济发展水平状况（单位：元）

地　　区	人均国民生产总值	农民人均纯收入	人均消费品零售额	人均财政收入	居民人均储蓄存款余额
迪庆州	7728	1425	1831	384	3506
怒江州	4980	1034	1522	417	2745
甘孜州	5439	1310	1813	284	3233
昌都地区	5360	1844	988	174	1643
全国	14170	3255	5167	2435	10850

资料来源：根据《中国统计年鉴·2006》、《云南统计年鉴·2006》、《四川统计年鉴·2006》、《西藏统计年鉴·2006》相关数据整理得出。

1.2.4. 资源优势的共同性

由于区域四地州共处于同一个自然地理单元，其自然资源的种类、结构与丰缺程度呈现出极强的同构性，这集中表现在矿产、生物、畜牧、旅游和水资源等方面。

该区域地处云南西部—西藏弧形成矿带，又称"三江成矿带"，矿产资源十分丰富。已探明的优势矿种有：（1）铜矿。主要分布于昌都地区江达县，迪庆州德钦县、香格里拉县等地。江达县玉龙铜矿保有储量达 650 万吨以上，远景规模可能要超过 1000 万吨；德钦县的羊拉铜矿保有储量达 200 万吨以上，也达到了特大型矿床规模。[1] 此外，香格里拉县的普兰、德钦县的尼仁、甘孜州九龙县的里伍、昌都地区的扎那尕等地也有中型以上的矿床分布。（2）铅锌矿。主要分布于怒江州兰坪县境内，兰坪是我国铅锌矿最为集中的地区，属亚洲第一大铅锌矿床，可规划储量及资源量达 1591.8 万吨，占云南省铅锌矿总量的 53.0%。[2] 此外，迪庆州香格里拉县、德钦县和甘孜州巴塘县境内均有中型以上铅锌矿床分布。（3）非金属矿产。主要分布有石灰岩、石膏、重晶石矿产等。如昌都地区的俄洛桥和村邦雅曲石灰岩矿的远景储量分别为 1.9 亿吨、1295 万吨，达到大型规模；分布于察雅、芒康、类乌齐等县的石膏矿的储量达 8 亿多吨；分布于类乌齐、江达县的重晶石矿估算地质储量达 700 多万吨。又如甘孜州，分布于巴塘雍忍牛场、白玉热卡、康定石梁子的石灰岩资源达 10 亿吨；分布于康定五大寺、泸定岚安等地的石膏远景储量达 30 亿吨以上。[3]

　　该区域畜牧业资源丰富，从海拔 2000 米的半山区域到海拔 4500 米左右的高山区域均有草山、草坡和草场分布，草场面积达 2.5 亿亩。[4] 其中，甘孜州有天然草地 944.38 万公顷，占全州总面积的 61.7%，可利用草地 831.87 万公顷，是全国五大牧区之一的川西北牧区的重要组成部分；昌都地区有牧草地 56.22 万公顷，占全地区面积的 51.7%；迪庆州有草地面积 60.92 万公顷；占全州总面积的 26%；怒江州坡度在 35° 以上的面积为 40.65 万公顷，占全州总面积的 40.0%（见表 1—3）。该区域的优势畜种为牦牛、绵羊和山羊。畜牧业的经济优势突出，如 2005 年，甘孜州全州种类牲畜出栏 124.85 万头（只），其中生猪出栏 21.78 万头，肉类总产量 8.40 万吨，牛肉产量 6.13 万吨，猪肉产量 1.41 万吨，羊毛产量 957 吨，牛奶产量 11.35 万吨，人均肉产量为 92 千克，人均奶产量为 125 千克；昌都地区人均肉产量达到 359 千克，人均奶类产量则达 452 千克。[5]

表 1—3　2005 年香格里拉区域四地州牧草地面积状况（单位：万公顷、%）

地州	甘孜	昌都	迪庆	怒江（山地）
牧草地面积	944.38	56.22	60.92	40.65
占地州总面积比重	61.7	51.7	26.4	40.0

资料来源：根据《云南统计年鉴·2006》、《西藏统计年鉴·2006》、《甘孜统计年鉴·2006》中有关数据计算得出。

---

[1]　昌都地区发展和改革委员会：《昌都地区投资指南》，32 页；云南省德钦县矿管局：《矿产资源简介》，5 页。
[2]　车志敏：《云南——矿业王国》，117 页，芒市：德宏民族出版社，1999。
[3]　《昌都地区志》（上册），81—82 页；《四川省甘孜藏族自治州优势矿产业发展规划（2005—2020）》，19—20 页。
[4]　根据《云南统计年鉴·2006》、《西藏统计年鉴·2006》、《甘孜统计年鉴·2006》中有关数据整理计算得出。
[5]　根据《西藏统计年鉴·2006》、《甘孜统计年鉴·2006》、《中国民族年鉴·2006》中有关数据计算得出。

　　该区域自然环境优美，旅游资源相当丰富。有迪庆香格里拉、三江并流等世界级的景区，以及世界上纬度最低的冰川——明永冰川，华泉奇观白水台，虎跳峡，稻城亚丁等著名的景点；有白马雪山、高黎贡山、贡嘎山、哈巴雪山等多个生态类型丰富、动植物带谱完整的国家级自然保护区和众多的秀丽迷人的高原湖泊，神奇壮丽的雪山风光。同时，各地州间的旅游资源又各有特点。迪庆州被称为人间仙境香格里拉，境内有雪山冰川、"三江并流"、湖泊草甸、民族宗教文化、歌舞节庆等，主要景区景点有云南第一高峰梅里雪山卡瓦格博峰、虎跳峡、白水台、碧塔海、噶丹松赞林、茨中天主教堂、达摩祖师洞等。怒江州是云南面积最大、景观最丰富壮观、民族风情最多彩的旅游之地，国务院于1989年批准其为第二批国家级风景名胜区。有国家级高黎贡山北端自然保护区和国家怒江自然保护区，其中金沙江三江并流景区有8个中心景区，60多个风景点。甘孜州高原辽阔、山脉绵延、峡谷深邃、江河纵横，旅游资源丰富。既有磅礴而瑰丽的冰山雪岭、气象万千的林海雪原，又有妩媚多姿的"江南"秀色、情意盎然的草原风光。主要景区景点有中外闻名的二郎山、雀儿山、泸定铁索桥、海螺沟冰川森林公园等。昌都地区不仅有雪山奇峰、飞瀑流水、湖光山色等迷人的自然景观，而且有古老的寺庙胜迹、著名的"茶马古道"、精湛的石刻艺术、精美的唐卡工艺、纯朴的风情民俗等独特人文景观，以其特殊的魅力，吸引着日益增多的旅游者前往观光。[1]

　　该区域水资源富集。区域位于青藏高原东南缘，每年印度洋的暖湿气流与青藏高原的冷空气在这里交汇并带来丰沛的降水；同时又地处我国地势第一阶梯向第二阶梯过渡的地带，河床比降大，水能资源异常丰富。迪庆州水资源总量为119.73亿立方米，可利用量95.7亿立方米，可开发利用水能资源在1370万千瓦以上；怒江州水资源总量达894.151亿立方米，水能理论蕴藏量达2000万千瓦，占云南省总蕴藏量的11.6%，可开发的水能资源装机容量为1774万千瓦；甘孜州水资源总量为1397.83亿立方米，其中可利用水资源总量为881.8亿立方米，占四川省河川径流量地表水资源总量的三分之一以上，水能理论蕴藏量3729万千瓦，占四川全省的27%；昌都地区水资源总量达771.1亿立方米，天然水能总蕴藏量达3104.7万千瓦，占西藏自治区的30%，目前已开发的水能资源仅占河流天然水能理论蕴藏量的0.06%（见图1—1、表1—4）。

―――――――――――

[1]　李明森：《大香格里拉旅游资源特点》，《节能环保和谐发展——2007中国科协年会论文集》（三），2007年。

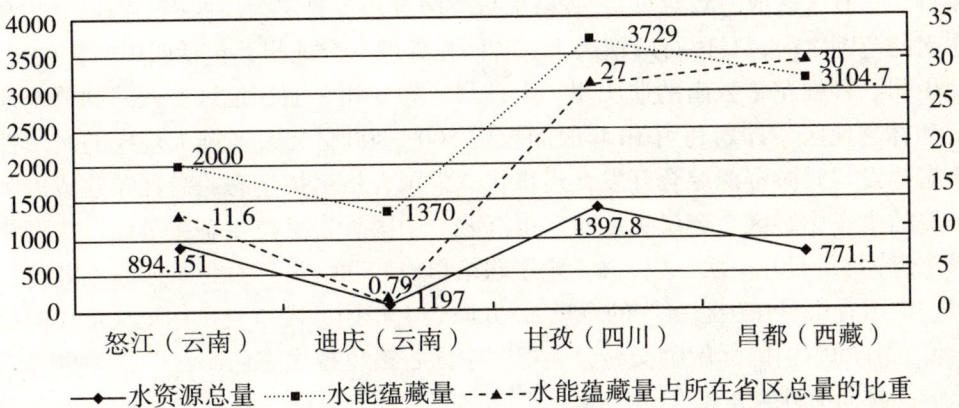

图 1—1　2005 年香格里拉区域四地州水资源富集状况

表 1—4　2005 年香格里拉区域四地州水资源富集状况（单位：亿立方米、万千瓦、%）

地　州	怒江（云南）	迪庆（云南）	甘孜（四川）	昌都（西藏）
水资源总量	894．151	119.7	1397.8	771.1
水能蕴藏量	2000.0	1370.0	3729.0	3104.7
水能蕴藏量占所在省区总量的比重	11.60	0.79	27.00	30.00

资源来源：《中国民族年鉴·2006》，471、467—468、483 页；长江：《加强合作合理开发昌都水资源》，《人民长江》2003 年第 1 期。

1.2.5. 经济区域的可塑性

"中国香格里拉生态旅游区"项目是促进滇、川、藏三省区域内经济社会快速发展与旅游合作开发的重要途径，在国家和三省区有关部门的直接领导下，于本世纪初启动。2001 年，滇、川、藏三省区开始共建"香格里拉生态旅游区协调会"制度，并把相互交界处旅游资源雷同的 9 个地州市 82 个县（区）纳入"大香格里拉"区域，统一开发。[1]

2002 年 5 月，首届滇川藏"中国香格里拉生态旅游区"座谈会在西藏拉萨

---

[1]　刘栗：《川滇藏同心携手：打造中国香格里拉生态旅游区》，《人民日报》（海外版）2002 年 2 月 12 日。

举行。三省区达成一致意见，"香格里拉"区域初步界定为川西南、滇西北、藏东南的范围之内，具体行政辖区为三省区相邻的 9 个地州，包括四川的甘孜州、凉山州、攀枝花；云南的迪庆州、大理州、怒江州、丽江地区；西藏的昌都地区和林芝地区。计划利用 10 年时间投资 500—800 亿元，实施大规模的区域性生态建设与旅游资源综合开发，逐步将"中国香格里拉生态旅游区"建成国际一流的生态旅游区。会议决定成立川滇藏"中国香格里拉生态旅游区"协调领导小组，每年召开一次会议，并指定了联络单位和联络员。大会通过了《川、滇、藏"中国香格里拉生态区"的意见》，并联合上报国务院审查批注；决定在同年上海召开的中国国际旅游交易会上把"中国香格里拉生态旅游区"作为世界级旅游品牌向海外隆重推介。[1]

2003 年 10 月，第二届滇川藏"中国香格里拉生态旅游区"协调会议在云南昆明举行。三省区组成了专门的项目规划工作小组，组织开展了专家学者和相关部门对"中国香格里拉生态旅游区"建设项目进行总体规划及评审工作。三省区相关职能部门采纳了国家计委和西部开发办的意见，将项目范围控制在甘孜州、迪庆州和昌都地区以内，争取国家给予大力支持。[2]

2004 年 10 月，第三届滇川藏"中国香格里拉生态旅游区"协调会在四川成都举行。三省区与国家部委的领导、专家、特邀代表共同商讨香格里拉生态旅游区的旅游规划以及开发。经过充分讨论，会议通过了《旅游合作宣言》，就联合与协作达成八条共识。由此，滇、川、藏旅游合作将彻底突破"点对点"的城市合作形态，三省区将全面开放旅游市场，允许三省区旅行社异地设立分支机构，允许旅游团队和旅游车辆无障碍进入对方地界和旅游景区（点），三省区相互为对方旅行社组织的旅游团队提供方便和同等优惠政策，建立旅游投诉联动机制，构建滇、川、藏中国香格里拉无障碍旅游区，进而构筑中国香格里拉生态旅游区川、滇、藏统一的旅游服务标准、统一的旅游信息平台及市（州）合作的保障机制等。[3]

经过各方共同努力，香格里拉生态旅游区被列入国家"十一五"重点开发建设的九大旅游区之一。2007 年 5 月，国家旅游局会同十四个部委及滇、川、藏三省区联合组织编制的"香格里拉生态旅游区"总体规划纲要文本和概念规划在京通过初审。三省区于 2007 年合作投资 300 万元摄制了高品质的"香格里

---

[1]　周明江、牟永文等：《首届"中国香格里拉生态旅游区"座谈会开幕》，《西藏日报》2002 年 5 月 28 日。
[2]　牟永文：《川滇藏第二届中国香格里拉生态旅游区协调会明确提出：创新发展思路加快建设步伐》，《西藏日报》2003 年 10 月 28 日。
[3]　《共创"中国香格里拉生态旅游区"世界精品》，《云南日报》2004 年 10 月 13 日。

拉生态旅游区"总体形象及市场推介片；将联合申请国家旅游局支持制作中心景区大型画册、推介宣传册、文化地图，并编辑导游词和培训骨干导游人员。[1]

1.2.6. 在经济发展方式转变过程中制约因素的相似性

制约香格里拉区域经济发展方式转变的因素，主要体现在产业结构落后，积累能力低；以交通、水利、通讯为主要内容的基础设施滞后；劳动者文化素质低下；生态环境问题日趋严重等。这些制约因素，将在本章第六节中展开具体论述，这里不做展开。

本书将分属于不同省区的地域作为区域整体进行考察，并建构相应的经济区域，其意义在于：有利于克服因政区分割所导致的资源及产业分割现象，促进区域内的合理分工，优化配置产业结构，形成区域经济整体优势，提高区域经济在区际市场上的参与能力和竞争能力，共同分享规模经济。比如，在旅游资源开发中，若囿于政区界限，则各地的旅游开发都很难形成环形旅游路线。而从区域整体的角度看，若以香格里拉县为中心，则至少可以形成四大旅游环线：一是由香格里拉县经乡城、稻城至康定再到成都的康巴风情旅游线路；二是由香格里拉县经德钦、芒康至昌都，抵拉萨的滇藏风情旅游线路；三是由香格里拉县经德钦、芒康至昌都，再经江达、德格而至康定的滇川藏大三角秘境旅游线路；四是由香格里拉县经德钦、贡山、福贡而至六库，再至保山或大理的"三江并流"风情名胜旅游线路。又如，畜牧业生产领域可通过合理规划与布局及产业组织创新，可建成大型的天然牦牛肉生产基地和山羊肉生产基地。再如，该区域还可依托兰坪铅锌矿，昌都玉龙铜矿及德钦羊拉铜矿等特大型矿床的开发，建成我国新的有色金属工业基地。离开了区域整体优势，就很难形成产业规模和市场优势。

1.3. 香格里拉区域经济功能与地位分析

经济区内的一致性与区外的差异性是区域经济的显著特征。区内的一致性通常表现为经济发展条件和基础的同一性，以及追求共同的经济发展目标等；

---

[1]　彭泽军：《香格里拉生态旅游区合作开发初探》，《生态经济》（学术版）2008 年第 1 期。

而与区外的差异性，则往往表现为以区域分工为基础的区域经济功能的差异。因此，具有特定的经济功能是区域经济发展成形的标志。而特定区域的经济功能是在区域经济的发展过程中逐步形成的，因而它又与区域初始的开发目标存在着密切的联系。

长期以来，香格里拉区域四地州由于分属三个不同的省区，区域经济发展目标及潜在的区域经济功能被人为的分割开，因而该区域在西南经济区和国民经济发展中的地位和作用得不到客观反映。当我们把四地州作为区域整体进行考察时，则该区域在西南经济区乃至整个国民经济发展中的地位与作用显著增强；加快该区域的开发进程，对促进西南经济和整个国民经济的持续发展具有重要的作用。该区域特殊的经济功能及战略地位主要体现在以下几个方面：

1.3.1. 该区域是我国长江上游重要的水土保持和生态保护区

香格里拉区域特殊的生态地理区位以及丰富多样的生物资源，使其在我国生态环境保护工作中的地位十分凸显。第一，该区域地处长江、澜沧江和怒江上游。长江上游干流金沙江在区域流长 1200 多公里，流域面积占区域国土面积的 70%，区域金沙江水系总径流量占长江总径流量的 14.45%；[1] 澜沧江流域长1000 余公里，流域面积占区域国土面积的 18%；怒江流域长 800 公里，流域面积占区域国土面积的 10% 左右。[2] 由于该区域地处我国第一阶梯向第二阶梯过渡的地带，地势陡峭，河床比降大，地表结构稳定性差，生态系统脆弱，极易导致大面积土壤侵蚀和水土流失。据测算，甘孜州境内各大小河流每年输入金沙江的泥沙总量约为 7 亿吨；迪庆州仅香格里拉县各大小河流每年输入金沙江的泥沙量就达 1800 万吨。此外，该区域金沙江两岸分布着 2000 多条泥石流沟，时刻影响着长江上游的水质和环境状况。[3] 事实表明，目前该区域已成为长江上游水土流失最严重的区域。因此，加强对该区域的水土保持和生态环境保护与建设，既是该区域社会、经济与生态协调发展的要求，更是我国经济最发达的长江流域社会、经济与生态协调发展的客观要求。

第二，该区域丰富的生物资源是我国经济发展重要的战略资源，切实保护好该区域的生物多样性和生态环境状况，对我国未来发展具有重要的战略意义。该区域复杂多样的自然地理环境，孕育了多样的生态类型和丰富的物种资源，

---

[1] 甘孜州计划委员会：《甘孜州农业可持续发展规划》，30 页。
[2] 李毅铭：《大香格里拉旅游生态规划启动》，《云南日报》2006 年 5 月 28 日。
[3] 绒巴扎西：《云南藏区可持续发展研究》，260—261 页，昆明：云南民族出版社，2001。

在仅占国土面积3%左右的地域分布了北半球从热带到寒带的生态类型，被人们称为"生物基因库"。随着生物技术的发展，物种资源已日益成为生物产业和国民经济发展的重要战略资源，切实保护好该区域的生态环境状况和物种资源，对国民经济的未来发展具有重要的战略意义。

因此，该区域开发的基本目标是加强区域生态环境建设，把它建设成我国重要的水土保持和生态环境保护区域。

1.3.2. 该区域是我国旅游资源最富集的地区，具备建成国际性旅游景区的资源条件和基础

香格里拉区域是世界上为数不多的、迄今仍保持着大面积原始生态的区域，又是全球生态类型、生物多样性和民族文化最为丰富的区域，也是我国高品味的旅游资源最为富集的区域。纵观全貌，该区域旅游资源具有以下特点：一是旅游资源品味高，如："三江并流"风景名胜区、世界上纬度最低的冰川、虎跳峡、华泉奇观白水台、长江第一湾等均为世界上罕见的自然奇观；该区域也是世界上生物资源多样性与民族文化多元性保持最完整的区域，世界上有影响的几种宗教文化在该区域均有传播。二是旅游资源的丰富性与多样性特征显著，无论是自然景观，还是人文景观，其组成无不显示出丰富性与多样性特征。三是旅游资源结构组合好，在景点范围内表现为人文景观与自然景观的现实组合与可组合性，在区域范围内表现为多种景观资源的互相配合与支持。四是旅游资源分布广，各景点游客量大，具备大规模开发的资源条件。五是人文资源中的奇风异俗，神秘的宗教文化和众多的自然景观，使该区域蕴藏着巨大的旅游开发潜力。六是地处该区域腹地的迪庆州，由于保持着大片的原始森林和多民族文化交融共处的状况，而被认为是希尔顿笔下"香格里拉"的原型，并引起了国内外对云南藏区的浓厚兴趣与关注，香格里拉旅游也随之兴起。因此，该区域具备建立国际性旅游景区的资源基础和条件。[1]

1.3.3. 该区域具备建立我国最大的野生生物资源保护与产业开发基地的条件

香格里拉区域复杂多样的自然地理环境，孕育了复杂多样的生态类型和丰富的生物资源，为物种的起源和分化创造了条件，使该区域蕴含着大量的

---

[1] 绒巴扎西：《香格里拉旅游资源品牌的核心价值与建设》，《云南民族大学学报》（哲学社会科学版）2006年第2期。

特有物种。该区域维管束植物占我国维管束植物总属数的 50% 强，占总种数的 34.3%；仅维管束植物中特有种就不少于 2000 种。[1] 甘孜州仅药用植物就有 1581 种；各类野生脊椎动物 29 目 76 科 476 种。[2] 迪庆州的白马雪山自然保护区有 1420 种植物，其中药用植物 319 种，观赏植物 459 种；动物 311 种，昆虫 447 种。[3] 怒江州已知的高等植物有 200 多科，680 余属，3000 多种，其中，仅贡山县的独龙江乡就有 199 科 2278 种；已知的脊椎动物 488 种，昆虫 1021 种。[4] 丰富的野生生物资源是野生生物资源产业化的基础。

　　长期以来，野生生物资源的采集一直是该区域群众重要的收入来源，仅松茸一项年收入就在 3—5 亿元左右。[5] 近年来，该区域在野生物种的驯养、栽培以及加工等方面取得了一定的成效，根据已有的物种资源和自然条件，该区域可建成我国最大的野生花卉和野生药用植物栽培基地，并逐步开展野生药用植物的提纯加工，形成产业链。

1.3.4. 该区域具备建立青藏高原特色畜牧业和畜产品加工基地的资源基础和条件

　　青藏高原特色畜牧业是指以培育、饲养青藏高原所特有的畜种来获取经济效益的产业。青藏高原所特有的畜种是指牦牛、藏绵羊、藏山羊等。这些畜种多分布于海拔 3000 米以上的地区，因而在产业开发中具有形成垄断经营的条件，进而获得竞争优势。以牦牛为主的青藏高原特有畜种具有经济价值高，开发潜力大的特点。牦牛肉脂肪成分低、氨基酸成分高；牦牛绒则是毛纺织业中的高档原料；牦牛头、牦牛皮、牦牛骨等均可进行深度开发[6]。

　　该区域畜牧业资源丰富。区域草场面积 2.5 亿亩，人均占有草场 105.9 亩；牲畜存栏头数达到 746.6 万头，人均占有牲畜 3.2 头（只）。[7] 该区域与青藏高原腹地相比具有交通便利，自然资源条件相对较好的优势，因此，该区域具有建立青藏高原特色畜牧业基地的资源条件和优势。

[1]　李文华等：《青藏高原生态系统及优化利用模式》，22 页，广州：广东科技出版社，1998。
[2]　四川省甘孜州计委：《甘孜州农业可持续发展规划》，217、29 页。
[3]　云南省野生动植物保护管理委员会：《白马雪山国家级自然保护区综合科学考察报告》，6—13 页。
[4]　云南省怒江州志编委会：《怒江州志》（送审稿），119 页。
[5]　绒巴扎西：《云南藏区可持续发展研究》，263 页，昆明：云南民族出版社，2001。
[6]　李绍明：《简论牦牛文化与牦牛经济》，《云南民族学院学报》（哲学社会科学版）2003 年第 1 期。
[7]　根据《云南统计年鉴·2006》、《西藏统计年鉴·2006》、《甘孜统计年鉴·2006》中有关数据计算得出。

1.3.5. 该区域具备建立我国新的有色金属工业基地的条件

香格里拉区域地处云南西部——西藏弧形成矿带，成矿条件好，矿产资源丰富。如迪庆州，东南亚锡矿带和玉树——义敦的铜、铅、锌、银、金矿带横贯全境，探明的矿种 24 个；怒江州已发现铅、锌、铜等金属矿种 28 个；甘孜州已发现矿产 24 种，金、银、锂、铂、金等 13 种金属矿产储量名列四川省第一；[1] 昌都地区已探明铜、铅、锌、锡等有色金属矿产 15 种，其中，铜储量居全国第一。[2]

这些金属矿产中，已探明的达到特大型矿床规模的有色金属矿种有兰坪铅锌矿、昌都江达玉龙铜矿和迪庆州德钦县羊拉铜矿；达到中型以上矿床规模的有色金属矿种及矿点分布十分广。加之该区域水能资源富集，具备电、矿结合开发的条件。除上述特大型矿床外，已探明达到中型矿床规模的铜矿点有 3 个，铅锌矿点 3 个，钨矿点 2 个，金矿点、钼矿点各 1 个，有色金属矿点 300 余个。因此，该区域具备建立我国多种有色金属工业基地的资源基础和开发条件。

1.3.6. 该区域是我国重要的能源续接基地

香格里拉区域由于地处我国第一阶梯向第二阶梯过渡的地带，境内又有金沙江、澜沧江、怒江等多条大江大河分布，干流水量大，水流急，河床落差大，水能资源异常丰富，而且具有开发成本低的特点，适应建数十万乃至上百万千瓦的大中型水电站。据初步统计，该区域水能理论蕴藏量约占全国总量的 1/3，但目前已开发的水能不到蕴藏量的 1%。[3] 随着西部大开发及大西南经济的快速发展，对水能资源的需求将日益增加，该区域在大西南发展中的能源基地作用将日渐突出。

1.4. 香格里拉区域经济发展方式转变的必要性与紧迫性分析

香格里拉区域是重要的生态旅游保护区、生物与民族文化多样性保护区和世界自然遗产风景名胜区，自然资源非常丰富，开发价值高，同时也是生态环

---

[1] 《中国民族年鉴·2006》，400、397、370 页。
[2] 《昌都地区志》（上册），78 页。
[3] 张克俊：《香格里拉区域整体对外开放与各行政区合作研究》，《开发研究》2007 年第 3 期。

境脆弱、当地居民极其贫困的少数民族聚居区，开发与保护的矛盾十分突出。长期以来，香格里拉区域经济增长呈现明显的粗放型特征，这种典型的投入型增长方式导致了区域经济发展效率不高、企业效益低下，加剧了资源短缺程度和环境压力，继而影响到区域的可持续发展。若不切实转变粗放型的经济发展方式，区域发展将面临资源难以支撑、环境难以承受、在国内产业分工中处于更加被动地位的窘境，因而加快区域经济发展方式转变十分必要与紧迫。

1.4.1. 区域生态环境资源价值述要

◎ 生物资源的丰富性与生态环境系统的脆弱性

（一）生物资源的丰富性

香格里拉区域地貌类型复杂多样，既有险峻的高山峡谷，又有平坦的高原台地，从而形成了热带、亚热带、温带、寒带和湿润、半湿润、半干旱、干旱等气候类型，这为多种生物和多样生态类型的形成奠定了基础。由于生物垂直带谱明显，许多生物资源从南到北、从东到西都有分布。如亚高山暗针叶林、亚高山落叶针叶林、山地温性针叶林、针阔叶混交林、硬叶常绿阔叶林、山地落叶阔叶林等区域主体植被群落均有分布。在地质历史的发展过程中生态系统有过多次的演变，并与周围地区的生物区系和生态系统进行过频繁的交流与融合。在上述时空背景下孕育形成了区域丰富多样的物种资源，并由于物种分化强烈，产生了大量的特有物种。中国十五个分布区类型的植物均有分布，区域集中了青藏高原80%以上的生物种类。[1]迪庆州是世界著名花卉杜鹃、报春、龙胆、绿绒蒿等植物分布中心，是细叶莲瓣的分布中心；境内有野生动物1400余种，有国家一类保护动物滇金丝猴、野驴、黑颈鹤等。[2]怒江州已知的高等植物就有200多个科，680余属，3000多种；境内脊椎动物有488种，其中61种属国家级保护动物。[3]甘孜州是我国重要的天然物种基因库，分布着70多种乔木，分属12科20属；有32种国家重点保护植物，占四川省重点植物保护种类的42%；有各种野生脊椎动物约491种，其中国家级珍稀保护动物73种。[4]昌都地区是西藏的第二大林区，树种多达1500余种；境内分布有400多种野生动物，约占西藏野生动物种类的80%，其中国家一级保护动物有17种。[5]

[1] 李文华等：《青藏高原生态系统及优化利用模式》，22页，广州：广东科技出版社，1998。
[2] 《中国民族年鉴·2006》，471页。
[3] 《中国民族年鉴·2006》，468页。
[4] 四川省经济发展研究院：《甘孜州生态农业产业发展规划》（2005），26页。
[5] 《昌都年鉴·2006》，46页。

随着生物技术的发展，物种资源已成为生物产业和国民经济发展的重要战略资源，也日益成为发达国家关注和争夺的重要战略资源。切实保护好该区域的生态环境和物种资源，对国民经济的未来发展具有重要的战略意义，香格里拉区域物种资源价值也随之显现。

（二）生态系统的脆弱性

香格里拉区域地处滇川藏三省交界的横断山区，山脉绵延、高低起伏，江河纵横交错，山地、高原、山谷、盆地各类地形组合千差万别，垂直变化，构成了复杂而脆弱的寒冻风化地貌。由于山高坡陡、水系密布、岩石裸露，加上岩石又多为片岩、板岩等软质岩层，植被一旦破坏，难以恢复，而且极易造成山崩、滑坡、泥石流和水土流失等自然灾害，因而生态系统稳定性差。我们根据生态敏感度指数、生态弹性度指数、生态压力度指数三个指标，测算出怒江生态脆弱度指数为 65.24，属于高度生态脆弱区，迪庆、甘孜两州的生态脆弱度指数分别为 57.88、58.38，属于中度生态脆弱区（见表 1—5，昌都数据不详），印证了区域生态环境脆弱这一实情。

表 1—5　2005 年香格里拉区域迪庆、怒江、甘孜三州生态脆弱性指标及评价

地区	生态敏感度指数	生态弹性度指数	生态压力度指数	生态脆弱度指数	生态脆弱度分级
迪庆州	62.58	56.44	57.99	57.88	中度脆弱区
怒江州	73.90	69.04	66.77	65.24	高度脆弱区
甘孜州	57.40	42.06	48.73	58.38	中度脆弱区

资料来源：此表根据乔青《川滇农牧交错带景观格局与生态脆弱性评价》，北京林业大学博士学位论文（2007 年）一文中有关数据计算得出。

◎ 地处三江并流风景名胜区 [1]

人们知道世界上有一处人与自然和谐相处，充满和平、安宁和幸福的世外桃源——香格里拉，美丽的香格里拉就在三江并流地区。早在 20 世纪 20 年代，奥籍美国人洛克在这一地区为美国《国家地理》杂志撰稿、摄影、收集物种近20 多年。英国人希尔顿创作的《消失的地平线》使香格里拉扬名全世界。

三江并流是指金沙江、澜沧江和怒江这三条发源于青藏高原的大江在云南省境内自北向南并行奔流 170 多公里，穿越担当力卡山、高黎贡山、怒山和云岭等崇山峻岭之间，形成世界上罕见的"江水并流而不交汇"的奇特自然地理

[1] 《"三江并流"风景名胜区规划》，《规划师》2004 年第 10 期。

景观。其间澜沧江与金沙江最短直线距离为 66 公里，澜沧江与怒江的最短直线距离不到 19 公里。

三江并流自然景观由怒江、澜沧江、金沙江及其流域内的山脉组成，涵盖范围达 170 万公顷，包括云南省丽江市、迪庆州、怒江州的 9 个自然保护区和 10 个风景名胜区。由于其地处东亚、南亚和青藏高原三大地理区域的交汇处，因而是世界上罕见的高山地貌及其演化的代表地区，也是世界上生物物种最丰富的地区之一。迪庆州占三江并流核心区面积的 58%。

三江并流地区高山雪峰横亘，海拔变化呈垂直分布，从 760 米的怒江干热河谷到 6740 米的卡瓦格博峰，汇集了高山峡谷、雪峰冰川、高原湿地、森林草甸、淡水湖泊、稀有动物、珍贵植物等奇观异景。区内有 118 座海拔 5000 米以上、造型迥异的雪山。与雪山相伴的是静立的原始森林和星罗棋布的数百个冰蚀湖泊。梅里雪山主峰卡瓦格博峰上覆盖着万年冰川，晶莹剔透的冰川从峰顶一直延伸至海拔 2700 米的明永村森林地带，这是目前世界上最为壮观且稀有的低纬度、低海拔季风海洋性现代冰川。

三江并流地区被誉为"世界生物基因库"。由于未受第四纪冰期大陆冰川的覆盖，加之区域内山脉为南北走向，因此这里成为欧亚大陆生物物种南来北往的主要通道和避难所，是欧亚大陆生物群落最富集的地区。这一地区不到我国国土面积的 0.4%，却拥有我国 20% 以上的高等植物和 25% 的动物种数。目前，这一区域内栖息着珍稀濒危动物滇金丝猴、羚羊、雪豹、孟加拉虎、黑颈鹤等 77 种国家级保护动物和秃杉、桫椤、红豆杉等 34 种国家级保护植物。

同时，该地区还是 16 个民族的聚居地，是世界上罕见的多民族、多语言、多种宗教信仰和风俗习惯并存的地区。

1985 年联合国教科文组织的一名官员从卫星扫描图片中发现了这一举世瞩目的奇观，从此该区域引起全世界的关注。1988 年经国务院批准，"三江并流"被定为第二批国家级风景名胜区。2003 年 7 月 2 日，联合国教科文组织第 27 届世界遗产大会一致决定，将中国云南省西北部的"三江并流"自然景观列入联合国教科文组织的《世界遗产名录》。

◎ 人与自然和谐的香格里拉旅游品牌

品牌的核心价值是品牌的精髓，是品牌及其组织所诉求的最具意义的人文精神。它体现于品牌生命的全过程，是一种品牌区别于另一种品牌的核心标识。品牌的核心价值决定着品牌的兴衰成败，任何成功的品牌都以清晰、准确、科学、合理的核心价值设定为前提。无论是从文学作品中的香格里拉所表达的人文精神，还是立足于香格里拉丰富的历史文化积淀来看，人与自然的和谐构成了香格里拉旅游品牌的核心价值。

在香格里拉，人与自然和谐表现在区域内保持着良好的生态环境。例如，迪庆被称为人间仙境香格里拉，境内有雪山冰川、"三江并流"、湖泊草甸、珍稀动植物，是滇西北物种基因库，全州森林覆盖率达 66.8%；[1] 怒江州地处滇西横断山脉纵谷地带，整个地势由巍峨高耸的山脉与深邃湍急的江河构成，怒江峡谷是世界上最长的高山峡谷之一，境内植物种类繁多，森林覆盖率高达 70%；甘孜州地处青藏高原和四川盆地过渡地带，是世界上自然生态最完整、气候垂直带与动植物资源垂直分布最多的地区之一，境内天然草地 944.38 亿立方米，占全州面积的 61.7%；[2] 昌都地区地处藏东重地，境内人文自然景观众多，是旅游探险开发的圣地。

在人与自然的和谐中，藏族人民的自然崇拜文化在保持区域生态环境、协调人与自然的关系方面起到了重要作用。在香格里拉，神山崇拜文化积蕴丰厚，不仅各个村落有自己的神山，还分布着众多大大小小的区域性神山。在藏民的观念中，大大小小的神山是护佑民众的自然神灵，神圣不可侵犯。人们对神灵只有小心呵护，才能确保人畜平安，家业兴旺，如若触犯了神灵就会遭到报应。因此，藏民禁忌在神山上樵木、狩猎、采石等，禁忌采伐神树。在乡村，藏民每年都要给山神敬香，祈求山神保佑；而在藏历新年初一、初三、初十、初十五都要到区域性的神山去烧香，以求风调雨顺、人畜平安。不仅如此，藏民还有丰富的有关神山、神湖显灵的故事，并世代为藏民所信守。[3]

当人与自然之间的矛盾与冲突所带来的一系列社会问题在全球范围内凸显之际，经过千百年历练、积淀而成的，以人与自然的和谐为主题的香格里拉地域文化就更具有现实意义和全球意义。香格里拉地域文化中丰厚的历史积淀，既有益于促进人类可持续发展的人文精神的形成，又构成了香格里拉旅游品牌的核心价值。

综上所述，香格里拉区域是一个生物与旅游资源富集，生态环境价值突出，生态环境系统脆弱，并拥有香格里拉、三江并流世界自然遗产等国际性旅游品牌的区域。这里保护与开发的矛盾十分突出。

---

[1]　迪庆州发展和改革委员会：《迪庆藏族自治州国民经济和社会发展第十一个五年规划纲要》，56 页。
[2]　《中国民族年鉴·2006》，471、468、438 页。
[3]　蔡维琰：《香格里拉旅游文化蕴涵的历史和审美意识》，《云南民族大学学报》（哲学社会科学版），2005 年第 5 期。

1.4.2. 区域经济发展的过程与结构

◎ 经济总量发展过程分析

经过 50 多年的开发与建设,香格里拉区域的社会生产力获得了长足的发展,经济总量和规模成倍增长,区域综合经济实力显著增强。2005 年,迪庆州完成国内生产总值 27.98 亿元,是 1985 年的 20.3 倍、1995 年的 5.15 倍(见表 1—6),1985—2005 年国内生产总值年均增长 16.2%。怒江州 2005 年完成国内生产总值 23.9 亿元,是 1995 年的 4.1 倍、2000 年的 2.2 倍(见表 1—7),1995—2005 年国内生产总值年均增长 15.1%。甘孜州 2005 年完成国内生产总值 50.1 亿元,是 1990 年的 5.7 倍、2000 年的 2.0 倍(见表 1—8),1990—2005 年国内生产总值年均增长 12.3%。昌都地区 2005 年完成国内生产总值 32.5 亿元,是 1995 年的 2.46 倍,是 2000 年的 2.0 倍(见表 1—9),2000—2005 年国内生产总值年均增长 15.3%。区域四地州改革开放以来经济总量都以年均两位数的速度增长,经济增长态势明显。

美国经济学家库茨涅兹认为,随着经济的发展,从国民收入比重变化看,存在着第一产业实现的国民收入相对比重下降,而第二、三产业实现的国民收入所占比重呈上升趋势。从香格里拉区域四地州的三次产业产值构成来看,总体表现出第一产业逐年下降、第二产业缓慢上升、第三产业急剧提高的趋势;三次产业产值构成也呈现出由“一二三”向“三二一”变化的趋势(详见表 1—6、表 1—7、表 1—8、表 1—9),这些变动趋势符合库茨涅兹的基本判断。

表 1—6　迪庆州若干年份生产总值构成表(单位:万元、%)

年份	第一产业		第二产业		第三产业		合　计	
	绝对数	相对数	绝对数	相对数	绝对数	相对数	绝对数	相对数
1985	5448	39.5	4141	30.0	4215	30.5	13804	100.0
1990	18606	47.1	12219	30.9	8658	21.9	39483	100.0
1995	24365	44.8	15240	28.0	14753	27.2	54358	100.0
2000	32305	35	19383	21	40612	44	92300	100.0
2005	53417	19.09	107056	38.27	119308	42.64	279781	100.0

资料来源:迪庆州统计局:《奋进的四十年——迪庆藏族自治州国民经济统计资料(1949—1988 年)》,1989 年;《迪庆自治州统计年鉴·1990》,18 页;《迪庆藏族自治州统计年鉴·1995》,14—15 页;《迪庆藏族自治州统计年鉴·2000》,14 页;迪庆州统计局:《用数据说话,以数据议政》(2007 年)。

表 1—7　怒江州若干年份生产总值构成表（单位：万元、%）

年份	第一产业		第二产业		第三产业		合　计	
	绝对数	相对数	绝对数	相对数	绝对数	相对数	绝对数	相对数
1995	24592	41.7	16428	27.9	17885	30.4	58905	100.0
2000	32300	29.1	42100	37.9	36500	33.0	111000	100.0
2005	45826	19.1	80935	33.8	112688	47.1	239449	100.0

资料来源：根据《云南省统计年鉴·1996》、《云南统计年鉴·2001》、《云南统计年鉴·2006》整理得出。

表 1—8　甘孜州若干年份生产总值构成表（单位：万元、%）

年份	第一产业		第二产业		第三产业		合　计	
	绝对数	相对数	绝对数	相对数	绝对数	相对数	绝对数	相对数
1990	40396	45.7	27464	31.1	20468	23.2	88328	100.0
2000	72719	29.5	69829	28.3	104304	42.3	246852	100.0
2005	110825	22.1	167025	33.4	222745	44.5	500595	100.0

资料来源：甘孜州统计局：《甘孜统计年鉴·1991》，12 页；甘孜州统计局：《甘孜统计年鉴·2001》，9 页；甘孜州统计局：《甘孜统计年鉴·2006》，18 页。

表 1—9　昌都地区 2000、2005 年生产总值构成表（单位：万元、%）

年份	第一产业		第二产业		第三产业		合　计	
	绝对数	相对数	绝对数	相对数	绝对数	相对数	绝对数	相对数
1995	85761	65	7916	6	38263	29	131940	100
2000	92350	57.9	24450	15.3	42716	26.8	159569	100.0
2005	108144	33.3	79713	24.5	136989	42.2	324847	100.0

资料来源：西藏自治区统计局：《西藏统计年鉴·1996》，166、199 页；《西藏统计年鉴·2001》，29 页；西藏自治区统计局：《西藏统计年鉴·2006》，31 页。

　　但是，如果把四地州置于更加广阔的背景中，其经济发展水平与所在省区和全国平均水平进行比较，则其经济发展水平还是较落后的。2005 年迪庆州经济总量仅相当于云南省的 0.93%，生产总值位于云南省 16 个地州市的最末位。地方财政收入、社会消费品零售额、全社会固定资产投资总额、农牧民人均纯收入等经济指标均处于云南省 16 个地州市的末尾位置（见表 1—10）。怒江州近十多年经济发展水平与云南省平均水平的差距呈日趋扩大的趋势，1990 年怒江州人均国内生产总值（GDP）为 802 元，比云南省当年人均国内生产总值（GDP）1222 元低 420 元；到了 2005 年，怒江州人均 GDP 为 4980 元，比云南省该年的人均 GDP7833 元低 2853 元（见表 1—11、图 1—2）。经济社会发展的主要指标，除人均地方财政收入、人均粮食产量和人均固定资产投资外，其他指标均处于云南省 16 个地州市的末端（见表 1—10）。总体上看，迪庆州、怒江州经济总体水平位于云南省的下游，与全省平均水平尚有一定的差距。

表 1—10　迪庆州、怒江州 2005 年主要经济指标及在云南省 16 个地州市的排序

经济指标	迪庆州		怒江州	
	绝对值	排序	绝对值	排序
GDP（亿元）	27.98	15	23.99	16
人均 GDP（元）	7728	4	4980	11
农民人均纯收入（元）	1425	12	1034	16
地方财政一般预算收入（亿元）	1.39	16	2.01	15
地方财政一般预算支出（亿元）	10.63	15	10.25	16
人均地方财政收入（元）	384	10	417	8
年末人均储蓄存款余额（元）	3506	10	2745	13
第一产业增加值（亿元）	5.34	15	4.58	16
第二产业增加值（亿元）	10.71	15	8.13	16
第三产业增加值（亿元）	11.93	15	11.28	16
社会消费品零售总额（亿元）	6.75	16	7.31	15
人均粮食产量（公斤）	345	8	340	9
全社会固定资产投资总额（亿元）	31.6	15	16.2	16
人均固定资产投资（元）	8735	2	3359	8

资料来源：根据《云南统计年鉴·2006》相关数据整理计算得出。

表1—11 怒江州人均 GDP 与云南省人均 GDP 差距对比（单位：元）

年　份	怒江州人均 GDP	云南省人均 GDP	差　距
1990	802	1222	420
1995	1306	3044	1738
2001	2541	4866	2325
2005	4980	7833	2853

资料来源：《云南统计年鉴·2006》。

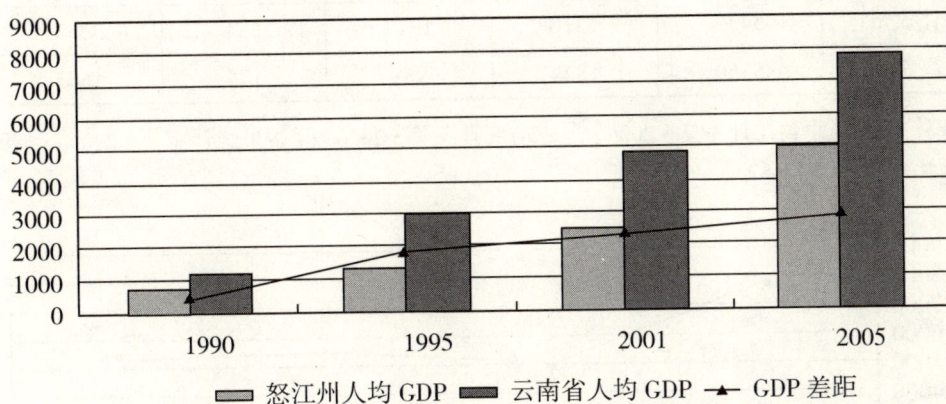

图1—2 怒江州人均GDP与云南省人均GDP差距对比

甘孜州与昌都地区的情况也同样不容乐观。2005 年甘孜州生产总值位于四川省 21 个市、州的最后一名，经济总量仅相当于四川省的 0.69%，在各项经济指标中排名均为倒数一、二名。人均 GDP 的位次稍好一些，但也排位靠后，处于第 15 位。其人均生产总值也大大低于全国平均水平，全国 2005 年人均生产总值为 14100 元，而甘孜州只有 5468 元，尚不及全国平均水平的一半，仅略高于各省、市、区中处于最末的贵州省，贵州人均生产总值为 5052 元。尽管昌都地区经济发展迅速，在西藏各地市的多项经济指标排序中仅次于拉萨市，综合实力位于第二位，但由于发展起点低，其发展水平不仅与全国平均水平有很大差距，而且相比迪庆州、怒江州与甘孜州也有一定的距离。2005 年，昌都地区人均 GDP 为 5360 元，低于迪庆的 7728 元和甘孜的 5439 元；昌都人均财政收入 174 元，低于迪庆的 384 元、怒江的 417 元和甘孜的 284 元；昌都居民人均储蓄存款余额 1643 元，低于迪庆的 3506 元、怒江的 2745 元、甘孜的 3233 元；昌都人均消费品零售额 988 元，低于迪庆的 1831 元、怒江的 1522 元和甘孜的 1813 元（见表 1—12、图 1—3）。

表 1—12　2005 年香格里拉区域四地州经济发展水平状况（单位：元）

地区	人均国民生产总值	农民人均纯收入	人均消费品零售额	人均财政收入	居民人均储蓄存款余额
迪庆州	7728	1425	1831	384	3506
怒江州	4980	1034	1522	417	2745
甘孜州	5439	1310	1813	284	3233
昌都地区	5360	1844	988	174	1643

资料来源：《中国统计年鉴·2006》；《云南统计年鉴·2006》；《四川统计年鉴·2006》；《西藏统计年鉴·2006》。

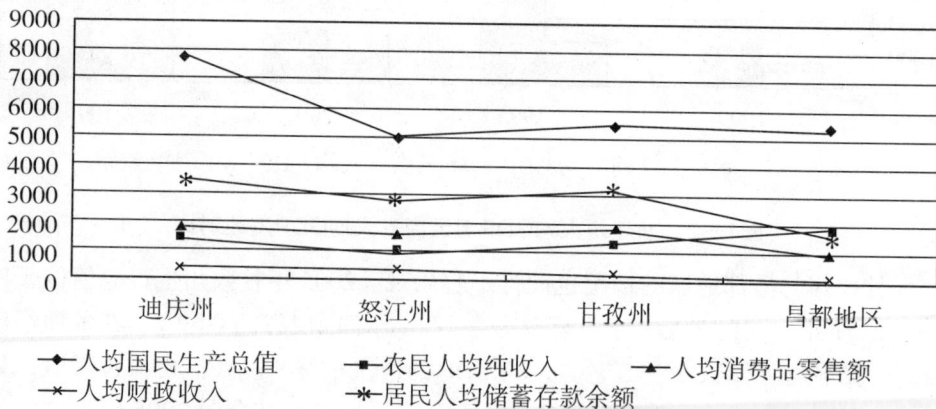

图1—3　2005年香格里拉区域四地州经济发展水平状况

虽然香格里拉区域四地州的三次产业产值构成的演化符合现代产业发展的一般规律，但是其产业结构与全国相比仍呈低水平状态。2005 年我国三次产业产值比重为 12.6：47.5：39.9，与此相比较，香格里拉区域四地州的第一产业比重均比我国平均水平要高，第二产业比重又比我国平均水平低很多（详见表 1—6、表 1—7、表 1—8、表 1—9），说明区域第一产业在国民经济中仍然占主导地位，第二产业仍不发达。

　　上述分析表明，尽管香格里拉区域改革开放后，特别是"十五"以来，经济发展迅猛，总量增加迅速，但由于历史和现实因素，直到今天，该区域的经济发展水平与全国及各自所属省区的平均发展水平相比，仍然呈现出巨大的差距，经济增长仍然以粗放型为主。

◎ 经济发展的结构分析

（一）劳动力就业结构分析

　　香格里拉区域劳动力就业结构存在一、二、三产业失衡的现象。2005 年末，区域第一产业就业比重最低的是昌都地区，为 68.6%，比全国平均水平高出 23.8 个百分点；第二产业就业比重最高的怒江州仅为 6%，比全国平均水平低 17.8 个百分点；第三产业就业比重最高的昌都地区也仅为 25.4%，比全国平均水平低 6 个百分点（见表 1—13、图 1—4）。显然，区域四地州的第一产业就业比重过高，而二、三产业就业比重过低，大量的劳动力集中于比较收益较低的传统第一产业，这导致第一产业的劳动生产率长期得不到提高。同时，由于第一产业劳动力蓄水池的作用，二、三产业的工资水平总体不高，具有经济理性的企业完全可借助增加劳动力投入替代资本与技术改造的投入来维持高收益，这种情况助长了区域经济粗放式增长，这也是本区域企业素质长期难以得到根本提高的重要原因。

表 1—13　2005 年末香格里拉区域与全国按三次产业划分的就业结构比较

地区	就业人员数（万人）				就业人员构成（%）		
	合计	第一产业	第二产业	第三产业	第一产业	第二产业	第三产业
迪庆州	20.70	15.29	1.03	4.38	73.89	4.95	21.16
怒江州	27.88	21.82	1.48	4.58	78.25	5.30	16.45
甘孜州	58.4	47.9	1.8	8.7	82.0	3.1	14.9
昌都地区	27.59	18.92	1.65	7.02	68.6	6.0	25.4
全国	75825	33970	18084	23771	44.8	23.8	31.4

资料来源：《云南统计年鉴·2006》，71 页；《四川统计年鉴·2006》；《西藏统计年鉴·2006》47 页；《中国统计年鉴·2006》。

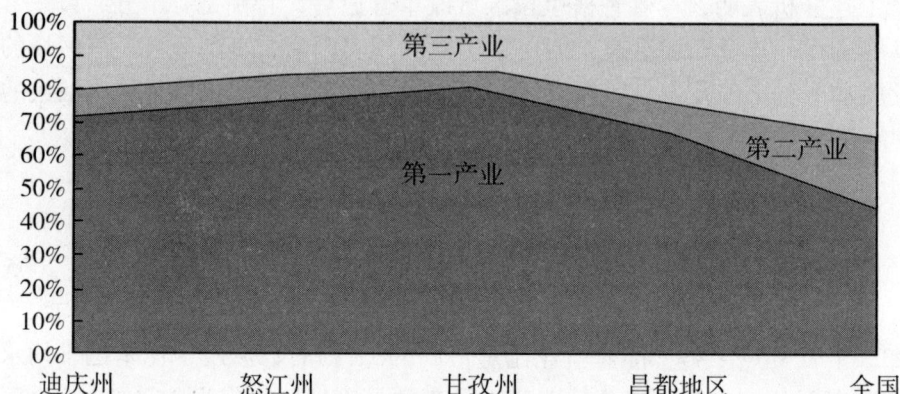

图1—4 2005年末香格里拉区域与全国按三次产业划分的就业结构比较

再从城镇单位分行业就业人员数来看，与全国情况不同，香格里拉区域第二产业就业人员主要集中在采矿业、以农牧产品、原材料初级加工为主的制造业、建筑业三个行业；第三产业就业人员主要分布在交通运输、批发零售、住宿餐饮、教育卫生、政府管理等行业，高技术产业几乎是空白（见表1—14）。这种现状一方面反映了区域劳动力素质不高，另一方面也说明区域工业以初级制品为主，产业技术含量低，第三产业中的传统部门发展较充分，而现代服务行业发展水平低。

表 1—14 2005 年末香格里拉区域与全国城镇单位分行业
就业人员数比较（单位：人或万人）

行 业	迪庆州（人）	怒江州（人）	甘孜州（万人）	昌都地区（人）	全国（万人）
合计	21795	29420	58.4	16916	11404.0
农、林、牧、渔业	1352	1524	47.9	398	446.3
采矿业	—	3202	0.7	25	509.2
制造业	912	398	0.5	479	3210.9
电力、燃气及水的生产和供应业	690	517	0.2	514	299.9
建筑业	1218	833	0.4	—	926.6
交通运输、仓储和邮政业	819	990	1.0	541	613.9
信息传输、计算机服务和软件业	364	413	0.1	—	130.1

（续表）

行　业	迪庆州（人）	怒江州（人）	甘孜州（万人）	昌都地区（人）	全国（万人）
批发和零售业	790	806	1.7	320	544.0
住宿和餐饮业	337	131	0.8	45	181.2
金融业	827	755	0.2	—	359.3
房地产业	26	22	—	—	146.5
租赁和商务服务业	76	8	—	—	218.5
科学研究技术服务和地质勘查业	843	322	0.1	—	227.7
水利、环境和公共设施管理业	761	320	—	6	180.4
居民服务和其他服务业	6	—	0.4	—	53.9
教育	4669	7040	1.0	4879	1483.2
卫生、社会保障和社会福利业	978	2206	0.4	1429	508.9
文化、体育和娱乐业	310	531	0.2	457	122.5
公共管理和社会组织	6817	9292	2.8	7823	1240.8

资料来源：《云南统计年鉴·2006》，73—74 页；《四川统计年鉴·2006》；《西藏统计年鉴·2006》，50—51 页；《中国统计年鉴·2006》。

（二）三次产业内部产值结构分析

近年来，香格里拉区域产业内部结构经过不断调整，总体上趋于优化，但也存在一些不合理的因素，总体呈现出结构水平低的状况。一是从第一产业内部结构来看，虽然农牧业、林业、渔业、农村服务业比重与全国平均水平差距不大（见表 1—15、图 1—5），但由于本区域第一产业与全国平均水平相比滞留了更多的劳动力，因而区域第一产业比较劳动生产率是很低的。2005 年迪庆、怒江、甘孜、昌都四地州的第一产业劳动力人均创造的产值分别为 3494元、2100 元、2313 元和 5716 元，分别是同期全国平均水平的 51.5%、30.9%、34.1% 和 84.2%，[1] 与全国水平差距甚大，因而产业内部的农、林、牧、副、渔业的比较劳动生产率与全国水平相比也必然是较低的，区内农牧产品以自给为

[1]　根据《云南统计年鉴·2006》、《四川统计年鉴·2006》、《西藏统计年鉴·2006》、《中国统计年鉴·2006》有关数据计算得出。

主，商品化率不高，区域第一产业的结构水平较低。

表1—15　2005年香格里拉区域四地州和全国农林牧渔业总产值构成比较（单位：%）

地区	农业产值	林业产值	牧业产值	渔业产值	农林牧渔服务业产值
迪庆州	46.9	12.9	29.0	0.8	10.4
怒江州	50.5	11.5	33.7	0.2	4.1
甘孜州	32.8	6.3	59.5	0.0	1.4
昌都地区	28.8	20.2	48.4	0.0	2.6
全国	49.7	3.6	33.7	10.2	2.8

资料来源：《云南统计年鉴·2006》，280页；《四川统计年鉴·2006》；《西藏统计年鉴·2006》，140页；《中国统计年鉴·2006》。

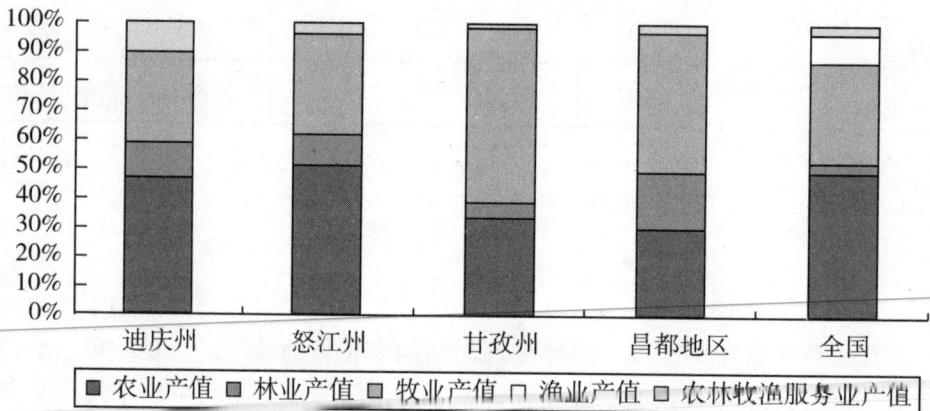

图1—5　2005年香格里拉区域四地州和全国农林牧渔业总产值构成比较

　　二是从第二产业内部结构来看，工业产值比重偏低，建筑业产值比重偏高。2005年香格里拉区域内的迪庆州、怒江州、甘孜州和昌都地区工业产值占第二产业产值的比重分别比全国平均水平低24.4、11.3、32.8和56.9个百分点。与此相反，建筑业比重则分别比全国平均水平高出24.4、11.3、32.8和56.9个百分点（见图1—6），反映出区域第二产业内部工业产值比重低、规模小、发展水平落后，第二产业长期以来主要靠建筑业的发展来推动，经济增长中的外延扩张特征显著的状况。同时，在香格里拉区域弱小的工业内部，又形成了偏重型的工业结构，但这种情况与我国以制造业为主的重工业化特征不同，香格里拉区域偏重型的工业结构主要是以采冶业和原料工业及初加工业为主，与全国平均水平差距甚是明显（见表1—16、图1—7）。

表1—16 2005年香格里拉区域与全国第二产业内部结构比较（单位：%）

地 区	以工业总产值为100			建筑业
	工业	轻工业	重工业	
迪庆州	64.0	36.2	63.8	36.0
怒江州	77.1	3.4	96.6	22.9
甘孜州	55.6	5.3	94.7	44.4
昌都地区	31.5	40.7	59.3	68.5
全国	88.4	32.4	67.6	11.6

资料来源：《云南统计年鉴·2006》，39、46页；《四川统计年鉴·2006》；《西藏统计年鉴·2006》，31、175页；《中国统计年鉴·2006》。

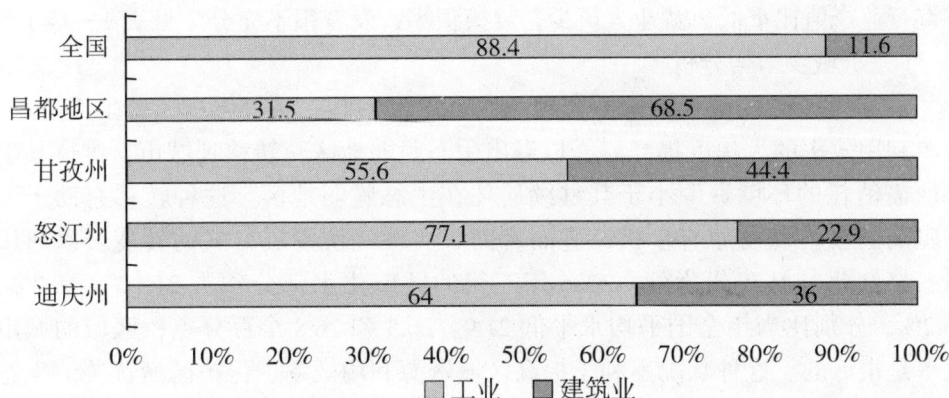

图1—6 2005年香格里拉区域与全国第二产业内部结构比较

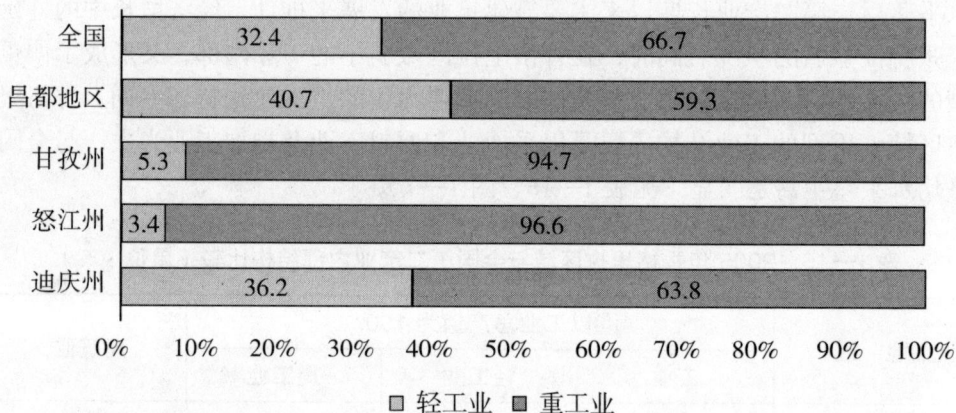

图1—7　2005年香格里拉区域工业内部结构比较

三是从第三产业内部结构来看，服务及咨询性行业发展相对较慢。香格里拉区域第三产业的产值比重较高，其中运输邮电仓储业、批零住宿餐饮业、文化教育卫生、公共管理和社会组织所占产值较高，这些行业也吸引了第三产业较多的从业人员。特别是文化教育卫生等事业部门和政府公共管理部门从业人员众多，这些部门从业人员享受比平原地区更高的高原或高寒津贴或补助，因而在统计数据上表现为第三产业的高产值比重。相反，由于技术低下、信息不畅、交通落后等原因，区域信息软件业、金融保险业、房地产业等现代型的服务及咨询行业产值比重低，就业人员少，规模很小，发育很不充分（见表1—14）。

（三）城乡结构分析

香格里拉区域城乡结构不合理，城市化水平低。城市化意味着生产效率、资源利用效率的大幅度提高，人口退出生态脆弱地区，转移到城市，维持其生存所需消耗的环境资源小于其继续居住在生态脆弱地区。这种转移有助于生态脆弱的乡村恢复原有生机，进而有助于实现经济发展方式的转变。以迪庆州、怒江州与甘孜州为例，2005年三州的城市化水平分别为21.1%、16.7%、16.2%，分别比当年全国平均水平低21.9、26.3和26.8个百分点，区域的城市化率是很低的。这种状况不利于提高区域资源利用效率、保护区域优美的生态环境。区域全部从业人员中，乡村从业人员所占比重都在80%以上，最低的迪庆州也达到82.8%；全部劳动力中农业劳动力所占比重最高的怒江州为94.8%，最低的甘孜州为82%；农业产值最低的怒江州也要比全国水平高出4.7个百分点（见表1—17）。显然，区域大量的劳动力集中在低产出低效益的农业部门，这是导致区域经济发展缓慢、效益不佳、粗放增长的重要原因。

表1—17　2005年香格里拉区域与全国城乡人口分布及农业与非农产值比较

项　目	迪庆州	怒江州	甘孜州	全国
城市化率（％）	21.1	16.7	16.2	43.0
城镇从业人员比重（％）	17.2	14.6	17.0	36.0
乡村从业人员比重（％）	82.8	85.4	83.0	64.0
农业劳动力所占比重（％）	93.8	94.8	82.0	55.9
非农劳动力所占比重（％）	6.2	5.2	18.0	44.1
农业与非农业产值比例	26.8∶73.2	26.2∶73.8	39.0∶61.0	21.5∶78.5

资料来源：《云南统计年鉴·2006》，46、60、70、73、279页；《四川统计年鉴·2006》；《中国统计年鉴·2006》计算得出。

1.4.3. 区域经济发展的效果分析

◎ 经济发展的资源环境代价

尽管香格里拉区域经济总量快速增长，但经济增长过程也带来了区域资源消耗过快、生态环境恶化等问题。可以说，区域经济增长是以付出高昂的资源、环境成本为代价的，这种情况持续下去势必影响到区域的可持续发展。香格里拉区域经济增长的资源环境代价主要表现在如下几个方面：

一是森林覆盖率持续降低。长期以来，由于森林采伐被当作该区域的经济支柱，大量森林被砍伐，导致森林覆盖率急剧减低。例如，迪庆州不包括灌木的森林覆盖率：20世纪60年代（1966年）为56.32%，70年代（1974年）为42.21%，80年代（1984年）为38.67%，90年代（1991年）为35.37%。包括灌木在内，80年代森林植被覆盖率为76.57%，90年代为55.62%。森林覆盖率平均每年衰减率达0.7%。[1] 森林衰减的原因很多，其中乱采乱伐是主要原因。从1958年到1997年，甘孜州累计生产木材2237多万立方米，为国家建设、人民生活和民族经济发展作出了贡献，但因只注重开发，忽视了建设和管理，再加上森林火灾、能源用材、建设用材等，年消耗森林资源480万立方米，而年生长量仅290万立方米，导致森林覆盖率大幅度下降，在20世纪80年代曾经下降到8%，经过90年代末以来十余年的恢复，截至目前森林覆盖率也仅为

---

[1]　李芝喜等：《迪庆森林遥感分析》，28页，昆明：云南科技出版社，1995。

28.5%（2004 年）[1]。20 世纪 50 年代怒江州的森林覆盖率达 53%，经过"大跃进"和"文革"时代的砍伐破坏以及多年来毁林开荒，到 70 年代，全州森林覆盖率一度下降到 30%[2]，目前怒江两岸海拔 1500 米以下的原始森林已荡然无存，1500—2000 米之间的植被也破坏严重，绿色"东方大峡谷"诱人的风采受到严重威胁[3]。

二是物种减少。生物多样性是人类赖以生存的基础。香格里拉区域孕育了独特的生物区系和植被类型，但由于近年来草地、森林和湖泊湿地生态系统受到破坏，特别是在经济利益的驱使下，人们对野生动物的偷捕滥猎和对虫草等药用植物的大肆采掘，生物物种分布区缩小，一些物种逐渐变为珍稀物种，高原特有物种和高原特有遗传基因面临损失的威胁。例如甘孜州，20 世纪 60 年代林麝生存量约 300 万头，年产麝香约 150 公斤，到 90 年代末种群数量已减至 20 万头，年产麝香仅 10 公斤，[4] 其原因是近几十年来该区域森林遭到破坏，林麝无处栖身，加之当地群众的捕杀，造成种群数量大大减少。在迪庆州德钦县，20 世纪 70 年代约有 1500—2000 余只滇金丝猴，但由于近 30 年来栖息地生态环境遭到破坏，种群数量截至 90 年代末已下降到 700 余只[5]。

三是草场退化。历史上，香格里拉区域由于草多畜少，草地有充分休养生息的机会，牧草丰茂，呈现出"天苍苍，野茫茫，风吹草低见牛羊"的景象。20 世纪 50 年代以来，随着畜牧业经济的发展，牲畜头数急剧增长，牲畜饲养量已普遍较建国初期增加 2 至 3 倍以上，草场超载率达到 30% 以上。随着草地载畜量的增大，草畜矛盾日益突出，草地退化日趋严重，草地生态系统日渐恶化，区域各地不同程度地出现草场沙化、鼠害、板结等草场退化现象。迪庆州 80% 以上的草场均有不同程度的退化。另据统计，甘孜州石渠县鼠害草地近1800 万亩，约占草地面积的 72%；其中鼠荒地面积约 250 万亩，占草地面积的10%。[6]

四是资源储量减少。香格里拉区域森林资源蕴藏丰富，解放前境内到处是茂密的原始森林。但建国后区域内的森林资源曾遭受三次重大采毁，一次为大跃进时期，大量的采伐森林用于大炼钢铁；第二次为 20 世纪 60 年代"以粮为纲"时期；第三次是 70 年代直到 90 年代大面积商业性砍伐形成区域内部分地州的"木

[1]　甘孜州委、州政府：《关于加快林业发展的实施意见》（2004）。
[2]　李秀春：《怒江营造绿色大峡谷》，《云南日报》2001 年 8 月 15 日。
[3]　长江水利委员会：《正确处理保护与开发的关系，合理开发怒江流域水能资源》，《中国水利》2005 年第 4 期。
[4]　李文华等：《青藏高原生态系统及优化利用模式》，318 页，广州：广东科技出版社，1998。
[5]　绒巴扎西：《云南藏区可持续发展研究》，203 页，昆明：云南民族出版社，2001。
[6]　程海萍、魏柏青等：《四川省石渠县鼠疫流行特点及其控制》，《中国人兽共患病杂志》2004 年第 4 期。

头财政"，从而导致区域部分地区森林资源濒临枯竭。在迪庆，木材采伐量由1971 年的 1900 立方米，增加到 1975 年的 2.4 万立方米，到 1980 年更是增加到26.6 万立方米，创木材年产量纪录，并形成了迪庆州木材"一头沉"的工业结构。迪庆林业生产也因此陷入林木消耗量大于林木生长量的"森林赤字"状态，余下的森林生长在海拔高、无公路的深山里，采伐条件很艰苦，生产作业成本很高，不得不减少和控制采伐规模，年采伐量只能维持在 20 万立方米以内。[1] 从 1958年至 1994 年，甘孜州累计生产木材 2100 多万立方米，到 20 世纪末，每年森林资源消耗总量在 480 万立方米，而年生长量仅 290 万立方米，致使大渡河流域已无可采森林资源，雅砻江流域的森林资源也面临枯竭。[2]

香格里拉区域野生生物资源丰富，但近年来在野生生物资源的采集过程中，人们在利益的驱使下出现了过度采集、竭泽而渔的行为，致使珍稀生物资源的种群数量下降。例如，迪庆州近年来冬虫夏草、松茸、羊肚菌等高经济价值的野生生物产量均呈下降趋势；怒江州贡山县，因立体气候明显，植被类型丰富，兰花种类特别繁多，已记录的兰科植物有 76 属 265 种，[3] 但近几年来由于受经济利益驱使，当地村民滥挖乱采及外来商贩大量收购野生兰花致使贡山县野生兰科植物资源面临枯竭。

此外，在矿业开发中，德钦县石棉矿、鲁钟铜矿、维西县锑矿厂等企业，均因资源枯竭而先后停办。

五是生态环境呈恶化趋势。据甘孜州贡嘎山地区的调查资料，长期以来，由于大量的森林被采伐后，原始森林被其他低功能的植物类型替代。如山原区森林被采伐后，往往为灌丛草甸所替代；峡谷区森林被采伐后，往往被杨树和桦树所替代；河谷地区森林被采伐后，造林绿化更为困难，致使干旱河谷面积不断扩大。森林生态系统的退化，导致区域小气候变化。如风速增加，降雨减少，伏旱天气增加，冰雹天气增多等。贡嘎山地区 20 世纪 90 年代比 80 年代风速大了 20%—30%；河谷地区的干旱期较过去延长；一些地方历史上很少发生的冰雹现象也连续发生。[4] 除上述情况外，近几十年来该地区山地灾害明显加剧，每当汛期到来，泥石流、滑坡、崩塌等山地灾害频繁发生。1998—1999 年迪庆州共发生泥石流、滑坡 26 个点（条），48 起，受灾人口 15460 人，伤 27 人，死亡 2 人；受灾耕地 14740 亩，毁灭性、难恢复的有 2200 亩，冲毁房屋 21 座，

[1] 绒巴扎西：《云南藏区可持续发展研究》，30、31 页，昆明：云南民族出版社，2001。
[2] 徐冶等：《生态灾难令甘孜清醒》，《光明日报》1999 年 7 月 28 日。
[3] 程静君：《让怒江兰花为民造福》，《云南林业》2002 年第 5 期。
[4] 李文华等：《青藏高原生态系统及优化利用模式》，318—319 页，广州：广东科技出版社，1998。

冲走大牲畜67头，冲毁桥梁27座、水渠560米，造成了重大经济损失。[1]1995年5月和6月，甘孜州康定县普降暴雨，由于折多河上游地区森林破坏严重，河水夹杂大量的泥沙和石块淤塞了康定县城河道，致使洪水侵入康定县城内，冲毁房屋、街道、桥梁，造成川藏线20余天交通中断，经济损失上亿元。[2]尽管香格里拉区域环境质量的绝对水平仍优于全国大部分地区，但是区域内不少城镇河流也逐渐受到污染，生活固体废弃物和工业固体废弃物无集中处理设施，城镇及各主要景点垃圾污染严重，城镇内机动车辆噪声污染逐渐加重。如果不及时采取措施，控制环境污染和生态破坏，这里也会随着经济规模的扩张，加剧生态环境问题。

◎ 经济发展的因素分析

（一）资源型产品和初级产品对区域经济发展的贡献大

长期以来，香格里拉区域社会经济落后，财政自给率低，科技落后，人口素质偏低，发展所需的资金、技术、人才主要依靠中央和兄弟省市的帮助和扶持。在这样的发展背景下，区域形成了以资源产品为主的生产体系与资源主导型产业体系，以采冶、农畜产品加工与原材料初加工业为主，以资源型产品和初级产品生产居多。1991年，甘孜州农牧业总产值为39424万元，农畜产品加工业、采掘工业和原料工业总产值为29960万元，分别占当年全州社会总产值的32.9%、25.0%，两者合计占到社会总产值的57.9%[3]；到了2005年，农牧业产值占国内总产值的比重为27.5%，采矿业及原料加工业产值（不含规模以下的该类工业产值）占国内总产值的比重为21.7%，两者合计占到国内生产总值的49.2%[4]。资源型产品和初级产品在国民经济中仍然占到近半壁河山。迪庆州、怒江州和昌都地区的情况也大致相似。2005年，迪庆州农牧业产值占全州生产总值的比重为20.3%[5]，农畜产品加工业、采掘工业和原料工业总产值占地区总产值的21.2%[6]，两者合计为41.5%；同年，怒江州资源型产品和初级产品产业产值占全州生产总值的比重为65.8%[7]。资源型产品和初级产品都以高投入、高消耗、高污染、低效益为特征，增长粗放，精深加工能力弱，附加价值低，产业的技术层次低级化，产业优化升级缺乏必要的技术支撑，产业竞争力和经济

[1] 《云南减灾年鉴》（1998—1999年）。
[2] 李文华等：《青藏高原生态系统及优化利用模式》，319页，广州：广东科技出版社，1998。
[3] 《甘孜统计年鉴·1991》，9、24、26、85页。
[4] 《甘孜统计年鉴·2006》，18、216—218页。
[5] 迪庆藏族自治州统计局：《用数据说话，以数据议政》（2007年），16—17页。
[6] 《云南统计年鉴·2006》，46、315—318页。
[7] 《云南统计年鉴·2006》，46、279、315—318页。

效益下降，导致区域经济发展方式转变缓慢。

（二）投资仍是区域经济发展的主要拉动力量

改革开放以来，迪庆州固定资产投资规模不断扩大，1978—2006 年累计完成投资 164.76 亿元，是改革开放前的 358.24 倍，其中仅"九五"和"十五"就完成了建州以来总投资额的 69.31%。2007 年全州全社会固定资产投资总额高达 52.8 亿元，比上年增长 25.7%，而该年全州地区生产总值（GDP）只完成 44.0 亿元，经济增长几乎完全依赖投资拉动。[1]怒江州近年来投资一直保持快速增长势头，投资对经济增长的贡献在 70% 左右，全州"十五"期间全社会固定资产投资五年累计达到 46 亿元，年均增长 30%，比"九五"期间累计投资增加 17 亿元。[2]"九五"期间投资对甘孜州 GDP 的贡献率已达到 30% 以上，2004 年以来，全州基础设施、基础产业以及生态建设步伐继续加快，投资规模又创历史新高，全年全社会固定资产投资完成 43.29 亿元，增长 34.5%。据初步测算，固定资产投资对全州经济增长的贡献率达 91.5%，拉动全州经济增长 12.4 个百分点。[3]2007 年甘孜州全社会固定资产完成投资 98.9808 亿元，同比增长 24.91%，增速列四川省第 13 位。[4]投资的快速增长，对全州经济增长的拉动作用显著。昌都地区"十五"期间固定资产投资规模继续扩大，基础设施建设速度加快，完成固定资产投资约 105 亿元，年均增长 35%，创历史纪录，对昌都地区经济增长发挥了较强的拉动作用。[5]

一般来说，经济增长主要依靠资本投入拉动是粗放型经济增长的本质特征，投资对经济增长贡献率下降是社会进步的表现。

（三）科技进步对区域经济发展的贡献率还比较低

长期以来，香格里拉区域经济增长过多依靠消耗资源、增加投入来拉动，自主创新机制不健全，科技创新投入不足。区域企业规模小，管理技术水平滞后，技术创新能力弱，产品市场竞争力差。该区域研发投入最多的是甘孜州，2000 年，甘孜州科学研究和试验发展经费支出为 466.4 万元[6]，仅占该州 GDP 的 0.19%，而同年我国研究与发展经费总支出达到 896 亿元，占当年 GDP 的比重为 1.0%[7]，

[1]　迪庆州统计局：《迪庆藏族自治州二〇〇七年国民经济和社会发展统计公报》（2008 年）。
[2]　引自：《中国共产党怒江州第六次党代会报告摘编》。
[3]　陈林、泽央等：《2004 年甘孜州 GDP 总量突破 40 亿元大关》，《甘孜日报》2005 年 1 月 21 日。
[4]　甘孜州统计局：《2007 年甘孜州固定资产投资实现平稳增长》，2008 年 2 月 19 日。
[5]　昌都地区发展和改革委员会：《昌都地区"十一五"时期国民经济和社会发展规划纲要》，2008 年 4 月 3 日。
[6]　四川省统计局、四川省科学技术厅、四川省教育厅：《2000 年四川省 R&D 资源清查主要数据统计公报》，2003 年 1 月 13 日。
[7]　国家统计局：《全国 R&D 资源清查综合汇编·2000》。

甘孜州比全国平均水平低 0.81 个百分点。迪庆、怒江、昌都则因该项数字不足最低统计单位而没有统计。研究和发展投入不足导致香格里拉区域技术创新能力低，企业综合竞争能力弱，企业无法通过提高产品附加值来化解生产资料价格上涨带来的成本压力，区域企业经济效益下滑趋势明显。

据测算，2006 年我国科技对经济的贡献率为 39%，而美国、日本、芬兰等 20 多个全球公认的创新型国家，科技对经济增长的贡献率高于 70%。[1] 香格里拉区域科技水平还比较低，企业技术装备还比较落后，产品开发创新能力还不强，运用高新技术改造传统产业任重道远，科技对经济增长的贡献率不高。如怒江州 2005 年科技进步对经济增长的贡献率为 38%[2]，甘孜州 1998 年科技进步对经济增长的贡献率达到 36% 以上 [3]，昌都地区 2002 年科技对经济增长的贡献率达到 30% 左右。[4] 可见，香格里拉区域科技进步对经济增长的贡献率不仅远低于发达国家的水平，也普遍低于全国的平均水平。这说明科技进步在现阶段尚未成为推动香格里拉区域经济增长的主要动力，区域经济仍然沿袭着靠资源消耗、资本投入的粗放型增长模式。

◎ 经济发展的效益分析

（一）第一产业增长的经济效益分析

香格里拉区域第一产业主要以传统的种植、养殖业为主，基础设施不足，科技投入低，形成了一家一户分散经营的"小而全"的生产经营体系。农牧民的市场与科技意识淡薄，生产经营方式原始粗放，"靠天吃饭"，抵御自然灾害能力不强，农牧产品商品率低，附加值不高，经济效益低下。2005 年，除怒江州外，区域其他三地州第一产业百元固定资产投入实现产值与全国平均水平均有较大的差距，最高的迪庆州为 677.5 元，最低的昌都地区为 134.2 元，分别相当于全国平均水平的 68.2% 与 13.5%，可见，迪庆、甘孜、昌都的固定资产利用效率较差，资金投入产出率较低。怒江州第一产业固定资产利用效率虽然比全国平均水平高很多，但这种高效率是以高劳动力投入为代价的，其第一产业比较劳动生产率为 2100 元 / 人，仅比最低的甘孜州高 95 元 / 人，只相当于全国平均水平的 30.9%，说明怒江州实现单位产值投入的劳动力更多，单位劳动力的投入产出效率低。其他三地州比较劳动生产率最高的昌都为 5716 元 / 人，最低的甘孜为 2105 元 / 人，分别是全国平均水平的 84.2% 与 31.0%，与全国平均

[1]　陈永杰：《中国是否威胁美国科技霸主地位》，《北京科技报》2007 年 2 月 8 日。
[2]　怒江州科学技术局：《科技进步推动怒江州经济社会快速发展》，2006 年 6 月 28 日。
[3]　杨占昌：《在"跑马溜溜的山上"再唱新歌》，《中国民族》2000 年第 8 期。
[4]　《西藏年鉴2002·地区国民经济和社会发展报告》。

水平差距很大（见表1—18）。

表1—18　2005年香格里拉区域四地州第一产业经济效益与全国比较

地　区	比较劳动生产率（元／人）	固定资产投入（万元）	第一产业产值（万元）	百元固定资产投入实现产值（元）
迪庆	3494	7885	53417	677.5
怒江	2100	1136	45826	4034.0
甘孜	2105	34780	100825	289.9
昌都	5716	80599	108144	134.2
全国	6791	23237000	230704000	992.8

资料来源：《云南统计年鉴·2006》，174、46、71页；《甘孜统计年鉴·2006》，18、46—73、80—103页；西藏自治区发展和改革委员会：《西藏自治区国民经济和社会发展第十个五年计划纲要汇编（2001—2005）》（下册），746—767页，2003年；《西藏统计年鉴·2006》，31、47页；《中国统计年鉴·2006》，51、117、192页。

（二）第二产业增长的经济效益分析

总体上讲，香格里拉区域第二产业多以中小企业为主，企业规模小、管理不规范，劳动者素质低，产品缺乏竞争力，经济效益不高。以国有及规模以上非国有工业企业为例，2005年四地州在全员劳动生产率、产品销售率、百元主营业务收入实现利润等指标上，与全国平均水平相差不大，但在总资产贡献率、资产负债率、流动资产周转率、百元固定资产原价实现利税、单位亏损企业亏损额等大多数指标上，与全国平均水平相差甚远。例如，在总资产贡献率指标上，除怒江州外（注：怒江州规模以上工业企业为矿产、水电两家企业，企业规模大、技术较先进），其他三地州差别不大，迪庆、昌都同为8.68%，比全国低3.14个百分点，说明区域工业企业资产利用效益不高，盈利能力不强；在资产负债率指标上，区域企业总体负债率高，怒江州高达73.49%，比全国平均水平高出15.68个百分点，说明企业经营始终面临着巨大的还本付息压力，加大了企业经营的困难；在流动资产周转率指标上，除迪庆州与全国大致相当外，其余三地州普遍要比全国平均水平低，表明区域在流动资产利用上效果不好；百元固定资产原价实现利税上，区域大部分地区指标比全国平均水平低，如迪庆为11.35元，比全国平均水平低7.04元，甘孜为13.48元，比全国平均水平低4.91元，昌都地区仅有8.86元，比全国平均水平低9.53元，反映了区域企业固定资产的使用效率和效益差、企业创税能力弱的现状；区域工业企业亏损面指标上，迪庆州亏损企业占总数的比例高达60%，单位亏损企业亏损额指标上，怒江州高达 371 万元／个，这两项指标总体反映出区域亏损企业数量多，亏损严重的实情（见表 1—19）。综合各项指标，区域四地州工业企业效益与全国平均水平差距明显。

表 1—19　2005 年全国、区域四地州国有及规模以上非国有工业企业
主要经济效益指标比较

项　目	全　国	迪　庆	怒　江	甘　孜	昌　都
总资产贡献率（%）	11.82	8.68	22.2	8.99	8.68
资产负债率（%）	57.81	65.74	73.49	62.44	15.26
流动资产周转次数（次／年）	2.35	2.34	1.30	1.56	1.78
全员劳动生产率（元／人·年）	104680	187247	113049	153900	67069
产品销售率（%）	98.14	95.34	100.69	96.52	94.58
百元固定资产原价实现利税（元）	18.39	11.35	28.41	13.48	8.86
百元主营业务收入实现利润（元）	5.96	7.73	23.94	20.03	25.44
工业企业亏损面（%）	—	60.00	22.22	30.43	7.14
单位亏损企业亏损额（万元／个）	—	37.08	371.00	115.57	37.50

资料来源：《中国统计年鉴·2006》，488—495 页；《四川统计年鉴·2006》；《云南统计年鉴·2006》，305、308、328—329、332—333、352—353 页；《西藏统计年鉴·2006》，202—203 页；《甘孜统计年鉴·2006》，186—187、194—197、256—257 页；《迪庆藏族自治州统计年鉴·2005》，5 页。

（三）第三产业增长的经济效益分析

香格里拉区域第三产业产值主要集中在旅游业、商业服务业、文化教育卫生与公共管理服务业等部门，现代服务与咨询产业发展相对滞后，第三产业总体效益不佳。以第三产业百元固定资产投入实现产值为例，2005 年，除怒江州外，最高的迪庆州为 91.3 元，最低的昌都地区为 60.8 元，分别为全国平均水平的 62.5%、41.6%。同样，怒江州较高的固定资产利用效率也是以较多的劳动力投入为代价的，其第三产业比较劳动生产率仅比昌都地区高，单位

劳动力的投入产出并不高。区域四地州第三产业比较劳动生产率最高的迪庆为 28656 元／人，最低的昌都为 19514 元／人，分别是全国平均水平的 93.4%、63.4%，区域第三产业劳动力的投入产出效益同样较低，与全国平均水平差距较大。（见表 1—20、图 1—8）

表 1—20　2005 年香格里拉区域四地州第三产业经济效益与全国比较

地　区	比较劳动生产率（元／人）	固定资产投入（万元）	第三产业产值（万元）	百元固定资产投入实现产值（元）
迪　庆	28656	137413	125513	91.3
怒　江	24551	57550	112688	195.8
甘　孜	25603	245670	222745	90.7
昌　都	19514	225450	136989	60.8
全　国	30696	499368000	729677000	146.1

资料来源：《云南统计年鉴·2006》，174、46、71 页；《甘孜统计年鉴·2006》，18、46—73 页、80—103 页；《西藏自治区国民经济和社会发展第十个五年计划纲要汇编（2001—2005）》（下册），746—767 页，2003；《西藏统计年鉴·2006》，31、47 页；《中国统计年鉴·2006》，51、117、192 页。

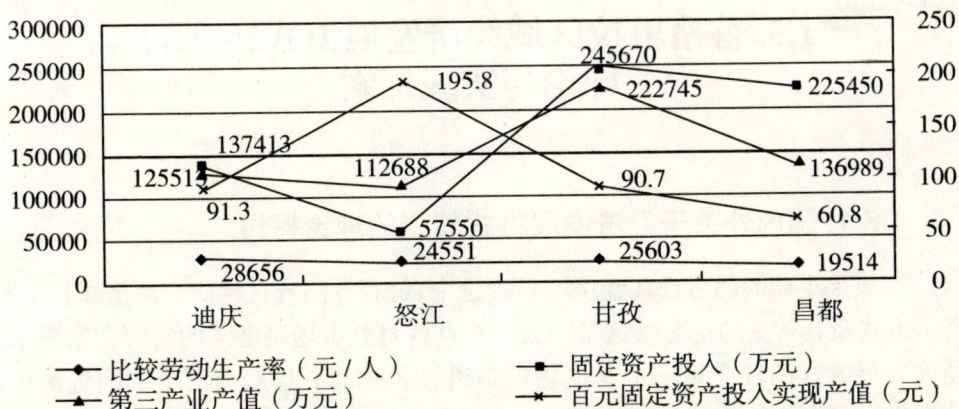

图1—8　2005年香格里拉区域四地州第三产业经济效益与全国比较

对香格里拉区域经济增长总量、结构及效果的分析表明，尽管经过建国后近60年，特别是改革开放以来的高速发展，区域经济发展水平有了很大改观，人民生活得到了极大改善，但由于历史和现实的因素，直到今天，区域经济发展与全国乃至所在省区的平均水平相比仍然呈现出较大的差距。不仅如此，区域经济发展是以巨大的资源消耗与生态环境恶化为代价的，资源型产品和初级产品对区域经济增长的贡献大，投资增加仍是经济增长的主要拉动力量，科技进步对经济增长的贡献率还很低。国民经济总体效益不佳，区域第一产业就业比重大，受自然条件制约明显，生产方式粗放，农牧民商品观念弱、组织程度低，现代农牧技术推进缓慢，生产极不稳定，基本属自给型，发展十分缓慢；第二产业产值低，结构不合理，以资源型产业为主，其中建筑、采冶业等构成第二产业的主体，对资源和资本的依赖程度较高，加工制造业水平低下，产业优化升级缺乏必要的技术支撑，企业规模普遍较小、投入产出低，产品竞争力低，企业经济效益不佳；第三产业产值比重大但绝对水平不高，党政机关和团体人员的工资占第三产业的比重很大，旅游业、商业服务业、文化教育卫生与公共管理服务业等在第三产业中占优势地位，现代型的服务及咨询性产业还相当滞后，对国民经济的发展支撑带动功能较差。显然，区域这种高投入、高消耗、低效益、不协调（人与自然关系不协调）的经济发展方式具有典型的粗放型增长特征，实现区域经济发展方式向集约型转变十分迫切。

1.5. 香格里拉区域经济发展方式转变的理论与实践探索

1.5.1. 国内外关于经济发展方式转变的理论探讨

在成果丰硕的西方现代经济增长理论中，鲜有专门或直接研究经济增长（发展）方式及其转变的论著。这是因为，在这些身处市场制度下的经济学家看来，经济发展方式的转变是一个在市场机制诱导和驱动下自然而历史的演进过程，是靠实践来自行解决的问题，因而他们更多关注的是经济增长问题，包括市场制度条件下经济如何增长、经济增长源泉、影响经济增长的诸因素以及经济增长中市场与政府作用相互整合等。然而，不可忽视的是，在不断演进的西方经济增长理论中，蕴含着极为丰富的转变经济发展方式的思想。

现代经济增长理论的研究始于 20 世纪 30 年代末，主要有三大著名假说：经济增长条件说，经济增长因素说，经济增长有限说。经济增长条件说，主要考察一个国家长时期内的国民收入和就业稳定均衡增长所必须具备的条件。这一学说主要体现在哈罗德—多马经济增长模型、新古典经济增长模型（也称索洛—斯旺模型）、新剑桥增长模型三个经济增长模型之中，分别强调了增加资本投入、技术进步、收入分配政策是保持经济长期增长的重要条件。经济增长因素说，主要考察影响一个国家经济增长的各种因素及其所起作用的大小，探索不同国家不同时期经济增长速度快慢的原因，寻求加快经济发展的途径。经济增长有限说，主要研究一个国家乃至整个世界经济增长的代价和所受到的制约，认为人们为经济增长所付出的代价（尤其在社会与文化方面）是高昂而不可持续的，提出了著名的对经济增长持悲观态度的零增长理论（或称增长极限论）。[1] 三大假说尽管观点各不相同，但都暗含了转变增长方式的经济政策主张。比如，在经济增长条件说中，经济学家所关注的经济增长的核心条件由各种投入要素的数量转向各种投入要素的质量和收入分配政策；经济增长因素说表明，现代经济增长中的物质因素、人力因素已经弱化，技术、知识、人力资本等因素的地位与作用日益强化；经济增长有限说是在反思 20 世纪五、六十年代的高投入、高消耗、高增长所带来的环境污染、生态失衡、经济滞胀等一系列经济社会问题的背景下诞生的，实质上是根源于对工业化初期的经济增长模式，即高耗费、高污染、高速度模式的反思。

经济发展方式问题一直是我国经济发展的重大问题。我国经济建设从低水平起步，基础差、底子薄，长期处于相对封闭状态。受经济发展所处阶段及整体技术水平的限制，我国主要依靠增加要素投入和物质消耗来推动经济增长，带有明显的高投入、高增长、低效益的粗放特征。为提高经济增长的质量和效益，无论是理论界，还是党和政府的各级决策层，都高度重视转变经济发展方式。早在 20 世纪 50 年代中期，一些学者和经济工作者就开始注意计划经济体制忽视价值规律作用、不重视效率等弊病，指出要重视生产活动中"不惜工本"的问题，并讨论了改变粗放式发展道路的必要性和方法，提出了依据价值规律改革计划经济体制的主张。20 世纪 60 年代我国从苏联引入了"外延增长"和

[1]　胡乃武、龙向东：《半个多世纪以来西方经济增长理论的发展》，《经济学动态》2001 年第 1 期；李变花：《西方经济增长理论评述》，《河南师范大学学报》（哲学社会科学版）1995 年第 6 期。

"内涵增长"的概念，并分析和比较了其优劣。[1] 在这些讨论中，开始关注到经济增长过程中资本和劳动力的使用效果，形成了粗放型、集约型、外延型、内涵型等表示经济增长特点的概念。1987年，党的十三大提出了要从粗放经营为主逐步转变到以集约经营为主的轨道上来。1995年，党的十四届五中全会明确提出两个具有全局意义的根本性转变，即经济体制从传统计划经济体制向社会主义市场经济体制转变；经济增长方式从粗放型向集约型转变。1997年，党的十五大又明确提出："转变经济增长方式，改变高投入、低产出、高消耗、低效益的状况。"这些提法对指导我国经济发展发挥了重要作用，形成了一个较长的高速经济增长期。

　　近年来，党和政府进一步深化了对经济发展规律的认识，形成了指导新时期经济社会发展全局的科学发展观。2007年，胡锦涛同志在中央党校省部级干部进修班上的讲话中进一步提出，"要把转变经济发展方式作为实现国民经济又好又快发展的重要手段"。

1.5.2. 香格里拉区域经济发展方式转变历程与绩效分析

　　无论从生态地理区位还是经济社会发展水平看，转变香格里拉区域经济发展方式，无疑具有特别重要的意义。然而，建国以来直到20世纪90年代中期以前，尽管区域各级政府及其他经济主体对传统粗放型经济发展方式的弊端有所认识，但由于重视不够、措施不力，导致区域经济发展方式的粗放型特征显著。以区域木材采运业为例，20世纪70年代中期以来，区域四地州不同程度地把木材采运业作为地区经济发展的支柱产业，大量采伐森林，形成区域著名的"木头财政"。以迪庆州为例，木材采运业由20世纪70年代初期的年产1万立方米左右，增长到1980年的26万立方米；林业产值也由1970年的140万元，增加到1980年407万元，到1985年则增加到1256万元，比1970年增加了8.97倍，林业产值占农业总产值的比重，也由1970年的7.9%上升到1985年的37.9%。[2] 同时，在林业生产中重采轻育现象普遍。据有关部门统计，1987年迪庆州中甸县（现香格里拉县，下同）林业局在森林采伐中，占伐占总采伐面积的95.6%；中甸县林业联营公司采伐面积中，占伐面积占81%；迪庆州木材公司采伐面积

[1] 任保平、邵晓：《我国经济增长方式研究述评》，《天津行政学院学报》2007年第4期。
[2] 绒巴扎西：《云南藏区可持续发展研究》，40页，昆明：云南民族出版社，2001；云南省迪庆藏族自治州统计局：《奋进的四十年——迪庆藏族自治州国民经济统计资料（1949—1988年）》，34—35页。

中，占伐面积占 70%。[1] 大面积采伐虽然可以降低采伐成本，但往往造成森林生态系统恶化，地表结构破坏，土壤受侵蚀，水土流失不断加剧。1987 年土壤普查资料显示，中甸县水土流失面积达到 4546.42 平方公里，占全县总面积的 39.1%，每年土壤流失量约 1800 万吨，每吨土肥价值以 10 元计，则每年水土流失造成的损失约 1.8 亿元。[2]1998 年以后，随着区域天然林资源保护工程的先后实施，木材采运业随之歇业。

木材采运业的兴衰及其负面效应表明，在传统的增长方式下，由于经济增长建立在自然资源消耗量不断增加的基础上，经济增长过程往往伴随着资源存量的减少和生态环境状况的逆向演替，长此以往，经济增长将越来越受制于区域资源存量下降和生态环境恶化的双重约束。因而，在传统的增长方式下，不可能实现区域经济的良性与可持续发展。

20 世纪 90 年代中期以来，区域自然灾害的频繁出现，特别是 1998 年波及全国的特大洪涝灾害的爆发，充分暴露了粗放型经济发展方式对区域自身乃至全国经济社会发展的重大危害与影响，也充分显示了转变区域经济发展方式的重要性与迫切性。在中央政府和区域地方政府的高度重视与共同努力下，区域四地州实施了有利于经济发展方式转变的各项政策与措施，不断推进区域经济发展方式的转变，成效显著。这主要体现在：

◎ 实施天然林资源保护工程

1998 年以来，国家先后在甘孜州、迪庆州、怒江州、昌都地区启动天然林资源保护工程，按照"停、造、转、保"的总体工作思路，采取一系列有效措施：1. 明确划分天然林资源保护工程实施范围，全面停止天然林经营性采伐，林木全面停运出境；2. 开展植树造林，封山育林，使天然林得到抚育；3. 强化林政管护、森林防火、森林病虫害防治等工作，加快以野生动、植物保护为主体的自然保护区建设，对天然林实施常年有效管护；4. 通过植树造林、人工造林等途径，加强生态公益林建设等。到"十五"期末，区域四地州天然林资源保护工程建设成绩显著。到 2005 年，甘孜州植树造林 5420 公顷，封山育林 2.04 万公顷，人工造林 2.08 万公顷，有各类自然保护区 50 个，森林覆盖率上升为 12.7%；迪庆州五年累计投入资金 4 亿元，2583 万亩天然林得到有效保护，完成人工造林 5.35 万亩，封山育林 52.01 万亩，建设保护区 32.01 万公顷，森林覆盖率达到 66.8%；怒江州植树造林、人工造林完成 3480 公顷，封山育林 5667 公顷，落实

[1] 绒巴扎西：《云南藏区可持续发展研究》，33 页，昆明：云南民族出版社，2001。
[2] 绒巴扎西：《云南藏区可持续发展研究》，34 页，昆明，云南民族出版社，2001。

森林保护面积 85.75 万公顷，森林覆盖率达 70%；昌都地区五年累计投资天然林保护工程 10.4 亿元，森林覆盖率达到 31.7%。[1]

◎ 实施退耕还林、退牧还草工程

"十五"期间，通过完善草场承包制，实施禁牧休牧轮牧、围栏封育改良、人工种草等措施，区域四地州退耕还林、退牧还草工程成效显著，生态平衡得到有效恢复，水土流失得到有效防止。到 2005 年，迪庆州完成荒山荒地造林种草 7800 公顷，治理水土流失面积 269 平方公里，"两江"（金沙江和澜沧江）流域的水土保持和生态环境明显好转；怒江退耕还林投资 4115.25 万元，完成面积 3067 公顷；甘孜州五年累计实现退牧还草 4000 万亩，建设围栏割草地 40 万亩，草种基地 5 万亩，治理水土流失面积 110 平方公里；昌都地区实施退耕还林还草以来，成效初显。[2] 退耕还林、退牧还草工程的实施，为区域生态林业、畜牧业的发展，以及林业、畜牧产业化经营提供了良好的前提与基础。

◎ 改造"小而全"的传统农业

"十五"期间，区域四地州加强农业基础设施建设，调整农业和农村产业结构，依托农牧业优势资源，着力开发特色农牧产品，大力推进农业产业化经营。以迪庆州为例，通过加强农田基本建设、加快农业产业结构，农业和农村产业结构不断向规模化、多元化方向发展，农业经济效益显著。粮食、经济作物、饲料播种面积比例由 2000 年的 88.16∶4.26∶7.57 调整到 2005 的 56.39∶6.65∶7.86，青稞年种植面积达 7.9 万亩，青稞、马铃薯、杂交玉米等特色农作物，以及葡萄、桑蚕、药材、花卉等经济作物的产业规模初显；积极创办农业科技示范园区和高效优质农业示范片区，推广"种子工程"等，促进了农业科技水平和粮食单产的不断提高；积极开展农村富余劳动力的培训、转移和输出工作，五年累计转移输出农村富余劳动力 10.43 万人；2005 年，农业总产值、农民人均纯收入分别达到 4.95 亿元、1403 元，比 2000 年分别增长 50.31%、91.14%，年均递增率分别为 8.49%、18.23%。[3] 又如甘孜州，"十五"期间通过在"基地、企业、科技、市场、人才"五个方面做文章，在"调结构、建基地、育龙头、找市场、建协会、创品牌"六个方面下功夫，畜牧产业化取得初步成效：一是畜牧业结构不断优化，畜禽品种改良见成效。着力打造牦牛品牌，共组建选育核心群和

[1]《中国民族年鉴·2006》，438—439、473、469 页；西藏自治区发展和改革委员会：《西藏自治区国民经济和社会发展第十个五年计划纲要汇编（2001—2005）》（下册），745 页。

[2]《中国民族年鉴·2006》，438—439、473、469 页；西藏自治区发展和改革委员会：《西藏自治区国民经济和社会发展第十个五年计划纲要汇编（2001—2005）》（下册），745 页。

[3] 迪庆州农牧局：《迪庆藏族自治州"十一五"农业发展规划》，2—6 页。

扩繁群 4501 头，共引进波尔山羊、南江黄羊、三元杂交猪等优良种畜 966 头，累计完成牛羊杂交改良 38.5 万头，生猪杂交改良 60 万头，全州猪禽基本实现良种化。二是开展畜牧业规模化养殖。2005 年，全州饲养牛、羊在 500 头以上的养殖户达 7986 户，规模化养殖比重达 5%。三是龙头企业得到培育并不断壮大。5 年间，先后注册了具有潜在商业价值的"跑马山"等 6 个商标，接洽的客商达百余家，50 多家企业进州考察，隆生集团等 6 家企业安家落户，建立农村专业合作组织 14 个。四是畜牧业产值和经济效益迅速增长。到 2005 年底，全州牲畜总增、出栏、商品"三率"较 2000 年分别提高 3.65、6.81、4.09 个百分点；肉类总产量达 8.4 万吨，较 2000 年增长 40%；奶类总产量达 11.4 万吨，较 2000 年增长 14%；畜牧业对农牧民收入的贡献率达 48%。[1]

◎ 推进新型工业化建设

"十五"期间，区域四地州坚持以市场为导向，以优势能源矿产资源为依托，以提高新型工业比重和经济效益为核心，通过培育和引进大型企业集团、发展循环经济等途径，不断提高区域能源矿产开发、加工的技术管理水平，努力培育低消耗、低排放、高效益的新型优势工业企业。

例如迪庆州，"十五"期间，认真贯彻落实"产业强州"的决策部署，以调整优化工业结构为重点，着力推进企业组织技术创新，积极推进规模以上骨干企业优化组合和改造，一批重点工业项目企业相继建成投产。德钦县羊拉铜多金属矿的建成投产就是较为成功的案例。据估算，在羊拉矿区圈定铜资源量约 130 余万吨，达到大型矿床规模。为了实现对羊拉铜矿的深度开发，力争做到开发与保护相结合、经济效益和社会效益相结合，避免急功近利、乱挖乱采、重复建设、浪费资源、破坏生态等不良后果，迪庆州政府实行与云南省铜业公司（以下简称云铜公司）合作开发。云铜公司负责对迪庆的铜、黄金、白银等矿产资源进行统一勘探和开发，先期出资 5000 万元对羊拉铜矿进行加密勘探和对普朗、尼仁铜矿进行风险勘探，在此基础上，云铜公司在 2003—2005 年三年之内投资 9 个亿，建设羊拉铜矿，达到年产 2 万吨铜、400 公斤黄金、40 吨白银的规模，对缓解我国铜精矿 70% 依赖进口的紧张状况发挥积极作用。从 2006 年起，云铜公司再联合有关方面，投入至少 20 个亿，开发普朗、红山铜矿，形成年产 16 万吨铜、2.5 吨黄金、70 吨白银的生产规模。鉴于云铜公司已在昆明郊区投资 20 多亿元建成年产 35 万吨电解铜的铜冶炼厂的情况，公司决定不再

[1]　甘孜藏族自治州畜牧局：《甘孜藏族自治州畜牧业"十一五"规划及 2020 年远景目标》，1—8 页。

在迪庆建冶炼厂，采取异地加工的办法，把开采的铜矿送到云铜公司冶炼，这样既解决了云铜公司的原料不足问题，又避免了铜矿加工对迪庆造成污染，以及建造新的冶炼厂所造成的重复建设和浪费。同时，通过分税的办法解决利益分配问题，由昆明市和迪庆州共同分享，实现了多方利益共享、共赢的局面。[1] 可见，在羊拉铜矿开发的事例中，迪庆州通过与云铜公司合作开发，实现了一举多得：一是借助云铜公司解决了铜矿开发所欠缺的资金、技术；二是建立了较为合理的利益分享机制；三是通过异地冶炼避免了冶炼过程中产生的"三废"对迪庆生态环境的污染，保护了"香格里拉"这个世界品牌的生态环境。到2005 年，全州总产值突破 10 亿元，工业生产实现了速度与效益双增长。[2]

又如甘孜州，"十五"期间，全州以建立"生态工业"为目标，通过产业优化重组和扩大规模、加强企业技术改造，逐步建立起由矿产业、水电业、制药业、建材业和食品加工业为代表的新型主导企业，企业的生产能力、规模效益和经济影响力日益显现（见表 1—21）。到 2005 年，全州工业实现增加值9.3 亿元，比 2000 年增长 4.63 倍；工业产值占生产总值的比重也由 2000 年的19.3% 上升到 2005 年的 33.4%。[3]

表 1—21　2005 年甘孜州主要工业企业情况表

序　号	企业名称	主要生产能力
1	里伍铜业股份有限公司	日处理铜矿石 1000 吨
2	康西铜业有限公司	年产粗铜 20000 吨
3	九龙龙财公司	日处理铜矿石 130 吨
4	402 地质队	日处理铂镍矿石 500 吨
5	康定富强有限公司	日处理铂镍矿石 600 吨
6	康定华兴硅业公司	年产工业硅 10000 吨
7	甘孜州西谷硅业公司	年产工业硅 20000 吨
8	康定电力公司	水电装机容量 48000 千瓦
9	华通康定水电有限公司	水电装机容量 180000 千瓦
10	金珠制药有限公司	年产各类中成药 160 吨
11	华康进出口公司	年加工业生产食用菌 500 吨
12	泸定桥水泥有限公司	年产水泥 120000 吨
13	丹巴大渡河矿业公司	日处理铂镍矿石 500 吨

[1]　迪庆藏族自治州人民政府办公室：《云南省人民政府迪庆现场办公会文件资料汇编》（2003 年），61—62 页。
[2]　《云南铜业获得羊拉铜矿采矿权》，《中国矿业年鉴·2004》。
[3]　四川省民族事务委员会：《四川省"十一五"民族地区经济社会发展规划纲要汇编》，42—43 页。

资料来源：尧斯丹：《甘孜新跨越：甘孜藏族自治州国民经济和社会发展第十一个五年规划》，179 页，成都：四川民族出版社，2007。

◎　大力发展旅游业

"九五"末期以来，区域四地州适应国内外旅游市场的需求，依托丰富而独特的旅游资源，大力发展旅游业，为第三产业增长方式的转变注入了活力和机遇。到"十五"期末，区域旅游产业初具规模，产值占第三产业及国内生产总值的比重不断递增。2005 年，迪庆州共接待国内外游客 264.4 万人次，比2000 年的 106 万人次增长 2.49 倍；实现旅游业总收入达 20.08 亿元，比 2000年的 6.7 亿元增长 2.3 倍，旅游业产值占全州第三产业的比重为 71.8%；怒江州共接待国内外游客 77.4 万人次，实现旅游业总收入 4.18 亿元，占全州第三产业产值的 37.1%；甘孜州共接待国外游客 5.8 万人次，外汇收入 1709 万美元，接待国内游客 225.4 万人次，国内旅游收入 14.3 亿元，旅游业总收入占第三产业产值的比重为 70.3%；昌都地区接待国内外游客 14.3 万人次，旅游业总收入 1.22亿元，占第三产业产值的比重为 8.9%（见表 1—22）。区域旅游业的发展壮大，有利于区域生态环境的保护，带动了相关部门与行业的发展，促进了区域增长方式向集约型与环境友好型的转变。

表 1—22　2005 年香格里拉区域四地州旅游业发展情况（单位：万人次、亿元、%）

地　州	国内外游客数	旅游业总收入	占第三产业产值比重
迪庆	264.4	20.08	71.8
怒江	77.4	4.18	37.1
甘孜	231.2	1.37	70.3
昌都	14.3	1.22	8.9

资料来源：《迪庆藏族自治州统计年鉴·2005》，15 页；《中国民族年鉴·2006》，438—439、468—469、473 页；《西藏统计年鉴·2006》，31 页；《西藏年鉴·2006》，191 页。71.8% 为迪庆州旅游业总收入占全州总产值的比重。

必须指出，尽管近年来区域四地州的经济增长方式正呈现出由粗放型向集约型转变的特征和趋势，但从整体上看，区域经济增长方式的粗放型并没有得到根本改变。这主要体现在：农业、自然资源开采及初级加工产业对区域经济增长贡献大，产值比重高；投资仍是区域经济增长的主要拉动力量，科技进步对经济增长的贡献率低；企业不仅经济效益低下，而且经济效益与社会效益、生态效益不协调；区域经济增长的资源环境代价高，等等。因此，继续推进区域经济发展方式由粗放型向集约型转变，仍然重要而紧迫。

1.6. 制约香格里拉区域经济发展方式转变的主要因素与问题

1.6.1. 区域生态环境脆弱，基础设施建设滞后，经济基础薄弱

◎ 区域自然条件恶劣，经济区位偏，基础设施建设严重滞后

香格里拉区域地处横断山区，境内山峦起伏，江河切割作用明显，形成了山高谷深，起伏陡峻的地貌特征，从而使整个自然系统呈现出强烈的能、物流向外迁移状态。地表平衡结构一旦受到干扰，极易发生土壤侵蚀、滑坡、泥石流，进而导致地表岩石裸露或沙化，植物生长环境和条件随之逆转，生态环境系统的自我修复功能也随之减弱或丧失。同时，区域大部分地区地处高海拔地区，气候严寒，年积温低，导致生物生长缓慢，原生生态系统一旦受到破坏，则要经历较长时间，甚至上百年时间才能得到恢复。

香格里拉区域地处边疆民族地区，历史上就是经济发展的边缘区，位置相对偏僻，经济区位差。从区域四地州首府到各自省会城市的距离看，最远的昌都地区行署所在地昌都县至拉萨的距离达 1121 公里，最近的甘孜州州府所在地康定至成都的距离也有 322 公里（见表 1—23）。一般说来，距离区域中心城市越远，受中心城市的辐射与带动作用就越弱。

表 1—23　香格里拉区域四地州首府所在地距离各自省区中心城市距离（单位：千米）

区域四地州首府所在地和各自省区中心城市	里程数
迪庆州：香格里拉县建塘镇——昆明市	729
怒江州：泸水县六库镇——昆明市	647
甘孜州：康定县炉城镇——成都市	322
昌都地区：昌都县城关镇——拉萨市	1121

交通运输设施是加强区域内外经济联系的物质基础，交通运输的发展将大

大缩短人们交往的空间距离，从而密切区域内部的经济联系，并加强区域与外界的经济联系。目前香格里拉区域交通设施的落后主要表现在以下几个方面：一是缺乏低运输成本的运输设施，从而限制了有色金属等优势资源的开发，区域内运输设施以公路为主，运输成本高居不下；二是缺乏快捷、畅通的区内交通设施，公路等级低，路况差，如香格里拉到昌都和康定都是三级公路，严重制约了通行能力和区域内外的经济交流与联系；三是未形成与建构区域经济相适应的开放的区域交通网络，断头路、回头路多。如德钦与怒江州贡山县山水相连，但若从德钦到贡山则要绕行 700 公里。交通运输设施的落后必然加大经济运行的成本，不利于区域产品参与区外竞争，限制了现代化因素的输入，进而延缓经济增长进程与区域增长方式的转变。

此外，区域体育卫生与广播电视等基础设施严重匮乏，也制约着区域经济的快速发展与增长方式的转变。截至 2005 年底，甘孜州 18 个县均无体育馆，制约了全州体育事业的发展；县中心卫生医院能进行常规检验的不足 30%，占总人口 84.03% 的农牧民只占有 25.5% 的卫生资源，有 74.62% 的村处在无医无药的困境，群众看病难、吃药难的问题十分突出；全州广播电视发展滞后，尚有 483 个行政村近 17 万人听不到广播，400 个行政村近 16 万人看不到电视，广播电视综合人口覆盖率还比较低。[1] 区域其他三地州的情况也大体相近。

◎ 区域经济基础薄弱

区域内四地州的经济规模普遍很小，GDP 占各自省份的比重低，财政自给率低（见表 1—24、图 1—9）。四地州的产业结构基本上还处于第一产业占优势比重的阶段，第一产业在国民生产总值中的比重绝大多数年份均在 50% 以上，农业人口占总人口的比例高达 80% 以上。由于产业结构落后，经济发展水平低，各地州积累能力低，人均财政收入最低的为 174 元、最高的也仅为 417 元，居民人均储蓄存款余额低于 4000 元（见表 1—1、表 1—2）。可以说，产业结构落后、资金短缺一直是制约该区域经济发展方式转变的主要因素，并在一定程度上加剧了经济的粗放型增长。经济基础薄弱，资金短缺，深刻制约着技术进步、规模经济与劳动者素质的提高，因而在生产经营过程中，投入的劳动与初级资源比重就大，投入的资本与技术的比重就小，进而造成经济的粗放型增长。

---

[1] 尧斯丹：《甘孜新跨越：甘孜藏族自治州国民经济和社会发展第十一个五年规划》，220 页，成都：四川民族出版社，2007。

表 1—24　2005 年香格里拉区域四地州 GDP 占各自省区 GDP 的比重及财政自给率比较

主要比较指标	迪庆州	怒江州	甘孜州	昌都地区
地区 GDP 占各自省区 GDP 的比重（％）	0.8	0.7	0.7	12.9
财政自给率（％）	13.0	18.5	7.8	10.5

资料来源:《云南年鉴·2006》，46 页;《甘孜统计年鉴·2006》，112—113 页;迪庆州统计局:《用数据说话，以数据议政》，2007 年 ; 怒江州人民政府:《关于怒江傈僳族自治州州本级 2005 年地方财政决算情况的报告》，2006 年 6 月 27 日。

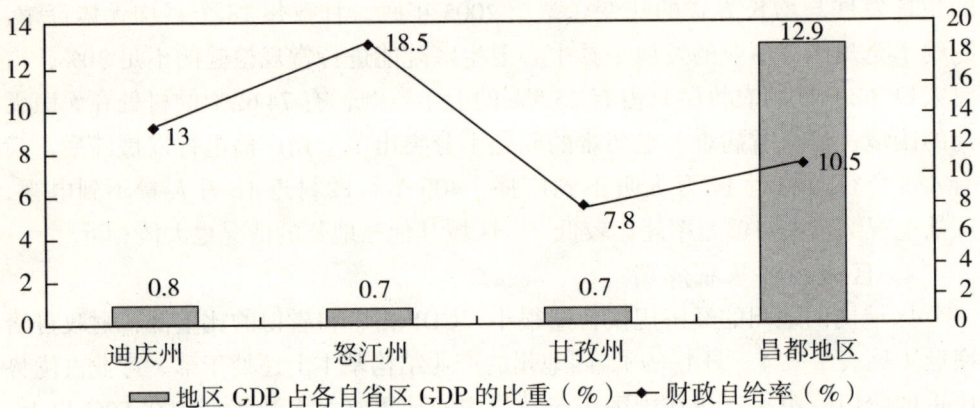

图1—9　2005年香格里拉区域四地州GDP占各自省区GDP的比重及财政自给率比较

1.6.2. 区域产业发展层次、水平低，结构不合理

香格里拉区域经过建国后几十年的建设，三次产业都有了很大发展与进步，但产业发展层次与水平落后的状况没有得到根本改观。这突出表现为第一产业在区域 GDP 与全部从业人员中所占的比重一直很高，而且劳动生产率极低。四地州第一产业在国民生产总值中所占比例长期居高不下，在 20 世纪 90 年代以后才开始逐年下降，到 2005 年迪庆、怒江、甘孜仍占 GDP 的 20% 左右，怒江仍然高达 33%，最低的比同年全国平均水平高 7 个百分点，最高的比同年全国平均水平高 20 多个百分点（见表 1—25、图 1—10）。而且 2005 年迪庆、怒

江、甘孜、昌都四地州第一产业就业人员比重分别比全国平均水平高出 34.09、33.45、37.2 和 23.8 个百分点。第一产业的劳动生产率低，2005 年迪庆、怒江、甘孜、昌都四地州的第一产业劳动力人均创造的产值分别为 3494 元、2100 元、2313 元和 5716 元，分别是同期全国平均水平的 51.5%、30.9%、34.1% 和 84.2%（见表 1—26）。四地州第一产业发展与全国平均水平差距很大，这种结构状况反映出该区域产业结构仍处于较低水平。

表 1—25　2005 年香格里拉区域四地州三次产业产值构成和全国平均水平比较（%）

项　目	第一产业	第二产业	第三产业
迪庆州	19.09	38.27	42.64
怒江州	19	34	47
甘孜州	22.1	33.4	44.5
昌都地区	33	25	42
全国	12.6	47.5	39.9

资料来源：根据《云南统计年鉴·2006》、《四川统计年鉴·2006》、《西藏统计年鉴·2006》、《中国统计年鉴·2006》相关数据整理计算得出。

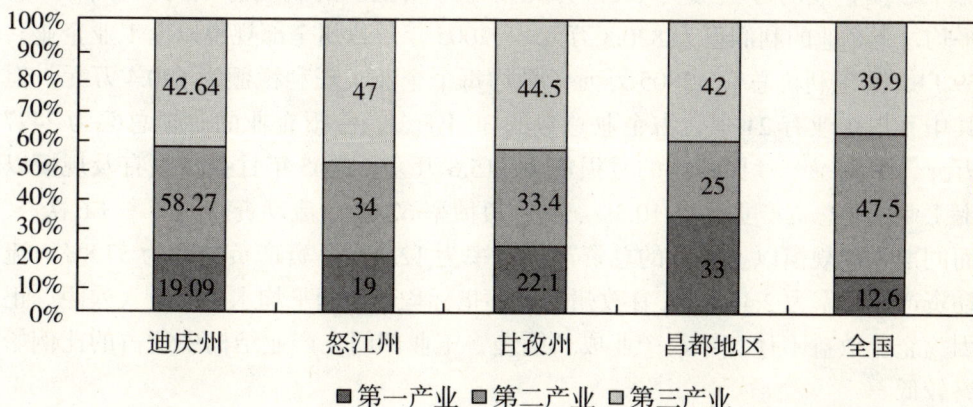

图1—10　2005年香格里拉区域四地州三次产业产值构成和全国平均水平比较（%）

表1—26　2005年香格里拉区域第一产业从业人员比重、劳动生产率和全国平均水平比较

项　目	第一产业从业人员比重（%）	第一产业劳动生产率（元/人）
迪庆州	78.89	3494
怒江州	78.25	2100
甘孜州	82.0	2313
昌都地区	68.6	5716
全国	44.8	6791

资料来源：根据《云南统计年鉴·2006》、《四川统计年鉴·2006》、《西藏统计年鉴·2006》、《中国统计年鉴·2006》相关数据整理计算得出。

　　区域产业结构不合理，则主要表现在工业化水平低。在香格里拉区域弱小的工业内部，重工业一直占较大比重，轻工业相对处于较为次要的地位。以工业发展较好的迪庆与甘孜为例，2005年两地州规模以上工业企业中重工业在整个工业总产值的比重分别为61.9%、94.7%[1]，而且主要以采矿业与原材料初加工业为主。又如，2006年甘孜州矿产、水电对工业增长的贡献率达82.2%。[2]同时，工业企业效益偏低。2006年迪庆州全部规模以上工业企业共18户，但亏损企业就有11个，占企业总数的61.1%，亏损企业的亏损总额为1235万元，平均每个亏损企业的亏损额为112.3万元，盈亏相抵后的利润总额为14765万元，平均每个企业的利润仅为820.3万元。[3]2005年甘孜州全部规模以上工业企业共69户，实现利税总额42805万元，平均每个企业实现利税额为620.4万元，但其中亏损企业有21个，占企业总数的30.4%多，亏损企业的亏损总额为2427万元，平均每个亏损企业的亏损额为115.6万元。2005年甘孜州国有及规模以上工业企业总资产贡献率10.3%、资产负债率62.4%、流动资产周转率1.6次[4]，而同期我国规模以上企业的总资产贡献率为12.99%、资产负债率57.8%、流动资产周转率为2.4次[5]，甘孜州的上述指标均与全国平均水平有较大差距。正因为企业效益不佳，导致产业成长缓慢，工业部门在产业结构中所占的比例始终较低。

　　区域产业结构水平落后还表现在对民族传统手工业的改造缓慢上。经过长

[1]　迪庆州统计局：《用数据说话，以数据议政》（2007年），18页；《甘孜统计年鉴·2006》，180页。
[2]　《一切为了各族群众得到更多实惠——四川省民族工作掠影》，《四川日报》2006年12月24日。
[3]　迪庆州统计局：《迪庆藏族自治州二〇〇六年国民经济和社会发展统计公报》。
[4]　甘孜州统计局：《甘孜藏族自治州2005年国民经济和发展发展统计公报》。
[5]　《中国统计年鉴·2006》，356页。

期的发展，香格里拉区域民族手工业逐渐形成了自己独特的工艺技术特点，具有浓厚的民族风格和地方特色。但目前大多数手工业企业基础薄弱，资金投入量小，企业规模小，生产技术以传统手工业技术为主；技术含量低，设备陈旧，厂房简陋，规模效益差，企业自我发展能力差；产品更新慢，生产经营长期停留在相互模仿的低水平竞争上；产品销售范围比较狭窄，大多以供应本地和邻近地区市场为主，缺乏开拓国内外大市场的意识和能力。[1]

1.6.3. 区域人口素质偏低，人力资源开发、配置及利用机制不健全

香格里拉区域人口受教育程度和整体文化素质依然较低，长期制约着该区域的技术进步和经济发展方式的转变。据 2000 年第五次人口普查资料显示，迪庆州 6 周岁以上人口 322117 人，其中：具有大学专科以上文化程度的 4367 人，仅占 1.36%；高中、中专文化程度 19217 人，占 5.97%；初中文化程度 56272 人，占 17.47%；小学文化程度 149674 人，占 46.46%；未上过学及上过扫盲班 92577 人，占 28.74%。在 6 周岁以上人口中，具有大学本科及研究生学历人数仅仅为 1457 人，占 0.23%，而受初中及以下教育的人数 298523 人，所占比重高达 92.68%。[2] 从 2001—2005 年，全州小学、初中学生入学率差距较大，辍学率总体变化不大（见表 1—27）。

表 1—27　2001—2005 年迪庆州小学、初中入学率与辍学率情况（单位：%）

年份	小　学		初　中	
	入学率	辍学率	入学率	辍学率
2001 年	97.90	10.2	60.90	8.40
2002 年	97.30	5.80	51.20	7.60
2003 年	97.20	4.62	58.70	6.60
2004 年	97.17	3.85	65.75	5.81
2005 年	93.54	4.13	80.98	6.45

资料来源：《迪庆藏族自治州统计年鉴·2001》，147 页；《迪庆藏族自治州统计年鉴·2002》，135 页；《迪庆藏族自治州统计年鉴·2003》，129 页；《迪庆藏族自治州统计年鉴·2004》，127 页；《迪庆藏族自治州统计年鉴·2005》，115 页。

[1] 黄静华、罗梅：《冲击与嬗变：民族手工业何时再现生机》，《今日民族》2003 年第 2 期。
[2] 参见《2004 年云南省人口及经济发展统计资料》。

　　甘孜州的人口文化素质在四川省各市、州中处于较落后位置。从 2000 年第五次人口普查数据看，文盲率为 36.08%，其男性人口文盲率为 29.21%，女性人口文盲率为 43.19%，均大大高于同期全国平均水平。近年来，甘孜州在文化教育事业上加大了投入，尤其是对青壮年扫盲工作抓得很紧，使青壮年文盲率急剧下降，从 2000 年的 30% 下降到 2005 年的 4.3%，下降了 85.7%[1]，但仍是全国平均水平 2.15% 的 2 倍。

　　截至 2005 年底，怒江州共有各类专业技术人员 10686 人，占总人口的 2.17%，但多数分布在党政机关，而在自然科学机构中从事科技的人员仅有 29 人，其中高级技术人员 1 人，中级技术人员 9 人，在全省各州、市中仅略高于迪庆州，居倒数第二位。[2] 至 2006 年，怒江州四个县中还有三个县未实现"普九"，公民平均受教育年限仅为 4.9 年，仅为全国水平的 50%，四成以上的人不会说汉语。[3]

　　昌都地区的人口素质和教育水平在西藏也处于较落后的位置。据《昌都地区"十一五"时期国民经济和社会发展规划纲要》统计，至 2005 年末，昌都地区人均受教育年限为 4.1 年，而西藏早在 2002 年人均受教育年限已达 4.1 年，全国更是在 2000 年人均受教育程度已经达到 7.33 年。昌都地区人口素质低下状况由此可见一斑。

　　同时，香格里拉区域人力资源的配置机制尚不健全、不完善。在劳动力市场建设方面，除了州级劳动力市场较为规范，区域县、乡两级劳动力市场发育尚不充分；人力资源的流动往往还是通过传统的人际关系传递信息进行流动与配置，与劳动力市场相关的服务体系不健全，往往只有劳务市场，人力市场没有得到重视，劳动力市场的结构与层次单一。

　　在劳动力的利用方面，地方政府与企业在制度创新和扩大就业方面的能力不强，难以形成"人尽其才"的社会环境；很多企业还没有建立与市场经济相适应的现代企业制度，劳动能力、岗位与劳动报酬之间的关联度不强，劳动力正常的培训、晋升、加薪机制不健全；劳动者自身的经济主体意识弱，自主创业、自主择业的意识与能力差，难以维护自身的合法权益。[4] 由于香格里拉区域劳动力利用机制不尽合理，导致区域目前人才闲置与流失现象较为突出。据课题组的调查，在甘孜州，较高层次的人才多数集中在州级单位和康定、泸定等

[1]　资料来源于《甘孜州第二至第五次人口普查数据·甘孜统计年鉴》。
[2]　怒江州科学技术局：《科技进步推动怒江州经济社会快速发展》，2006 年 6 月 28 日。
[3]　《"怒江问题"凸现边疆民族贫困地区发展困境》，《中国民族报》2006 年 5 月 16 日。
[4]　迪庆州劳动和社会保障局：《迪庆州劳动和社会保障局关于 2007 年劳动保障工作总结和 2008 年劳动保障工作计划的报告》，3—4 页。

经济相对繁荣的地区；这些人才往往因经费不足、待遇差、项目少等原因，造成工作任务不饱和而闲置，不能充分发挥其作用；部分人才虽然政治思想较好、业务素质高、管理能力强，却因职位等因素得不到及时的提拔任用，造成闲置；甘孜州人才外流现象也较为突出，近年许多专业技术骨干纷纷到州外经济发达地区寻找发展机遇。

1.6.4. 组织制度变革滞缓，制度供给不足

在区域经济发展中，组织制度变革与创新，是推进区域经济发展方式转变的核心动力。由于受区位、资源、环境及历史基础等因素影响，区域组织制度变革滞缓，制约了经济发展方式的转变。

◎ 农业生产经营组织难以适应区域经济发展方式转变的要求

改革开放以来，香格里拉区域在农牧业生产领域也广泛实行了家庭联产承包经营责任制，并极大地调动了广大农牧民的生产积极性，但由于村落分散、交通不便、社会发育程度低等因素的综合作用，强化了农户"小而全"的生产经营模式和自给自足的经济行为。所谓"小而全"的生产经营模式，是指在香格里拉区域高寒农牧区，农户既从事种植业生产，又从事畜牧业生产。在种植业中，农户通常无一例外地种植着青稞、洋芋、蔓茎等三种或三种以上的作物；在畜牧业生产中，通常牧养着奶牛、役畜、生猪等不同的畜类；农畜产品主要用于自给，农产品商品化率低。[1]分散而小规模的农户既无力自主开发和应用新技术以改造传统农牧业，也缺乏通过参与或开拓市场利用区内外资金技术来改造传统农牧业的能力，由此极大地制约着区域农牧业增长方式的转变，变革创新农牧业生产经营组织是转变农牧业增长方式的客观要求。

◎ 现代产业组织发育不充分，制约了经济发展方式的转变

建国以来，随着香格里拉区域社会经济发展，四地州企业从无到有，数量和规模不断发展壮大。然而，与全国平均水平及所在省区相比较，香格里拉区域四地州工业企业发展水平整体上仍然滞后，经营方式上表现出明显的粗放型特征。

（一）工业企业规模小，所创产值比重低

建国以来，特别是改革开放以来，香格里拉区域经济总量增长迅速，但经济结构不合理，主要表现为区域三次产业结构不合理：第一产业仍占较大比重，

---

[1] 绒巴扎西：《云南藏区可持续发展研究》，23页，昆明：云南民族出版社，2001。

第二产业发展滞后，第三产业则发展迅速、比重高。第二产业的弱小，又主要表现为区域工业企业规模小，所创产值低。2005 年，香格里拉区域四地州全部国有及规模以上非国有工业企业的个数及其产值，不仅落后于所在省区的平均水平，更是远远落后全国平均水平。从企业个数指标看，最高的甘孜州为 69 个，分别是全国和四川省的 0.025%、0.87%，最低的怒江州为 9 个，分别是全国和云南省的 0.003%、4.57%；从单位企业从业人数指标看，最低的昌都地区 47.3 人 / 个，分别是全国和西藏的 18.6%、72.9%；从单位企业产值指标看，最低的昌都地区 593.6 万元 / 个，分别是全国和西藏的 6.4%、85%。[1] 需指出的是，怒江州在单位企业从业人数和单位企业产值指标上高于全国及所在省区平均水平，主要是由于该州工业企业少，工业企业产值相对较为集中（注：怒江州大型工业企业只有"兰坪金鼎锌业有限责任公司"一家），并不代表该州总体上工业企业规模大，企业所创产值高。

香格里拉区域工业企业规模小、总量少、结构单一、产值低的现状，使得区域工业企业产业带动力弱，对区域工业经济及其经济发展方式的转变难以发挥积极影响力。

（二）工业企业经济效益低，企业经济效益与生态效益、社会效益不协调

香格里拉区域工业企业经营方式的粗放型，不仅体现在企业规模小，所创产值比重低，而且体现在企业经济效益的低下。从区域四地州国有及规模以上非国有企业主要经济效益指标看，2005 年，四地州在总资产贡献率、资产负债率、流动资产周转率、百元固定资产原价实现利税、单位亏损企业亏损额等指标上，与全国及所在省区的平均水平相差甚远。例如，在总资产贡献率指标上，迪庆州仅为 8.68%，分别比全国与云南省低 3.14、8.74 个百分点，说明区域工业企业资产利用效益不高，盈利能力不强；在资产负债率指标上，区域企业总体负债率高，怒江州高达 73.49%，分别比全国与云南省高出 15.68、21.31 个百分点，说明企业经营始终面临着巨大的还本付息压力，加大了企业经营的困难；从区域工业企业亏损面指标看，迪庆州亏损企业占总数的比例高达 60%，单位亏损企业亏损额指标上，怒江州高达 371 万元 / 个，这两项指标总体反映出区域亏损企业数量多，亏损严重的实情。从区域部分地州全部国有及规模以上非国有工业企业按规模划分的主要经济效益指标看，到 2005 年，大中型企业与小型企业（主要是个体私营等民营企业）经济效益差距仍然悬殊，大中型企业资产贡

---

[1]《中国统计年鉴·2006》，488—495 页；《四川统计年鉴 2006》；《云南统计年鉴·2006》，305、308 页；《西藏统计年鉴·2006》，202 页；《甘孜统计年鉴 2006》，195 页。

献率高，负债率低，而小企业则资产贡献率低，负债率高。比如迪庆州，中型企业总资产贡献率高达 75.53%，而小型企业仅有 1.57%。又如甘孜州，企业总资产贡献率上，中型企业达到 40.96%，小型企业仅为 8.13%；在企业资产负债率上，中型企业为 29.87%，小型企业则高达 64.81%（见表 1—27）。可见，区域大中型企业的效益要明显好于小型企业，但该区域企业规模偏小，大中型企业数量少，小型企业在产值与数量上具有绝对优势，这也是本区域工业企业总体效益不佳的一个重要原因。

同时，该区域工业企业普遍存在忽视生态效益与社会效益的问题，企业的经济效益与社会效益、生态效益不协调。这主要表现在：一是区域工业企业的污染物处理设施少，工业污染物的处理能力普遍较弱。比如，在工业废水的重复利用率指标上，迪庆州、怒江州分别为 24%、31%，两州比云南省平均水平 85% 分别低 61、54 个百分点；在工业废气处理设施数指标上，迪庆州、怒江州分别为 4 套、86 套，两州分别只占云南省总数 4182 套的 0.10%、2.06%；在工业固体废物综合利用率指标上，怒江州、甘孜州分别为 2%、4.7%，分别比所在省区云南、四川的平均水平低 33、55.7 个百分点。[1] 区域工业企业污染物处理能力的低下与滞后，随着区域工业经济的发展，区域生态环境的压力将日益加大。二是对于区域工业企业因忽视生态效益而造成的生态环境污染问题，往往由企业外部来承担，即由当地政府和居民承担企业损害生态环境的后果。对于区域各级政府来说，由于工业企业经济效益差，政府用于生态环境维护与治理方面的费用往往高于企业所交纳的利税；对于当地居民来说，不仅难以分享当地工业企业发展所取得的经济效益与好处，而且还可能要承担企业损害生态环境所造成的后果，比如因区域能源、矿产资源开发利用所造成的当地大气污染恶化、水土流失与变质、自然灾害频发与加重等[2]。

（三）企业管理不规范，劳动者素质低，企业缺乏竞争力

长期以来，受香格里拉区域区位、历史、资源、环境等因素影响，区域工业企业主要以劳动力密集型、资源密集型企业为主。受企业效益影响，职工教育与培训经费支出少，专业管理技术人员缺乏，导致企业生产效率低，产品技术含量和附加值低，在市场上缺乏竞争力，企业难以发展壮大。比如迪庆州，由于劳动者素质低，企业管理不科学，导致 20 世纪 90 年代国有企业纷纷破产。

---

[1] 《云南统计年鉴·2006》，276—277 页；《四川统计年鉴·2006》。

[2] 尧斯丹：《甘孜新跨越：甘孜藏族自治州国民经济和社会发展第十一个五年规划》，130 页，成都：四川民族出版社，2007。

1992 年由政府出资 290 万元组建的中日合资德钦县梅里农副土产品有限公司，由于经营管理不善，至 1996 年负债总额达 1012 万元，资产负债率达 117.67%，不得不依法破产；原德钦县医药公司由于在经营过程中资金管理不严，药材收购环节管理不善，加上风险约束机制松软，造成企业亏损，被迫于 1996 年破产；据 1998 年对德钦县国有企业的调查，在全县 12 户国有企业中，有 10 户亏损，亏损面达 83%，全县国有企业平均资产负债率为 68%。[1] 又如甘孜州，2006 年全部规模以上工业企业产值为 220184 万元，企业管理费用、职工教育费用支出分别为 12026 万元、213 万元，分别占工业总产值的 5.46%、0.10%。[2] 企业管理费用、职工教育费用的不足，导致甘孜州工业企业管理水平滞后，生产效率及经济效益低下。

◎ 区域政府行为短期化倾向对转变发展方式的影响

用经济学的方法来描述和分析区域政府行为时，可以把政府的行为目标简化为政治收益最大化，即通过努力最大限度地获得公众的信任与支持。在政府行为目标的作用下，任何一届明智的政府都会将有限的资源用于最容易出成绩，或见效最快的领域，以期获得较高的政治收益。当缺乏有效的制度安排时，区域政府在领导、规划和组织区域经济建设过程中往往存在着行为短期化的取向，如表现为注重短、平、快的项目，而忽视见效慢、事关长期发展的项目，或在工作中避重就轻；或在一些工作中走过场，作表面文章，大搞损害公共利益的"形象工程"、"豆腐渣工程"；或以牺牲区域生态环境系统和未来的发展机会为代价，换取任期内的政绩，等等。政府行为短期化倾向无疑将助长区域经济的数量型扩张，制约发展方式的转变。

◎ 资源产权制度和环境保护制度缺失，制约了发展方式的转变

改革开放以来，香格里拉区域在畜牧业领域实行了分畜到户、私有私养的制度安排，但草场畜牧业赖以维系的生产资料——草场却沿袭着公有共用的制度安排，由此导致了草场超负荷载畜以及草场退化的情势。如迪庆州天然草场理论载畜量为 29.5 万个黄牛单位，实际载畜量是 39.3 万个黄牛单位，草场超载率为 33.2%；全州草场总面积中，中度退化面积达 63.4%，重度退化面积占 4%以上。[3] 又如甘孜州，全州 1.24 亿亩可利用草地中 90% 以上存在着不同程度的退化，"三化"草地面积达 9750 万亩，占可利用草地的 78%；草地超载放牧严重，

[1] 绒巴扎西：《云南藏区可持续发展研究》，49—50 页，昆明：云南民族出版社，2001。
[2] 《甘孜州年鉴·2007》，223、226 页。
[3] 迪庆藏族自治州农牧局：《迪庆藏族自治州畜牧业产业发展规划》（2005 年），4、8 页。

按 2005 年底的存栏牲畜计算，超载率 33.3%，草地的实际承载力和冬春草场的超载度更加严重。[1] 显然，这是典型的因制度缺失引起的只求产量、不求效果的粗放型增长，因此健全畜牧业生产相关制度是畜牧业生产领域转变增长方式的重要基础。

在林业生产中集体林地也因产权不明晰存在着重采轻育、保护不力等问题，因此，建立与社会主义市场经济相适应的集体林权制度是林业可持续发展的客观要求。

此外，近年来在一些资源开发项目中不同程度地存在着资源环境保护制度不健全或制度虚设的状况。如香格里拉县岗曲河，原是一条野生鱼类极为丰富的河流，近年来因上游工矿企业超标排放，曾一度使该河流野生鱼类绝迹，却长期无人问津；近年在水电站建设中，不按"环评"报告开工建设，随意加宽进场公路、弃土弃石直接排入河沟，生态破坏严重[2]。

1.6.5. 区域经济主体发展观念滞后

首先，香格里拉区域政府在领导和管理经济的过程中不同程度地存在着以下片面的观念：一是"唯速度论"，把发展经济演绎为单纯的速度增长，忽视经济效益、社会效益及生态效益，结果是速度越快、效益越低、损失越大。二是"唯 GDP 论"，认为 GDP 越大，区域经济发展水平与程度就越高。其实，GDP 仅仅是货币表现的产品总量，以此作为区域经济发展的衡量标准，不仅不能如实反映区域经济增长效益，反而容易造成地区的资源浪费、环境污染与生态恶化。三是"唯新项目论"，不管成本、风险和效益，能上新项目就有政绩，致使重复建设多，资源浪费严重，资产存量和技术改造困难重重。四是"唯物质生产论"，认为只有从事物质生产才创造价值，忽视第三产业的开发。这些观念，不仅严重影响着政府经济活动的决策及其效果，而且也影响着区域其他经济主体的经济决策与行为。[3]

其次，企业是香格里拉区域经济的重要主体，但区域企业普遍沿袭着粗放型的生产经营模式，在生产经营中，企业通常只关注产量的增加以及经济效益的高低，而忽视社会效益与生态效益。

再次，藏族是香格里拉区域的主体民族，由于受"惜杀、惜售"传统思想

---

[1] 甘孜藏族自治州畜牧局：《甘孜藏族自治州畜牧"十一五"规划及 2020 年远景目标》（2005 年），13 页。
[2] 刘萍：《切实解决群众反映强烈的环境问题：云南专项行动重实效》，《中国环境报》2005 年 10 月 18 日。
[3] 丁任重：《中国大香格里拉经济圈研究》，251—252 页，成都：西南财经大学出版社，2006。

观念影响，加上现代科学文化知识的普及程度不高，限制了其参与市场经济活动和从事商品生产的能力。这导致农牧民商品意识低，农牧产品多用于自给，商品化率低；即使在区域商贸发达的市镇中，从事商贸、服务业者也大多是来自内地省区的人[1]。

1.7. 香格里拉区域经济发展方式转变的目标、原则与基本思路

1.7.1. 区域经济发展方式转变的目标

香格里拉区域经济发展方式转变的基本目标是：以科学发展观为指导，以西部大开发战略的实施为契机，以区域环境资源优势为依托，以技术创新和制度创新为动力，以产业结构优化调整为载体，加强生态环境、民族文化保护与建设，加强以交通为主的基础设施建设，加强人力资源开发，加强区域经济协作，大力开发区域优势、特色资源，形成区域优势产业，最终实现区域经济发展方式从粗放型、原料输出型向集约型、深加工增值型转变。

所谓粗放型发展，就是主要依靠大量投入资金，大量使用劳动力，大量消耗原材料和能源等资源来支撑，其结果是高投入、高消耗、低质量、低效益。这种增长方式的特点是：片面追求数量、产值和速度，忽视增长的质量和效益；经济增长主要靠消耗大量资源，忽视要素生产效率的提高对经济增长的贡献，因而本质上是一种外延型的，或者说是追求速度与数量型的经济发展方式。

集约型发展则是主要依靠提高活劳动和物化劳动利用率来增加产品的生产量，这种增长方式更注重生产要素效率的提高，通过提高要素效率对经济增长的贡献来提高经济增长的质量和效益，其结果是低消耗、高质量、高效益。因此，它本质上是一种内涵型的，或者说是追求效益与质量型的经济发展方式。

香格里拉区域经济发展方式转变，就是指推动经济增长的各种生产要素组合形式及其推动经济实现发展的方式方法的变化。简单地说，就是要真正实现经济发展从主要依靠增加投入、铺新摊子、追求数量向主要依靠科技进步和提

---

[1] 李富珍：《转变思想观念增强商品意识：左贡县着力发展效益型畜牧业》，《西藏日报》2002 年 7 月 22 日。

高劳动者素质的转变，从速度型向效益型以及资源节约型转变，即从以外延的粗放式发展方式为主向内涵的集约式发展方式为主转变。其基本涵义应包括以下内容：

——区域经济高质量的增长，即综合要素生产率的不断提高。主要表现在经济增长由数量的扩张转向质量的提高，以及产品科技含量和劳动者素质等综合要素的配置合理与组合优化。

——区域经济效益与社会效益、生态效益的统一。经济主体不仅要追求经济收益的增加，实现更高的经济效益，更要兼顾经济效益与社会效益、生态效益的统一。如果只追求经济效益，忽视社会效益和生态效益，对区域经济发展是得不偿失的。

——形成有利于不断提高区域经济增长质量的体制机制。制度因素是转变增长方式、提高增长质量的基础。在香格里拉区域，重点是要培育和明确企业、居民的市场主体地位，完善城乡市场体系，真正实现政府职能的转变，充分发挥市场机制在资源配置中的基础性作用，形成有利于提高经济增长质量和效益的运行机制。

——区域经济主体的商品经济观念与素质技能的不断提高。即要通过教育、培训及人才流动等方式努力提高区域人力资源的素质技能，培育其商品经济观念及其与市场经济相适应的技术、技能；通过建立健全城乡市场体系，特别是劳动力市场等生产要素市场，使市场机制在区域人力资源配置中发挥基础性作用；通过建立健全《劳动法》、《劳动合同法》及民族地方自治法规，加强企业劳动管理的执法与监督，不断健全和完善人力资源市场，构建"人尽其才"的体制机制。

——区域产业结构的不断优化。要依据区域三次产业发展现状及资源环境承载力，突出生态性、特色性和可持续性，实现传统农业、工业和服务业向现代产业化农业、新型工业、现代服务业调整、优化和升级。

——区域生态环境得到有效保护。即经济增长过程中环境污染小、能源消耗低和资源利用率高。因为破坏资源和环境，能耗过高，不仅破坏了经济增长的可持续性，而且也违背了经济增长本身的目的。高质量的经济增长，应当是使资源得到合理利用、能源消耗低，并使环境得到有效保护。

——区域经济社会全面、和谐发展。现代社会的经济增长，不应当只是经济质量的提高，更应当重视社会政治、文化、社会生活等各方面的进步与发展。因此，通过经济效益的提高，推进社会主义民主法制进程，发展社会主义精神文明，提高人们的生活水平与质量，促进社会主义新农村与和谐社会建设，都是区域经济发展方式转变所应当实现的目标。

1.7.2. 区域经济发展方式转变的原则

◎ 坚持可持续发展的原则

香格里拉区域是一个包括人与自然在内的复杂系统，人们在通过利用资源优势来推动区域经济增长、促进社会进步过程中，要特别注重节约资源和保护环境：资源和环境是社会、经济系统赖以存在和发展的前提与基础。在区域自然资源的开发利用中，人们对资源和环境系统的过渡干预，会扰乱生态系统内部的秩序，导致资源枯竭和环境恶化，使区域经济社会发展失去资源和环境的支持，减缓甚至中断其发展进程。因此，香格里拉区域经济发展方式的转变必须坚持可持续发展的原则。

节约资源就是对资源进行承载力评价，合理规定资源开发利用的价格，实行资源有偿使用制度，减少资源浪费；资源利用不仅要向广度拓展，还要向纵深推进，积极开展综合开发与利用，提高资源综合利用率；在资源开发利用过程中，注重资源的保护与增殖，实现区域资源的可持续利用。

保护环境就是要在生产过程中坚持"预防为主、防治结合、综合治理、全面规划"的原则方针，实行清洁生产，尽可能将污染消解于生产过程中，对已经造成污染的产业和部门应实行排污收费制度，使污染源业主有意识地减少环境污染。

◎ 坚持实事求是、因地制宜的原则

坚持实事求是、因地制宜的原则，就是要从香格里拉区域各地州的实际出发，以提高劳动生产率和经济社会效益为目标，充分发挥区域优势，建立人无我有、人有我优的特色产业，并通过技术进步与制度创新实现资源优势向产业优势、经济优势的转化。区域优势产业的建构，不仅要立足自身优势参与区际分工，还要根据区域内各地州间发展条件的差异性合理布局产业体系，因地制宜地发展区域经济，实现区域内部合理分工与区域经济协作的有机结合，把规模经济与规模效益有机统一起来。

◎ 坚持开放与开发相结合的原则

区域经济发展方式的转变，不仅要求加强区域协作，建立相互开放的区域经济体系，而且要加大区域经济的开放力度。在香格里拉区域，由于自然环境、区位、历史基础等因素，社会生产力低，经济发展水平落后，区域经济发展方式转变所需要的资本、技术、人力资源等要素严重不足，需要通过加大对区外的开放获得支持与帮助。没有区外资金、技术、人力资本等要素的引入，香格里拉区域经济发展方式的转变必将受到极大制约与延缓。

◎　坚持区域协作的原则

经济协作是香格里拉区域经济发展方式转变的重要条件，也是区域经济持续增长的客观要求。政区分割、画地为牢、封闭求全，必然导致区域经济行为的"小而全"，也难以形成产业规模。只有加强区域经济协作，加强交流与竞争，才能推动产业技术革新与规模壮大，并形成产业竞争优势，最终实现区域经济发展方式的转变。

在推动区域经济发展方式转变过程中，要特别注意处理好以下三种关系：

第一，经济增长与生态环境保护之间的关系。

经济增长是区域发展的核心，没有经济增长所形成的物质财富的增长，社会福利的改善，人民生活水平的提高，区域发展就失去了目标和动力，因而区域发展的中心线索就是要不断推动区域经济的可持续增长。生态环境是人类生存与发展的基础，生态环境状况与人类的生存与发展息息相关。人类生产活动就是与自然生态系统进行物质、能量和信息交换的过程，人类在生存发展过程中无时无刻不受生态环境系统的影响和作用。

在香格里拉区域，人与自然的关系集中表现为经济增长与生态环境的保护、建设之间的关系。实践证明，过量采伐森林，则会导致区域水土流失加剧，森林生态系统水源涵养功能下降，生物种群数量减少；牲畜数量的增加会使区域内不同程度地出现草场退化，载畜能力下降；大量垦荒也极易引起水土流失和风沙等不良生态现象；大量采集和猎捕野生生物则会导致生物产量减少；而旅游资源的过度利用则会对景区内的自然生态和人文生态造成不良的影响；采矿及冶金工业对区域生态环境的负面影响也极显著。凡此种种，不一而足。

香格里拉区域还由于其特殊的生态区位，使区域经济增长与生态环境保护之间的关系更为突出。从生态系统的功能与作用看，一方面，香格里拉区域地处长江、澜沧江等河流上游，是我国重要的水土保持和生态保护区，也是我国生物多样性和物种资源最为丰富的地区，因而生态环境保护的价值和意义十分突出。另一方面，香格里拉区域由于地处横断山区，地貌起伏跌宕，地表物质结构稳定性差，人类活动对地表物质结构的干扰，极易导致地表生态——物质结构的逆向变化，引发水土流失、滑坡、泥石流等不良生态现象，生态环境系统极为脆弱。此外，横断山区特殊的自然地理环境还造成了区域生态恢复能力弱的状况。在高寒山区由于年均积温低，生物生长能力弱，植被一旦遭到破坏，就难以恢复；在干热河谷地区，由于水分不足，植被遭破坏后，也极难恢复。因此，正确处理区域经济增长与生态环境保护及建设之间的关系是区域可持续发展的客观要求。

第二，资源开发与节约资源之间的关系。

自然资源是区域经济增长重要的物质基础和依托，而人们从事经济活动的过程中，又不可避免地要消耗一定的自然资源，因而经济增长过程是物质财富不断增加、自然资源不断被消耗的过程。因此，正确处理好资源开发与节约资源之间的关系，是区域经济可持续发展的重要内容。在香格里拉区域，农业、木材采运业、矿业和采集业的发展都经历了由资源相对充裕型向资源约束型转变的过程。比如迪庆州的农业，"一五"时期由于土地资源较为充裕，农业总产值年平均递增率达到了 10.6%；随着土地资源的减少与人口的增加，"二五"时期农业总产值年平均递增率降为 1.8%；又如木材采运业，由 20 世纪 70 年代初期年产 1 万立方米左右，增长为 1980 年的 26 万立方米。此后，由于木材存量下降，产量随之下降，至 90 年代下降到 10 万立方米左右。[1]

正确处理资源开发与节约资源之间的关系，一是要把资源价值纳入到经济核算中，根据资源价值与存量开征资源税，强化生产经营者的资源成本核算意识，积极引导生产经营者节约资源，使生产经营者行为逐步导向资源产品的高附加值化。二是要加强对可再生资源利用的管理与规划，科学地确定再生资源的利用量，合理规划再生资源开发的空间布局，有效地选择再生资源的开发利用方式，使再生资源的利用建立在永续利用的基础上。三是要积极引导和鼓励生产经营者依靠技术进步，提高资源利用率和资源产品的高附加值化，在等量的资源消耗下，求取受益的最大化。

第三，自然资源开发与人力资源开发的关系。

人力资源是指由一定数量和质量组成的劳动力群体。一定时期一定地区的物质财富总是有限的，它既可以用于再生产，形成资本积累，也可用于人力资源开发，形成人力资源积累。人力资源与自然资源最显著的属性差异在于，人力资源可以通过开发使自然资源价值得到增值，并且有自我创新的能力。

人力资源对经济增长的贡献，一是通过创新活动来实现的；二是通过提高劳动者知识水平和技能来达到增加产出的目标；三是通过观念更新，形成有利

[1]　迪庆州统计局：《奋进的四十年——迪庆藏族自治州国民经济统计资料（1949 年—1988 年）》；《迪庆藏族自治州统计年鉴·1999》。

于促进经济增长的社会文化环境，来促进区域发展；四是通过改善劳动者的健康状况来提高其工作能力。随着知识经济的到来，人力资源在区域经济增长中日益占据主导地位，正如西奥多·W·舒尔茨认为："土地本身并不是使人贫穷的主要因素，而人的能力和素质却是决定贫富的关键。"[1]

长期以来，香格里拉区域由于经济发展起点低，温饱问题在区域发展占据了主导地位，区域人力资源未得到有效开发，区域人口文化素质偏低，这种状况又深刻地制约着经济发展方式的转变，使区域经济增长不得不循着传统的粗放型增长轨迹运行。因此，要实现区域可持续发展目标，就必须正确处理经济增长与人力资源之间的关系，克服见物不见人的思维模式，切实把人力资源开发和提高人口素质摆在社会经济发展的优先位置。

1.7.3. 区域经济发展方式转变的基本思路

依据上述目标与原则，要实现香格里拉区域经济发展方式的转变，内在要求我们分析和探讨以下七个方面的问题：

◎ 优化调整区域的产业结构

产业结构是区域经济增长的载体，区域产业的类型与结构决定着区域经济发展方式转变的目标与方向。资源环境承载力的评价，是分析区域经济发展方式转变的基础与依据。香格里拉区域资源丰富，环境优美，但生态系统极其脆弱。因此，香格里拉区域产业结构的优化调整，必须以生态性、特色性、协调性、可持续性为原则和方向，优先发展生态型产业，并从思想观念、制度创新、技术革新、人力资源开发等方面建立健全产业结构优化调整的支撑体系。

◎ 大力发展区域循环经济

循环经济模式是资源地经济发展的基本模式，也是区域经济发展方式转变的重要途径。从资源环境状况及经济社会发展水平看，目前香格里拉区域迪庆、怒江、甘孜及昌都四地州经济发展模式属于典型的资源地经济，其发展方向是实现由资源地经济向循环经济的转化。只有这样，才能从根本上缓解和解决香格里拉区域长期以来形成的经济发展、资源开发与环境保护之间的矛盾，从而实现区域经济发展方式由粗放型到集约型的转变，建设区域资源节约环境友好型社会。要遵循发展循环经济的"3R原则"，即"减量化、再利用、再循环"原则，从企业、产业、社会三个层面努力探索适合香格里拉区域的循环经济模式，推

---

[1]　［美］西奥多·W·舒尔茨：《论人力资本投资》，44 页，北京：北京经济学院出版社，1990。

进香格里拉区域循环经济理论与实践的不断创新。发展区域循环经济，必须大力倡导技术创新，重视能源综合利用技术、清洁生产技术、废物回收和再循环技术、资源重复利用和替代技术、污染治理技术以及预防污染的工艺技术等技术进步和创新。

◎ 积极发展区域生态旅游业

旅游业是当今发展最快的产业之一，有利于经济活动的生态化，也是区域经济的新增长点。生态旅游是一种能够保证生态环境的可持续利用与发展，有效提高旅游企业发展能力和居民福利水平，并使其承担相应责任及义务的旅游方式，是一种共赢、共享、可持续的旅游发展模式。只有从战略高度上认识旅游地的生态问题，运用生态学的思想和可持续发展的理论来规划和开发旅游地，做到旅游区的生态效益、社会效益和经济效益相结合，才可能使旅游业真正成为"无污染产业"，成为区域产业链中至关重要的一个环节。香格里拉区域发展生态旅游业要以循环经济为指导，把循环经济理念应用于生态旅游过程，按照"整体、协调、循环、再生"的原则，应用系统工程方法，对生态旅游的各个环节全面规划，综合开发，实现旅游资源的再生循环，达到生态和经济的良性循环，实现经济、环境和社会效益的统一。

◎ 强化区域制度变革与创新

制度因素对于区域经济发展方式起着基础性的作用，规定和影响着政府、企业和居民等经济主体的行为，是香格里拉区域经济发展方式转变的动力。在制度因素中，经济体制改革、农户生产经营模式变革、企业制度创新以及政府职能转变直接关系到经济增长绩效，成为影响香格里拉区域经济增长的关键动力因素。要按照集约型增长方式的要求，积极推进区域农业产业化进程、企业制度创新和政府职能转变，建立健全区域资源开发与保护、区域经济协作、区域对外开放等方面的制度，实现经济效益、生态效益、社会效益的有机统一。

◎ 高度重视区域人力资源开发

人力资源科学合理的开发、配置与利用，既是区域经济增长的基础，也是解决欠发达地区贫困与发展这一矛盾的关键。长期以来，香格里拉区域经济增长以粗放型为主，区域经济增长主要是通过增加劳动、资金、自然资源等生产要素的投入来实现的。改革开放以来，随着香格里拉区域经济社会的发展，特别是文教卫生事业的进步，区域人力资源的素质技能也得到了较大的提高。但不可否认，区域人力资源的总体素质技能仍然相对滞后，难以适应区域经济发展方式由粗放型向集约型转变的基本要求。因此，要从提高区域人力资源的素质技能、建立和完善人力资本市场、营造区域人尽其才的就业与工作环境等方面，努力提高区域人力资源的配置与利用效率，探索促进经济发展方式转变的区域人力资源开发模式。

◎ 构建和完善区域利益共享机制

有效整合各方面的利益关系是区域经济发展方式转变的出发点和归宿，区域经济发展方式的转变必须使各方利益都得到体现与改善。香格里拉区域经济主体的多元性，是区域经济利益复杂性的重要原因。香格里拉区域经济发展方式转变过程中，随着生态环境保护的加强、产业规模化与集约化经营、产业结构的调整，不可避免地引起区域内部利益的变化与调整。因此，探索和构建与和谐社会相适应的利益协调机制，是实现区域经济发展方式转变的重要内容与保障。要深入研究区域经济发展方式转变中的利益关系变化及其协调机制，主要分析经济发展方式转变中长远利益与短期利益之间、中央与地方、政府、企业与当地居民之间的利益关系变化和协调机制，有效整合各方利益，促进经济发展方式的平稳转变。

◎ 充分发挥区域民族文化的积极作用

经济发展方式的转变涉及生态环境、资源、人口、制度等方面的因素，经济发展方式转变过程中，应当充分汲取民族传统文化中的积极因素。香格里拉文化是以人与自然、人与人之间和谐共处为核心理念的区域文化，也是以藏族为代表的当地居民文化精神素质的重要体现，因而是影响香格里拉区域经济发展方式转变的重要因素。加强香格里拉文化建设，有利于区域生态环境的保护，有利于区域经济协作，也有利于区域经济利益的协调与整合。要在继承香格里拉区域各民族优秀文化的基础上，通过不断创新，逐步形成既有地方民族文化特色，又与现代文明相对接；既能维系香格里拉区域人与人、人与自然的和谐共处，又能最大限度地促进区域社会发展与进步；既保持民族文化的多样性特征，又能促进区域各民族平等团结，共同繁荣的文化体系。

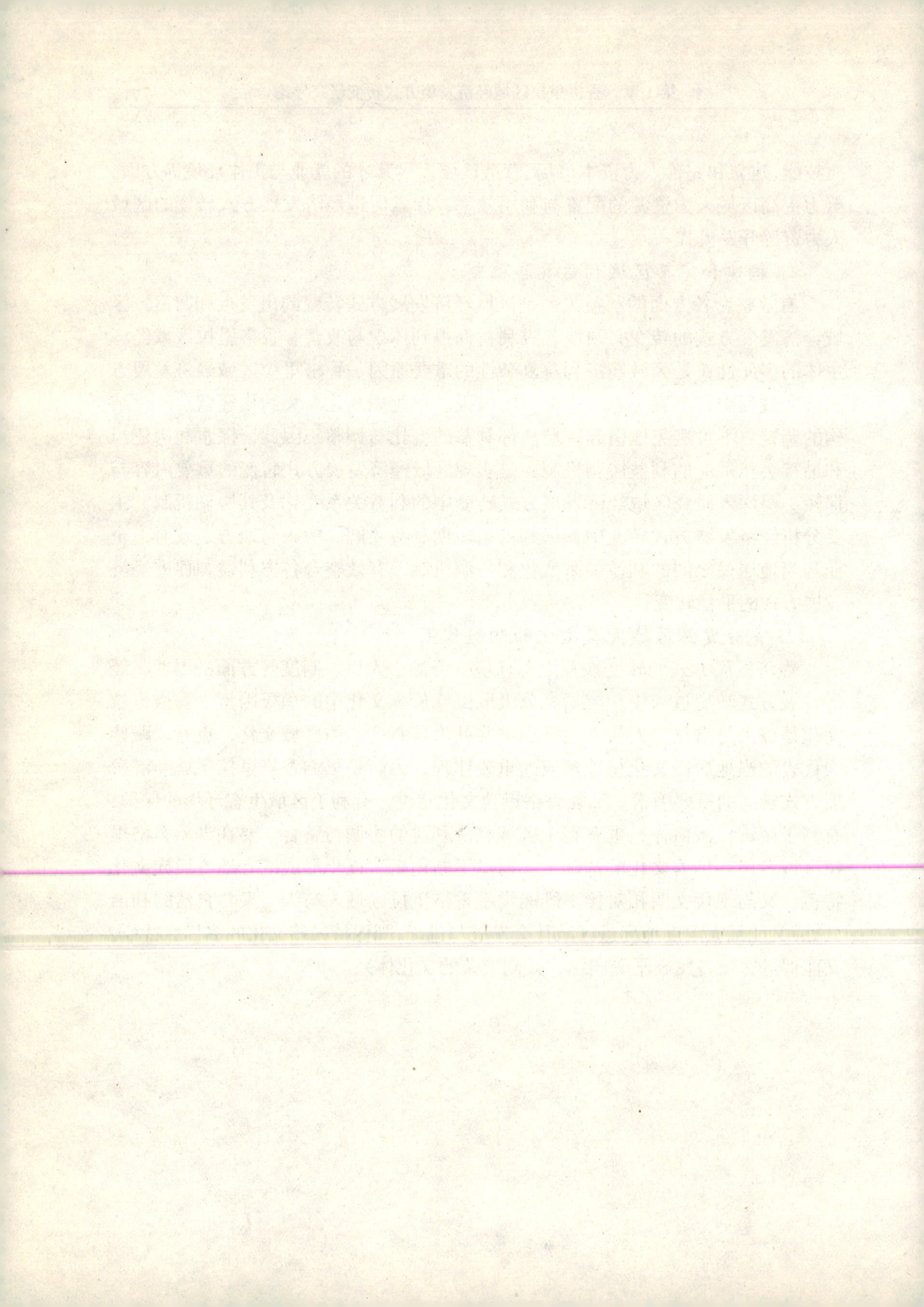

第 2 章

香格里拉区域经济发展方式转变
与区域产业结构优化调整研究

产业结构是区域经济增长的载体，区域产业的类型与结构决定着区域经济发展方式转变的目标与方向。资源环境承载力的评价，是分析区域经济发展方式转变的基础与依据。香格里拉区域资源丰富，环境优美，但生态系统极其脆弱。区域产业结构的优化调整，必须以生态性、特色性、协调性、可持续性为原则和方向，优先发展生态型产业，并从思想观念、制度创新、技术革新、人力资源开发等方面建立健全产业结构优化调整的支撑体系。

2.1. 香格里拉区域三次产业增长方式分析

2.1.1. 第一产业增长方式分析

农业是香格里拉区域最古老的产业，长期以来，农业在经济结构中占据了绝对优势地位，是区域劳动者的衣食之源，在区域发展中具有十分重要的地位和作用。这主要体现在：第一，农业是影响面广，事关全局的战略性产业。在香格里拉区域，农业是从业人员最多、影响最广的产业，农业生产状况直接影响到占区域 80% 以上人口的生计问题。第二，农业是与当地群众的日常生活息息相关的产业。糌粑、酥油、青稞酒、牦牛肉是区域群众喜爱的食品，也是当地群众日常生活离不开的农畜产品。只有大力发展农业，才能有效地满足当地群众的基本消费需求。第三,农业是与区域生态环境关系最直接、最密切的产业。在香格里拉区域,农业生产方式、发展水平与区域生态环境息息相关,盲目开垦荒地将引发水土流失,过度放牧则会导致草地退化,降低草地的保水固土能力。

建国以来,特别是改革开放以来,在党和各级政府的正确领导与扶持下,通过变革生产关系,大兴农田水利基本建设,大力推广农业科技,香格里拉区域的农业生产力得到了迅速发展。以迪庆州为例,1995年全州耕地面积达到568770亩,是1952年的1.49倍。其中,有效灌溉面积达16万亩,是1952年的两倍多。水电事业从无到有,1995年全州有乡村水电站55座,装机容量14340千瓦;农业科技开发及推广成绩显著,1995年全州施用化肥量达2980吨,施用农药463吨,农用地膜使用量280吨。[1]农业基础设施的改善,农业科技的推广,以及农业生产关系的变革与调整,有力地促进了迪庆州的农业发展。1995年,迪庆全州粮食总产量达到119590吨,是1952年的3.64倍,粮食平均亩产达到134千克,是1952年的1.8倍;大牲畜存栏数达到260408头,是1952年的4.73倍,生猪存栏数达到327011头,是1952年的5.45倍。[2]按可比价计算,到2005年,迪庆州农业总产值是1952年的88.28倍;种植业产值是1952年的70.91倍;林业产值是1952年的153.41倍;渔业产值是1952年的6.08倍(见表2—1、图2—1)。

表2—1 建国以来迪庆州农业总产值构成变化表(单位:万元、%)

年份	总产值	种植业		畜牧业		林业		渔业	
		产值	比重	产值	比重	产值	比重	产值	比重
1952	849	496	58.4	250	29.4	63	7.4	99	11.4
1957	1359	827	60.9	408	30.3	110	8.1	172	12.7
1962	1731	972	56.2	426	24.6	134	7.7	199	11.5
1970	2708	1783	65.8	533	19.7	140	15.2	252	9.3
1975	4461	2448	54.9	967	21.7	540	12.1	505	11.3
1980	5086	2580	50.7	1252	24.6	407	8.0	847	16.7
1990	8993	3807	42.3	2642	29.3	1042	11.59	1502	16.7
2003	70177	33697	48.0	19669	28.0	8811	12.6	471	0.6
2005	74951	35173	46.9	21741	29.0	9665	12.9	602	0.8

资料来源:参见迪庆藏族自治州统计局:《奋进的四十年——迪庆藏族自治州国民经济统计资料(1949—1988年)》;《迪庆藏族自治州统计年鉴》,1991、2004、2006年。

[1]《迪庆藏族自治州统计年鉴·1996》,47—50页。
[2]《迪庆藏族自治州统计年鉴·1996》,51—53页。

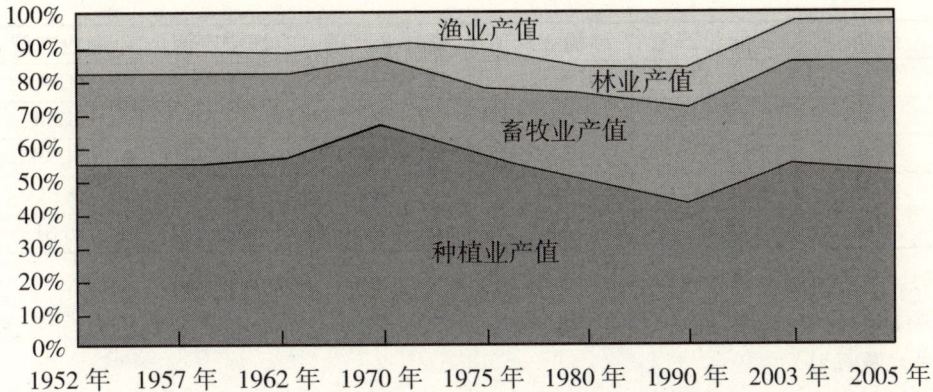

图2—1　建国以来迪庆州农业总产值构成变化表

从农业增长的时期结构及部门结构看，迪庆州农业增长的峰值分布于"一五"、"四五"、"六五"及"十五"时期,农业总产值年平均递增率分别为 9.87%、10.50% 和 9.30%（见表 2—2）。从增长的动因看，"一五"时期农业高增长的动因主要来自民主改革及"和平协商土改"。通过社会及农业生产关系的改革，逐步废除了封建农奴制下的人身依附关系和各种不合理的摊派及负担，极大地调动了广大翻身农奴的生产积极性，为农业生产的迅速发展提供了良好的制度基础。"四五"时期农业产值的较快增长，与"文革"后期全国范围内出现的相对稳定的社会政治环境，以及经济领域的恢复、整顿工作有关。"六五"时期农业增长的动因主要来自农业家庭联产承包责任制的实施。这一经营形式的实施，较好地解决了农业生产中监督困难的问题，确保了农业生产活动中的劳动激励。"十五"以来，农业的较快增长，则与党和政府对农业的扶助政策与措施有关。

表 2—2　不同历史时期迪庆州农业增长结构表（单位：%）

时期	农业总产值	种植业产值	畜牧业产值	林业产值	渔业产值
一五	9.87	10.77	10.29	11.79	11.68
二五	4.96	3.28	0.87	4.03	2.07
三五	5.75	7.88	2.84	0.55	3.00
四五	10.50	6.54	12.65	30.99	14.92
五五	2.66	1.06	5.30	−5.50	10.90

（续表）

时期	农业总产值	种植业产值	畜牧业产值	林业产值	渔业产值
六五	9.30	5.12	14.78	25.28	0.54
七五	2.54	2.82	1.16	-3.67	11.54
八五	4.83	2.76	4.79	10.94	-1.39
九五	5.77	1.17	7.36	1.22	9.13
十五	8.49	5.61	8.76	-3.67	16.61

资料来源:《奋进的四十年——迪庆藏族自治州国民经济统计资料（1949—1988 年）》;《迪庆藏族自治州统计年鉴》（1989—2006 年）;迪庆州农牧局:《迪庆藏族自治州"十一五"农业发展规划》。

　　从迪庆州农业内部的结构变动趋势看，种植业增长最快的时期是"一五"时期，主要原因在于耕地面积的扩大，1957 年比 1952 年耕地面积增加了 13843 亩，增长 36.39%。"三五"以来耕地面积均呈递减趋势，种植业产值的增加主要依靠单产的增加来实现。由于受耕地面积持续递减的影响，"六五"以来，种植业产值增幅呈现出下降趋势。"十五"期间，种植业产值有所回升，但总体下降的趋势没有改变。畜牧业产值增长最快的时期是"六五"时期，年平均递增率高达 14.78%，主要原因是畜牧业家庭经营承包责任制的实施，极大地刺激了牧民养畜的积极性，并不同程度地出现草场超载现象。随着草场资源的有限性及草场改良能力的限制，"七五"、"八五"以后，畜牧业产值呈逐年下降趋势。"十五"期间，畜牧业发展市场需求旺盛，但受草场资源制约，产值增幅不大。林业及副业产值的增长波动较大。林业发展与政府对林业生产、采伐数量的调控紧密相关，一旦政府增加采伐指标，林业产值就会迅速增长，反之则迅速下降。区域渔业主要以水产品养殖为主，因而带有明显地"自然馈赠型"特征，其产值受自然因素的支配，产值波动幅度大。

　　从香格里拉区域其他三个地州的情况来看，农业生产情况基本相似。从纵向看，建国以来，怒江州、甘孜州和昌都地区的农业生产都有了很大发展，农业产值比建国初期翻了几番，但发展速度明显放缓，在地区生产总值中的比重也在逐步下降;从横向看，农业中种植业的产值和比重仍然过高，牧业增长迅速，但增长后劲不足，林业和渔业的产值易受自然因素及政策的影响，产值起伏波动大。比如甘孜州，1980 年农业生产总值 19713 万元，其中种植业、林业、牧业、渔业产值分别是 6157 万元、546 万元、11508 万元、1 万元，分别占农业总产值的 31.2%、2.8%、58.4%、0.005%。到 2006 年，甘孜州农业总产值为

214234 万元，其中种植业、林业、牧业、渔业产值分别是 65686 万元、12686 万元、132921 万元、106 万元，分别占农业总产值的 30.7%、5.9%、62.0%、0.05%（见表 2—3）。又如昌都地区，1990 年农业生产总值 41175 万元，其中种植业、林业、牧业产值分别是 11942 万元、1022 万元、24975 万元，分别占农业总产值的 29.0%、2.5%、60.7%。2005 年农业总产值为 106757 万元，其中种植业、林业、牧业产值分别是 58324 万元、3154 万元、45279 万元，分别占农业总产值的 54.6%、3.0%、42.4%（见表 2—4）。

表 2—3　甘孜州农业生产总值构成变化表（单位：万元、%）

年份	总产值	种植业		畜牧业		林业		渔业	
		产值	比重	产值	比重	产值	比重	产值	比重
1980	19713	6157	31.2	11508	58.4	546	2.8	1	0.005
2006	214234	65686	30.7	132921	62.0	12686	5.9	106	0.05

资料来源：《甘孜藏族自治州国民经济和社会发展历史资料（1949—1988）》（上册），146 页；《甘孜州年鉴·2007》，132—133 页。

表 2—4　昌都地区农业生产总值构成变化表（单位：万元、%）

年份	总产值	种植业		畜牧业		林业	
		产值	比重	产值	比重	产值	比重
1990	41175	11942	29.0	24975	60.7	1022	2.5
2005	106757	58324	54.6	45279	42.4	3154	3.0

资料来源：《西藏社会经济统计年鉴·1991》，160 页；《西藏统计年鉴·2006》，148 页。

　　上述情况表明，转变增长方式，逐步实现农业增长方式由粗放型向集约型转变，已成为香格里拉区域农业可持续发展的基本问题。这是因为：第一，经过五十多年的建设，区域的农业基础设施虽然有了明显改善，农业生产力水平有了显著提高，但农业生产技术水平仍处于以手工技术和传统耕作技术为主的阶段。以迪庆为例，到 2005 年，全州农田有效灌溉面积仅占耕地面积的 33.6%；每公顷施用化肥量仅为 225.7 千克；每公顷农药施用量为 3.2 千克，粮食平均亩产为 178.5 千克，草场载畜量为每头大牲畜占用 30.4 亩草场。[1] 农业技术推广工作在空间上也极不平衡，在高寒坝区及半山区，农业生产技术的推广

[1]《迪庆藏族自治州统计年鉴·2005》，13、48—50、56 页。

任务艰巨。因而，区域农业的发展，蕴藏着依靠技术进步来推动农业发展的巨大潜力，迫切需要通过增长方式的转变以实现农业生产的"第二次飞跃"。第二，在已有技术体系下，农业资源的有限性对农业发展的约束已日益明显。20世纪60年代以来，香格里拉区域耕地面积已呈下降趋势，特别是近年来，随着城乡建设事业的发展，非农用地有增无减，耕地面积持续下降。如迪庆州耕地面积由2000年的54.85万亩减少到2005年的47.27万亩，减少了7.58万亩，[1]年均减少1.52万亩。在畜牧业生产中，由于草场改良、建设滞后，导致草地超载放牧严重，草畜矛盾突出。比如迪庆州2004年全州天然草场理论载畜量为29.5万个黄牛单位，实际牲畜存栏数为39.3万个黄牛单位，超载10万个黄牛单位，[2]超载率为33.2%左右。又如甘孜州，近十年来全州草地退化面积已达到2000多万亩，比20世纪80年代增加了800多万亩。[3]在林副业生产中，资源利用仍处于以采集天然林中的林副产品为主的生产技术，受自然因素影响，产品附加值低；林副业生产活动会对区域自然环境造成破坏，对当地脆弱的生态环境有着不可忽视的消极影响。因此，积极有效地加快农业技术进步进程，逐步实现农业增长方式由粗放型向集约型转变，既是香格里拉区域农业进一步发展的客观要求，也是其出路所在。

2.1.2. 第二产业增长方式分析

直到新中国成立初期，香格里拉区域大部分地区社会生产力水平仍十分低下，社会分工不发达，产业结构简单，除农牧业外，仅有几家手工作坊。直到1957年，工业产值占香格里拉区域工农业总生产值比重不足1%。香格里拉区域现代产业起步及结构变动是以20世纪50年代区域交通、电力等基础产业的建设为起点的。以迪庆州为例，随着丽中（丽江至中甸）、中乡（中甸至四川乡城）、中德（中甸至德钦）等公路的先后开通，迪庆州第二产业开始起步和发展。1960年，迪庆州实现工业产值560万元，占工农业总产值的16.4%，全州的发电量达到28万度，生产木材1235立方米，生产石棉1700吨，生产饮料酒55吨，铁制农具5.9万件，砖139万块。此后，电力工业及酿酒业呈持续增长的势头。1975年，全州工业总产值达903万元，占工农业总产值的14.8%，其中，发电量达到730万度，是1960年的26.1倍；酒195吨，是1960年的3.55倍。70

---

[1] 迪庆州农牧局：《迪庆藏族自治州"十一五"农业发展规划》，2页。
[2] 迪庆藏族自治州农牧局：《迪庆藏族自治州畜牧业发展规划》，4页。
[3] 尧斯丹：《甘孜新跨越：甘孜藏族自治州国民经济和社会发展第十一个五年规划》，131页，成都：四川民族出版社，2007。

年代中期以来，随着木材采运业的扩张，工业产值由 1975 年的 903 万元上升为 1980 年的 3388 万元，工业产值在工农业总产值中所占比例上升为 30.4%，并形成了木材采运业在全州工业经济中的优势地位。[1] 进入 20 世纪 80 年代以来，随着交通、水电等基础设施建设的进一步加强，迪庆加大优势资源开发力度，矿业和以松茸为主的野生生物资源开发日益崛起。到 1994 年，全州工业总产值达到 18933 万元，工业产值占工农业总产值的比重上升为 37.74%，其中，生产铜精矿 220 吨，铅精矿 697 吨，锌精矿 990 吨，有色金属采选业实现产值 746 万元，有色金属冶炼业实现产值 778 万元。[2] 到 2007 年，全州工业总产值完成 191525 万元，按可比价计算，比上一年增长 31.98%，工业产值占全州生产总值比重达到 43.49%。[3]

从总体上看，迪庆州工业增长格局呈"马鞍形"，峰值分布于"五五"时期，年均增长率高达 35.8%；进入 20 世纪 80 年代后，工业增长速度陡然下降，"七五"时期竟然呈负增长（见表 2—5、图 2—2）。诚然，20 世纪 80 年代工业增幅的急剧下降包涵着工业发展由数量型向效益型转换过程中关停并转所引发的良性衰退，但也隐含着区域产业结构不合理等深层次问题。迪庆州工业增长最快的"四五"和"五五"时期，工业发展的动力主要来自木材采伐量的急剧扩张。这段时期，迪庆州木材采伐量由 1971 年的 1900 立方米增加到 1975 年的 24 万立方米，至"五五"末期（1980 年）增加到 266 万立方米，创木材年产量最高纪录，并形成了木材"一头沉"的工业结构。以木材采运业为主的单一的工业结构，以及以此为基础的"木头财政"，使当地经济陷入了一条欲罢不能的锋刃式增长模式：要实现经济增长，就必须增加森林采伐量，但这必将进一步恶化区域生态环境；要保持区域良好的生态环境，就必须减少和控制森林的采伐量，但这又会引进区域经济的衰退。20 世纪 90 年代中后期以来，一方面，由于迪庆州森林资源存量的减少，开采成本上升，不得不逐渐降低森林采伐量；另一方面，为落实国家关于长江上游生态环境保护的政策，1998 年起迪庆州开始全面实行天然林保护工程，在区域范围内严禁采伐天然林，区域传统的支柱产业——木材采运业随之停工歇业。在这种形势下，迪庆州调整了地区工业结构和主导产业，进一步强化和发挥区域矿产资源和特色资源的优势，旅游业、矿业、水电业、生物业等逐步成为区域工业的主导和支柱产业。然而，不可否认的是，迪

[1]　迪庆藏族自治州统计局：《奋进的四十年——迪庆藏族自治州国民经济统计资料（1949—1988 年）》。

[2]　迪庆藏族自治州统计局：《迪庆藏族自治州统计年鉴·1995》，31、43 页，北京：中国统计年鉴出版社，1995。

[3]　迪庆藏族自治州统计局：《用数据说话，以数据议政》（2007 年），16—18 页。

庆州工业的增长方式仍然是粗放型的。据课题组对迪庆州乡镇企业及骨干乡镇企业的调查，2005 年全州乡镇企业工业企业数为 1091 户，从业人员年平均数为 7862 人，分别比上年增长 11% 和下降 9.3%；实现增加值 37573 万元，完成工业产值 70056 万元，分别比上年增长 12%、9.6%；从产业结构看，乡镇企业 37573 万元增加值中，轻工业、重工业分别实现了 23311 万元、14262 万元，轻重工业比为 62.04：37.96；在轻工业中以农产品为原料的轻工业增加值为 22321 万元，占轻工业比重 96%；在重工业中原料工业的增加值为 12631 万元，占重工业比重 89%。在乡镇企业骨干企业中，酿酒、农副产品加工等轻工业创造的产值、经营收入及利润总额都要明显高于矿产资源开采、加工企业（见表 2—6）。这表明，区域工业企业大多数是能源、矿产等资源型的初级采掘与加工企业，技术水平落后，投入产出水平低下，生产经营的粗放型特征显著。

表 2—5　1953—1990 年以来不同时期迪庆经济增长格局（年平均递增率：%）

项目	一五	二五	三五	四五	五五	六五	七五
工农业总产值	10.6	0.1	−0.5	2.9	10.2	5.7	0.9
农业总产值	10.6	1.8	−0.6	1.0	3.3	6.8	1.4
工业总产值	0	−15.4	2.6	19.1	35.8	5.5	−0.3

资料来源：《奋进的四十年——迪庆藏族自治州国民经济统计资料（1949—1988 年）》；《迪庆藏族自治州统计局年鉴·1990》。

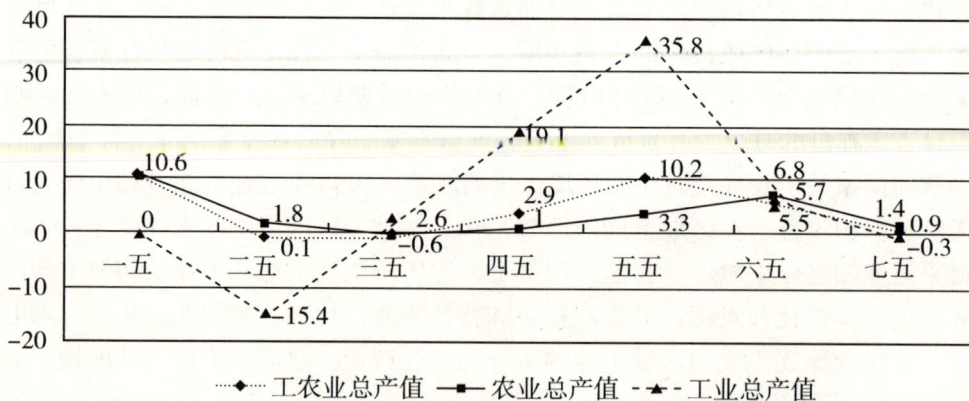

图2—2　1953—1990年以来不同时期迪庆经济增长格局（年平均递增率：%）

表 2—6　2005 年迪庆州骨干乡镇企业生产经营情况表（单位：万元）

企业名称	增加值	总产值	营业收入	利润总额	净利润
迪庆开发区酒业公司	18975	27882	28027	2045	2043
迪庆开发区鑫源铁合金厂	1378	6331	2765	−90	−90
迪庆开发区锌厂	161	594	412	−43	−43
迪庆开发区金六福酒业销售公司	14659	31277	120299	5500	5500
香格里拉县野生食品进出口公司	600	1317	1317	53	53
香格里拉县智圆松茸加工厂	750	1826	1298	150	150
香格里拉县雪鸡坪铜矿厂	1596	4200	4200	61	46
维西县佛山乡江破铁矿厂	325	5291	4263	−373	−373

资料来源：迪庆州经济委员会：《迪庆州乡镇企业骨干企业概况表（2005 年）》。

　　由于资源环境、经济基础大体类似，香格里拉区域其他三个地州工业生产的情况与迪庆州大致相似。从纵向看，建国以来，怒江、甘孜、昌都三地州的工业从无到有，发展迅速，工业产值有了很大增长，但总体上工业生产规模小，工业产值占地区经济总值的比重偏低（见表 2—7、图 2—3）；从横向看，工业内部结构不尽合理，骨干企业主要是以农、牧产品粗加工为主的轻工业，以及矿产资源采掘、粗加工的中小企业，企业规模小，技术水平低，而资本雄厚、技术水平高的大企业、重工业不足（见表 2—8）。

表 2—7　2005 年香格里拉区域四地州工业生产产值情况（单位：万元、%）

地州与产值	迪庆州	怒江州	甘孜州	昌都地区
工业产值	64539	62402	278623	25100
占地州国内生产总值的比重	23.07	26.06	21.50	7.7

资料来源：《云南统计年鉴·2006》，46 页；《甘孜藏族自治州统计年鉴·2006》，22 页；《西藏统计年鉴·2006》，31 页。

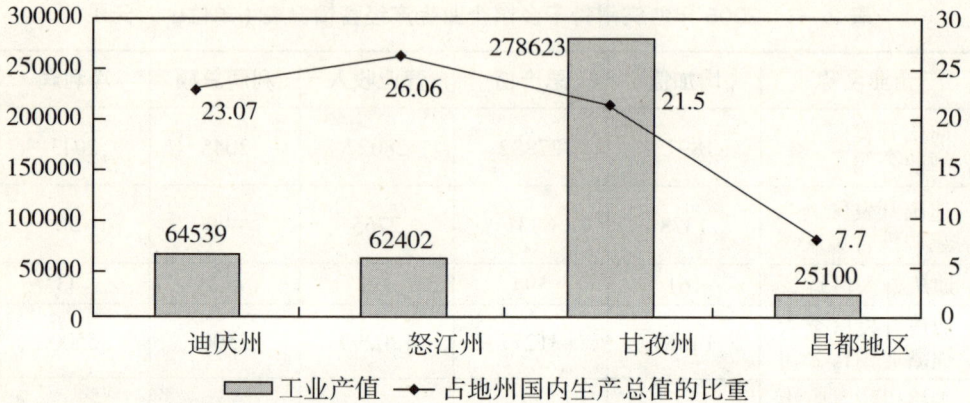

图2—3　2005年香格里拉区域四地州工业生产产值情况（单位：万元、%）

表2—8　2005年香格里拉区域四地州工业结构比较（单位：万元、%）

地　　州	迪庆州	怒江州	甘孜州	昌都地区
工业增加值	75363	58065	1248000	11900
同比增长	—	22.9	31.8	12.5
其中：轻工业	29085	—	—	10200
同比增长	3.33	—	—	28.2
重工业	47278	—	—	14800
同比增长	42.05	—	—	15

资料来源：根据香格里拉区域四地州2006年统计年鉴相关数据整理得出。

四地州工业发展情况[1]比较如下：

迪庆州：2003年，在全部工业总产值中，轻工业产值24589万元，增长16.57%；重工业产值28861万元，增长40.09%。按经济类型分，国有经济工业产值完成8412万元，增长3.20%；集体经济工业产值完成3677万元，下降3.67%；股份合作经济工业产值完成1983万元，增长89倍；有限责任公司工业产值完成5267万元，增长40.42%；股份有限公司工业产值完成17895万元，增长23.85%；私营企业工业产值完成9166万元，增长39.72%；个体工业产值完成4196万元，下降11.68%；其他工业产值完成2823万元，增长11倍。2004年，在规模以上工业总产值中，轻工业产值26579万元，增长70.31%；重工业产值

---

[1]　数据根据各地州年度统计公告、政府工作报告整理得来。

27455 万元，增长 86.77%。按经济类型分，国有经济工业产值完成 6855 万元，下降 13.39%；股份制工业产值完成 46240 万元，增长 1.19 倍；其他经济类型工业产值完成 939 万元，下降 42.81%。2005 年，在规模以上工业总产值中，轻工业产值 29085 万元，增长 3.33%；重工业产值 47278 万元，增长 42.05%。按经济类型分，国有经济工业产值完成 5876 万元，增长 37.23%；股份制工业产值完成 41589 万元，增长 9.28%；其他经济类型工业产值完成 19276 万元，增长 0.98%。2006 年，在规模以上工业总产值中，轻工业产值 32487 万元，增长 9.70%；重工业产值 52073 万元，增长 8.17%。按经济类型分，国有经济工业产值完成 6583 万元，下降 4.66%；集体经济工业总产值完成 20433 万元，增长 77.63%；有限责任公司完成产值 15751 万元，增长 42.03%；股份有限公司工业产值完成 31477 万元，下降 25.67%；私营企业工业产值完成 10316 万元，增长 20.84%。2007 年，在规模以上工业总产值中，轻工业产值 40430 万元，增长 20.89%；重工业产值 104819 万元，增长 95.94%。按经济类型分，国有经济工业产值完成 9682 万元，增长 42.87%；集体经济工业总产值完成 24147 万元，增长 14.8%；股份有限公司完成产值 47434 万元，增长 1.93 倍；私营企业工业产值完成 7375 万元，下降 30.55%。

怒江州：2005 年全部工业产值完成 146462 万元，比 2000 年增长 1.04 倍，年平均增长 15.3%；规模以上工业企业增加值达到 58065 万元，比 2000 年增长 1.83 倍，年均增长 22.9%；规模以上工业产品销售收入 120899 万元，比 2000 年增长 1.7 倍，年均增长 22.3%；规模以上工业实现利税总额 41078 万元，比 2000 年增长 3.48 倍，年均增长 39.7%。工业对地方财政收入的贡献率达 60% 左右，工业增加值占全州生产总值比重达 30% 以上，工业已成为怒江州国民经济发展的重要支撑。全州工业企业的组织结构，所有制结构，产品结构等方面都得到较大幅度的调整。2000 年，规模以上工业企业为 34 户，资产总额 9 亿元，利税总额 9164 万元。到 2005 年，规模以上的工业企业仅为 8 户，但资产增加到 20 亿元，利税总额 4.1 亿元。虽然企业户数减少了，而主要经济指标大幅增长。2000 年，规模以上企业 70% 是国有企业，而到 2005 年，国有企业仅占 20% 左右，大部分是非公企业。2000 年，大部分工业产品以原矿、原木输出为主，而到 2005 年，通过粗、精加工的产品达 70% 左右。

甘孜州：2005 年，全州在实施"工业强州"方略的推动下，形成了"重工业、抓工业、兴工业"的良好氛围。工业经济中生态能源业、优势矿产业两大支柱培育力度加大，从而促进了工业的有力发展，工业经济速度、效益实现双增长。

实现工业增加值 12.48 亿元，增长 31.8%；实现利润总额 4.5 亿元，增长 55.2%。新增水电装机 40.5 万千瓦，全州水电装机突破 100 万千瓦大关，达到 112 万千瓦。新增矿业采、选矿生产能力达到 1500 吨。预计第二产业增加值完成 21.37 万元，增长 24.7%，对经济增长贡献率达 55.5% 左右。

昌都地区：2005 年，全部工业企业实现增加值 1.19 亿元，比上年增长 12.5%。全年乡及乡以上工业企业实现产值 2.5 亿元，比上年增长 20%。其中：轻工业完成产值 1.02 亿元，增长 28.2%；重工业完成产值 1.48 亿元，增长 15%；国有及国有控股企业全年实现产值 2.2 亿元，比上年增长 22.8%。规模以上工业企业实现利润总额 0.57 亿元，比上年增长 20%。其中：国有及国有控股企业实现利润 0.18 亿元，增长 9%；集体企业实现利润 0.08 亿元，增长 10%；股份制企业实现利润 0.31 亿元，增长 80%；乡及乡以上工业企业产品销售率 90%。

2.1.3. 第三产业增长方式分析

现代意义上的第三产业的发展是以 20 世纪 50 年代交通、水电等基础产业的建设为起点的。以迪庆州为例，1958 年，丽中、中乡公路开通，1959 年，中德（中甸至德钦）公路开通，1961 年，全州通车里程达 557 公里。公路交通运输业的发展，有力地促进了香格里拉区域的对外交往和产业开发。改革开放以来，随着区域经济增长和工业的发展壮大，区域第三产业的发展也在加快，水电、交通等基础设施建设进一步加强。到 1985 年，第三产业的产值达到 4215 万元，占迪庆州国民生产总值的 30.5%。[1] 到 1994 年，迪庆州公路通车里程达到 1942 公里，是 1982 年的 2.53 倍；发电量 15433 万度，是 1980 年的 644 倍。[2] 20 世纪 90 年代中期以来，随着旅游业兴起及迅速崛起，香格里拉区域第三产业发展加速，在国民经济中的比重显著提高。1999 年，迪庆州接待游客人数达 112 多万人次，旅游业总收入 54740 万元；[3] 到 2007 年，全州接待国内外游客达到 381.72 万人次，旅游业总收入达到 32.37 亿元。[4]

从香格里拉区域国民生产总值构成看，第三产业的产值增长迅速，在三次产业中的比重明显提高，但有起伏。以迪庆州为例，1985 年，第三产业的产值是 4215 万元，占国民生产总值的 30.5%；到了 1994 年，第三产业的产值为

[1] 《奋进的四十年——迪庆藏族自治州国民经济统计资料（1949—1988 年）》。
[2] 《迪庆藏族自治州统计年鉴·1994》，6 页。
[3] 《迪庆藏族自治州统计年鉴·1999》，9 页。
[4] 《迪庆藏族自治州统计年鉴·2005》，10 页。

12651 万元，占国民生产总值的比重却降为 26.3%；到了 1999 年，第三产业的产值为 35479 万元，占国民生产总值的比重上升为 43.6%；到了 2006 年，第三产业的产值达到 206345 万元，占国民生产总值的比重上升为 46.86%（见表 2—9）。这表明，1992 年之前，在计划经济体制下，迪庆州的第三产业在传统社会中能保持着较好的经济效益；1992 年起随着社会主义市场经济体制改革的深入，传统服务业层次低，竞争力弱的缺点充分暴露，导致第三产业产值下降；1999 年随着以旅游业为主导的新兴服务业的兴起与壮大，第三产业的产值迅速增长，逐渐成为国内生产总值中比重最高的产业。

表 2—9　迪庆州国民生产总值构成表（单位：万元、%）

年份	第一产业		第二产业		第三产业	
	产值	比重	产值	比重	产值	比重
1985	5448	39.5	4141	30.0	4215	30.5
1994	2245	46.7	1296	27.0	1265	26.3
1999	30181	37.1	15760	19.4	35479	43.6
2003	50633	21.1	81584	33.9	10838	45.0
2005	5341	19.1	10085	36.0	12551	44.9
2006	69035	15.68	164960	37.46	206345	46.86

资料来源：参见《迪庆藏族自治州统计年鉴》，1985、1994、2003、2006、2007 年。

香格里拉区域其他三个地州第三产业的发展，情况大致相似（见表 2—10、图 2—4）。

表 2—10　2005 年香格里拉区域第三产业生产产值情况（单位：万元、%）

地州与产值	迪庆州	怒江州	甘孜州	昌都地区
第三产业产值	125513	112688	488462	136989
占地州国内生产总值的比重	44.86	40.28	37.70	42.17

资料来源：《云南统计年鉴·2006》，46 页；《甘孜藏族自治州统计年鉴·2006》，22 页；《西藏统计年鉴·2006》，31 页。

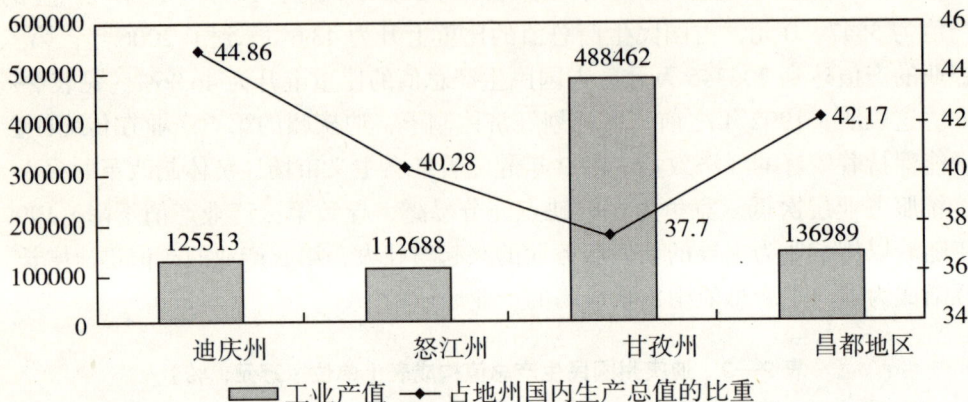

图2—4　2005年香格里拉区域第三产业生产产值情况（单位：万元、%）

从香格里拉区域第三产业的发展状况及水平看，主要是以传统服务业为主，现代服务业技术水平较低，对区域经济增长的促进与拉动作用不强。以香格里拉区域旅游业为例，无论是从经济规模看，还是从发展速度看，旅游业已成为支配区域经济涨落、带动区域经济增长的支柱产业。到"十五"末期的2005年，迪庆州旅游业接待国内外游客达264.44万人次，旅游总收入达20.08亿元，分别比2000年增加了2.49倍、3倍，年均增长率分别高达20%、24.55%；以旅游业为龙头的第三产业增加值达到11.93亿元，对GDP增量的贡献率为27.42%；旅游业在拓宽就业渠道、增加居民收入、加快农牧区脱贫方面作出了积极贡献，已经成为增加农牧民就业、增加农牧民收入的重要途径。[1]但从整体上看，香格里拉区域旅游业的增长仍然是粗放型的，这主要体现在：第一，旅游业的发展主要依靠区域丰富的旅游资源，区域对于发展旅游业的投入相对不足，旅游业的迅速发展是以区域生态环境的日益恶化为代价的。随着外来旅游人数的增加，区域生态环境承载负荷加大，生态环境已有不同程度的损害；加上区域生态环境脆弱，一旦遭到破坏将难以恢复。显然，这个代价是难以计算的。第二，旅游业的发展缺乏其他配置产业，特别是交通、水电等基础设施的支撑。区域内公路等级低，路况差，车辆通行能力弱。区域内二级以上公路少，三级和三级以下的公路占区域里程的90%以上。每到雨季又逢旅游旺季，区域极易发生滑坡、泥石流现象，导致交通受阻中断。交通运输业发展的滞后直接影响了区

---

[1]　迪庆州旅游局：《回顾与比较：迪庆旅游业发展阶段性——阐述迪庆旅游业发展现状及"十一五"旅游发展思路目标》，2006年。

域旅游业的开发与发展。第三，旅游宣传与促销活动缺乏创新，难以适应区域旅游业迅速发展的要求。前些年，通过"香格里拉"品牌的宣传促销活动，使香格里拉区域的旅游业迅速发展成为区域经济新的增长点。但近年来，由于宣传、促销的方式、手段、主题策划囿于原有的框架，缺乏创新，导致香格里拉旅游品牌在国内旅游市场上的基础并未得到巩固和加强，在国际旅游市场上的影响力不强。目前，区域各地州都普遍认识到，丰富的旅游资源靠以往那种普遍开发和遍地开花的方式，显然是不可持续的；要实现地区旅游业的可持续稳定增长，必须改变旅游增长方式，实施创新发展战略、精品名牌战略、市场多元化战略等旅游发展新战略。[1]

2.1.4. 三次产业增长方式综合分析

产业经济学基本理论认为，随着经济的发展，从国民收入比重变化看，国民经济的三次产业存在着第一产业实现的国民收入相对比重下降，而第二、三产业实现的国民收入所占比重相对上升的趋势与规律。从香格里拉区域四地州的三次产业产值构成来看，经过 60 年的改革与发展，三次产业总体上表现出第一产业产值逐年下降、第二产业产值缓慢上升、第三产业产值快速增长的趋势；三次产业产值构成呈现出由"一二三"向"三二一"变化的趋势（详见表 2—11、表 2—12、表 2—13、表 2—14）。

表 2—11　迪庆州若干年份生产总值构成表（单位：万元、%）

年份	第一产业		第二产业		第三产业		合计	
	绝对数	相对数	绝对数	相对数	绝对数	相对数	绝对数	相对数
1985	5448	39.5	4141	30.0	4215	30.5	13804	100.0
1990	18606	47.1	12219	30.9	8658	21.9	39483	100.0
1995	24365	44.8	15240	28.0	14753	27.2	54358	100.0
2000	32305	35	19383	21	40612	44	92300	100.0
2005	53417	19.09	107056	38.27	119308	42.64	279781	100.0

资料来源：迪庆州统计局：《奋进的四十年——迪庆藏族自治州国民经济统计资料（1949—1988 年）》，1989 年；《迪庆藏族自治州统计年鉴·1990》，18 页；《迪庆藏族自治州统计年鉴·1995》，14—15 页；《迪庆藏族自治州统计年鉴·2000》，14 页；迪庆州统计局：《用数据说话，以数据议政》（2007 年）。

[1]　迪庆州旅游局：《回顾与比较：迪庆旅游业发展阶段性——阐述迪庆旅游业发展现状及"十一五"旅游发展思路目标》，2006 年。

表2—12　怒江州若干年份生产总值构成表（单位：万元、%）

年份	第一产业		第二产业		第三产业		合计	
	绝对数	相对数	绝对数	相对数	绝对数	相对数	绝对数	相对数
1995	24592	41.7	16428	27.9	17885	30.4	58905	100
2000	32304	29.1	42072	37.9	36633	33.0	11109	100
2005	45826	19.1	80935	33.8	112688	47.1	239449	100

资料来源：根据《云南统计年鉴·1996》、《云南统计年鉴·2001》、《云南统计年鉴·2006》相关数据资料整理计算得出。

表2—13　甘孜州若干年份生产总值构成表（单位：万元、%）

年份	第一产业		第二产业		第三产业		合计	
	绝对数	相对数	绝对数	相对数	绝对数	相对数	绝对数	相对数
1990	40396	45.7	27464	31.1	20468	23.2	88328	100.0
2000	72719	29.5	69829	28.3	104304	42.3	246852	100.0
2005	110825	22.1	167025	33.4	222745	44.5	500595	100.0

资料来源：《甘孜统计年鉴·1991》，12页；《甘孜统计年鉴·2001》，9页；《甘孜统计年鉴·2006》，18页。

表2—14　昌都地区若干年份生产总值构成表（单位：万元、%）

年份	第一产业		第二产业		第三产业		合计	
	绝对数	相对数	绝对数	相对数	绝对数	相对数	绝对数	相对数
1995	85761	65	7916	6	38263	29	131940	100
2000	92350	57.9	24450	15.3	42716	26.8	159569	100.0
2005	108144	33.3	79713	24.5	136989	42.2	324047	100.0

资料来源：《西藏统计年鉴·1996》，166、199页；《西藏统计年鉴·2001》，29页；《西藏统计年鉴·2006》，31页。

　　然而，尽管香格里拉区域四地州的三次产业结构变动趋势基本符合现代产业发展趋势，但必须看到，这种变化仍然是粗放型经济增长的结果，并不意味着区域经济发展水平质的飞跃。这是因为：

　　◎ 区域经济发展是以付出高昂的资源、环境成本为代价

　　区域经济增长的过程，同时也是区域资源大量开发、环境不断恶化的过程；区域经济增长越快，区域资源开采、消耗量也越大，对生态环境的危害也越严重。

这主要表现在：

（一）森林覆盖率不断下降

长期以来，森林采伐业被当作该区域的支柱产业，大量森林被砍伐，导致森林覆盖率急剧减少。例如，迪庆州不包括灌木的森林覆盖率：20 世纪 60 年代（1966 年）为 56.32%，70 年代（1974 年）为 42.21%，80 年代（1984 年）为 38.67%，90 年代（1999 年）为 36.36%（见表 2—15、图 2—5）。包括灌木在内，80 年代森林植被覆盖率为 76.57%，90 年代为 55.62%。森林覆盖率平均每年衰减为 0.7%。[1] 又如，从 1958 年到 1998 年，甘孜州累计生产木材 2237 多万立方米，年消耗森林资源 480 万立方米，而年生长量仅 290 万立方米，致使森林覆盖率从 20 世纪 50 年代的 42.8% 下降至 1998 年的 10%；"十五"期间，随着天然林保护和退耕还林工程的实施，森林覆盖率上升至 2004 年的 28.5%。[2]

表 2—15　20 世纪 60—90 年代迪庆州森林覆盖率（不包括灌木）变化情况

年代	60 年代	70 年代	80 年代	90 年代
森林覆盖率（%）	56.32	42.21	38.67	36.36

资料来源：《奋进的四十年——迪庆藏族自治州国民经济统计资料（1949—1988 年）》；《迪庆藏族自治州统计年鉴·1999》。

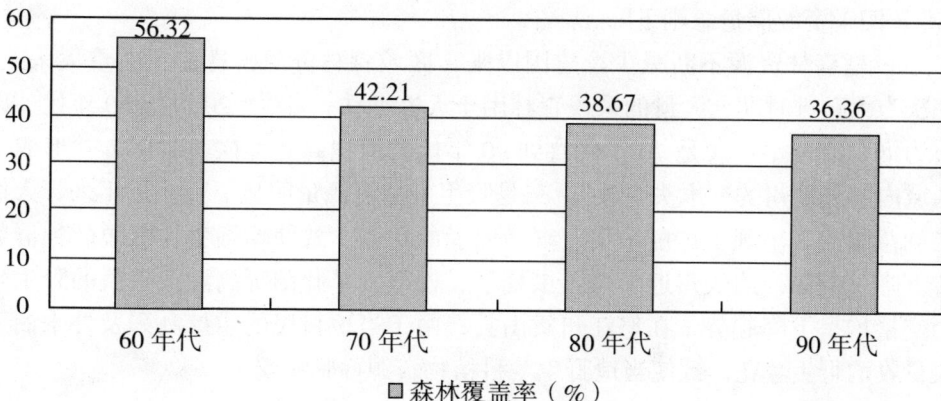

图2—5　20世纪60—90年代迪庆州森林覆盖率（不包括灌木）变化情况

[1] 李芝喜等：《迪庆森林遥感分析》，28 页，昆明：云南科技出版社，1995。
[2] 尧斯丹：《甘孜新跨越：甘孜藏族自治州国民经济和社会发展第十一个五年规划》，132 页，成都：四川民族出版社，2007。

（二）物种急剧减少

近年来，在经济利益的驱使下，人们对野生动物的偷捕滥猎和对虫草等药用植物的大肆采掘，区域生物物种分布区缩小，一些物种逐渐变为珍稀物种，高原特有物种和高原特有遗传基因面临灭绝的威胁。例如甘孜州，20 世纪 60 年代林麝生存量约 300 万头，年产麝香约 150 公斤，到 90 年代末种群数量已减至 20 万头，年产麝香仅 10 公斤。[1] 在迪庆州德钦县，20 世纪 70 年代约有 1500—2000 余只滇金丝猴，但由于近 30 年来栖息地生态环境遭到破坏，种群数量截至 90 年代末已下降到 700 余只。[2]

（三）草场退化严重

20 世纪 50 年代以来，随着畜牧业经济的发展，牲畜头数急剧增长，牲畜饲养量已普遍较解放初期增加 2 至 3 倍以上，草场超载率达到 30% 以上。随着草地载畜量的增大，草畜矛盾日益突出，草地退化日趋严重，草地生态系统日渐恶化，区域各地不同程度地出现了草场沙化、鼠害、板结等草场退化现象。例如，迪庆州草场总面积中，中度退化面积达 63.4%，严重退化的占 4% 以上；常年受鼠、虫害危害的草地达 180 万亩，占草地总面积的 20%，占草地有效面积的近 30%。[3] 近十年来，甘孜州草地退化面积已达到 2000 多万亩，占可利用草地面积的 54%。据统计，甘孜州石渠县鼠害草地近 1800 万亩，约占草地面积的 72%；其中鼠荒地面积约 250 万亩，占草地面积的 10%。[4]

（四）资源储量急剧下降

一是森林资源不断减少。建国以来，区域森林资源曾遭受三次重大采毁，一次为大跃进时期，大量的采伐森林用于大炼钢铁；一次为 20 世纪 60 年代"以粮为纲"时期；一次是 70 年代直到 90 年代大面积商业性砍伐时期，并形成了区域内部分地州的"木头财政"。二是野生生物资源量明显下降。近年来，人们在利益驱使下出现了过度采集、竭泽而渔的行为，致使珍稀生物资源的种群数量下降。例如，迪庆州近年来冬虫夏草、松茸、羊肚菌等高经济价值的野生生物产量均呈下降趋势；在怒江州贡山县，由于当地村民的滥挖乱采及外来商贩大量收购野生兰花，致使当地野生兰科植物资源面临枯竭。

[1] 李文华等：《青藏高原生态系统及优化利用模式》，318 页，广州：广东科技出版社，1998。
[2] 绒巴扎西：《云南藏区可持续发展研究》，203 页，昆明：云南民族出版社，2001。
[3] 迪庆藏族自治州农牧局：《迪庆藏族自治州畜牧产业发展规划》，8—9 页，2005。
[4] 程海萍、魏柏青等：《四川省石渠县鼠疫流行特点及其控制》，《中国人兽共患病杂志》2004 年第 4 期。

（五）生态环境呈不断恶化趋势

据甘孜州贡嘎山地区的调查资料显示，长期以来，由于大量的森林被采伐后，原始森林被其他低功能的植物类型替代。如山原区森林被采伐后，往往为灌丛草甸所替代；峡谷区森林被采伐后，往往被杨树和桦树所替代；河谷地区森林被采伐后，造林绿化更为困难，致使干旱河谷面积不断扩大。森林生态系统的退化，导致区域小气候变化。如风速增加，降雨减少，伏旱天气增加，冰雹天气增多等。贡嘎山地区 20 世纪 90 年代比 80 年代风速大了 20%—30%；河谷地区的旱期延长；一些地方历史上很少发生的冰雹现象也连续发生。[1] 除上述情况外，近几十年来该地区山地灾害明显加剧，每当汛期到来，泥石流、滑坡、崩塌等山地灾害频繁发生。1998—1999 年迪庆州共发生泥石流、滑坡 26 个点（条），48 起，受灾人口 15460 人，伤 27 人，死亡 2 人；受灾耕地 14740 亩，毁灭性、难恢复的有 2200 亩，冲毁房屋 21 座，冲走大牲畜 67 头，冲毁桥梁 27 座、水渠 560 米，造成了重大经济损失。[2] 1995 年 5 月和 6 月，甘孜州康定县普降暴雨，由于折多河上游地区森林破坏严重，河水夹杂大量的泥沙和石块淤塞了康定县城河道，致使洪水侵入康定县城内，冲毁房屋、街道、桥梁，造成川藏线 20 余天交通中断，经济损失上亿元。[3]

◎　推动区域经济发展的主导因素，不是依靠人力资源开发和技术进步，而是主要依靠资源的大量投入与消耗

（一）资源型产品和初级产品对区域经济发展的贡献大

长期以来，区域形成了以资源产品为主的生产体系与资源主导型产业体系。如 1991 年，甘孜州农牧业总产值为 39424 万元，农畜产品加工业、采掘工业和原料工业等初级制品的总产值为 29960 万元，分别占当年全州社会总产值的 32.9%、25.0%，两者合计占社会总产值的 57.9%[4]。

2005 年，农牧业产值占国内总产值的比重为 27.5%，采矿业及原料加工业产值（不含规模以下的该类工业产值）占国内总产值的比重为 21.7%，两者合计仍占国内生产总值的 49.2%[5]。迪庆州、怒江州和昌都地区的情况也大致相似。2005 年，迪庆州农牧业产值占全州生产总值的比重为 20.3%[6]，农畜产品加工业、

[1]　李文华等：《青藏高原生态系统及优化利用模式》，318—319 页，广州：广东科技出版社，1998。
[2]　《云南减灾年鉴》（1998—1999 年）。
[3]　李文华等：《青藏高原生态系统及优化利用模式》，319 页，广州：广东科技出版社，1998。
[4]　《甘孜统计年鉴·1991》，9、24、26、85 页。
[5]　《甘孜统计年鉴·2006》，18、216—218 页。
[6]　迪庆藏族自治州统计局：《用数据说话，以数据议政》（2007 年），16—17 页。

采掘工业和原料工业总产值占地区总产值的 21.2%[1]，两者合计为 41.5%；同年，怒江州资源型产品和初级产品产业产值占全州生产总值的比重为 65.8%；[2] 昌都地区农林牧渔业总产值占全区农村社会总产值的 88.7%[3]。

（二）投资仍是区域经济发展的主要拉动力量

改革开放以来，迪庆州固定资产投资规模不断扩大，1978—2006 年累计完成投资 164.76 亿元，是改革开放前的 358.24 倍，其中仅"九五"和"十五"就完成了建州以来总投资额的 69.31%。2007 年全州全社会固定资产投资总额高达 52.8 亿元，比上年增长 25.7%，而该年全州地区生产总值（GDP）只完成 44.0 亿元，经济增长几乎完全依赖投资拉动。[4] 怒江州近年来投资一直保持快速增长势头，投资对经济增长的贡献在 70% 左右，全州"十五"期间全社会固定资产投资五年累计达到 46 亿元，年均增长 30%，比"九五"期间累计投资增加 17 亿元。[5]"九五"期间投资对甘孜州 GDP 的贡献率已达到 30% 以上，2004 年以来，全州基础设施、基础产业以及生态建设步伐继续加快，投资规模又创历史新高，全年全社会固定资产投资完成 43.29 亿元，增长 34.5%。据初步测算，固定资产投资对全州经济增长的贡献率达 91.5%，拉动全州经济增长 12.4 个百分点。[6]2007 年甘孜州全社会固定资产完成投资 989808 万元，同比增长 24.91%。[7] 投资的快速增长，对全州经济增长的拉动作用显著。昌都地区"十五"期间固定资产投资规模继续扩大，基础设施建设速度加快，完成固定资产投资约 105 亿元，年均增长 35%，创历史纪录，对昌都地区经济增长发挥了较强的拉动作用。[8]

（三）科技进步对区域经济发展的贡献率还比较低

据测算，2006 年我国科技对经济的贡献率为 39%，而美国、日本、芬兰等 20 多个全球公认的创新型国家，科技对经济增长的贡献率高于 70%。[9] 长期以来，香格里拉区域经济增长过多依靠消耗资源、增加投入来拉动，自主创新机制不健全，科技创新投入不足，导致科技对经济增长的贡献率偏低。据统计，怒江州 2005 年科技进步对经济增长的贡献率为 38%[10]，甘孜州 1998 年科技进步对经

[1] 《云南统计年鉴·2006》，46、315—318 页。
[2] 《云南统计年鉴·2006》，46、279、315—318 页。
[3] 《西藏统计年鉴·2006》，147 页。
[4] 迪庆州统计局：《迪庆藏族自治州二〇〇七年国民经济和社会发展统计公报》（2008 年）。
[5] 引自：《中国共产党怒江州第六次党代会报告摘编》。
[6] 陈林、泽央等：《2004 年甘孜州 GDP 总量突破 40 亿元大关》，《甘孜日报》2005 年 1 月 21 日。
[7] 甘孜州统计局：《2007 年甘孜州固定资产投资实现平稳增长》，2008 年 2 月 19 日。
[8] 昌都地区发展和改革委员会：《昌都地区"十一五"时期国民经济和社会发展规划纲要》，2008 年 4 月 3 日。
[9] 陈永杰：《中国是否威胁美国科技霸主地位》，《北京科技报》2007 年 2 月 8 日。
[10] 怒江州科学技术局：《科技进步推动怒江州经济社会快速发展》2006 年 6 月 28 日。

济增长的贡献率为 36% 以上 [1]，昌都地区 2002 年科技对经济增长的贡献率达到
30% 左右。[2] 香格里拉区域科技进步对经济增长的贡献率不仅远低于发达国家
的水平，与我国平均水平也有相当的差距，说明科技进步在现阶段尚未成为推
动区域经济增长的主要动力，区域经济仍然沿袭着依赖资源消耗、资本投入的
粗放型增长模式。

2.2. 香格里拉区域资源环境承载力评价

2.2.1. 资源环境承载力的提出与内涵

承载力是物理学、工程学中较为普遍运用的概念。简单地说，承载力就是
在一定条件下承载物对被承载物的支撑能力，[3] 它有三个关键因素：首先是承载
物，它是承载力的基础因素，承担着发出承载力的主动作用。借用力学的概念，
承载物是施力物体。在本课题研究中，我们以香格里拉区域整个资源环境体系
为承载物。第二个关键因素为被承载物。被承载物是基于承载物的基础上才能
得以发展的事物，是受力物体。在本课题研究中，我们以香格里拉区域经济发
展方式的转变为被承载物。承载物与被承载物之间的联系不是孤立存在的，它
们还要受到周围事物的影响。承载力的第三个关键因素，即环境因素，它包括
时间、空间、生态、社会和经济环境等一切承载物和被承载物所处的背景条件。
环境因素是承载力研究的限制条件，当这个条件发生变化时，承载力就会相应
发生变化；而且这种变化不仅仅是数值上的变化，更重要的是研究方法上的变革。
因此，承载力是一个动态的概念，今天的承载力与 50 年后的承载力将有很大的
区别。

经济学中运用承载力概念，主要是从资源与环境、人口、经济之间协调发
展的角度进行研究与理解的。1938 年，比利时人口统计学家皮埃尔首先提出承
载力概念，之后这一概念逐渐扩展到生态学、生物学、人类学、地理学以及商
业管理等领域。对于这一概念，世界保护组织（或称国际自然与自然资源保护

[1] 杨占昌：《在"跑马溜溜的山上"再唱新歌》，《中国民族》2000 年第 8 期。
[2] 《西藏年鉴 2002·地区国民经济和社会发展报告》。
[3] 丁任重：《西部经济发展与资源承载力研究》，154 页，北京：人民出版社，2005。

联合会）将其解释为"生态系统在保持生产率、适应力和更新力时对健康有机体的支持能力。"美国密歇根大学的学者则认为，承载力应该是在不破坏相关生态系统功能前提下所允许的资源的最大消耗率和废物排放率。美国承载力组织则把承载力定义为在不降低现代和未来人们的社会、文化和经济环境条件下，特定地区内现有资源所能支持的人口数量。当前应用最广泛的资源承载力概念是联合国教科文组织定义的：一个国家或地区的资源承载力，指的是在可以预见的时期内，利用本地的能源和其他资源以及智力、技术等，在保证与其社会文化准则相符的物质生活水平下能够持续供养的人口数量。同时，很多学者根据他们设计的资源环境承载力模型，提出了衡量一个区域资源环境承载力大小的计算方法，如光合潜力衰减法、农业生态地带法、迈阿密模型法、生态占用核算法等。[1]

从本质上来讲，上述对于承载力的定义没有多大的差别，都包含了前面所提到的三个关键因素。首先，承载物是某一地区的生态系统，其中真正起到承载作用的是资源系统；其次，被承载物是该区域经济与社会发展，特别是区域人口的可持续供养；第三个要素是环境系统，主旨是要保持人口的可持续供养，即不仅要维持现代人的生活，而且还不能破坏对后代人的供养能力。

在研究香格里拉区域经济发展方式转变中，我们拟提倡资源环境承载力概念。资源环境承载力概念表明，区域自然资源与生态环境不仅有价值，而且是影响区域经济发展方式转变的重要内在因素。对于区域内人们的经济活动来说，自然资源与生态环境的价值体现在能对区域居民生存与发展活动的需要提供支持。它既为人们的经济活动提供空间和载体，又为人们的经济活动提供资源并容纳废物。同时，由于资源环境系统的组成在数量上存在一定的比例关系，在区域空间上具有一定的分布规律，所以它对区域内人们经济活动的支持能力又有一定的限度与约束。当今存在的各种资源环境问题，大多是人类经济活动与资源环境承载力之间出现冲突的表现。当人们的经济活动对资源环境的影响超过了资源环境所能支撑的限度时，即超过了资源环境系统维持其动态平衡与抗干扰的界限，此时人类行为对资源环境的作用力就超过了资源环境的承载力[2]。

因此，区域资源环境承载力可以表述为：在一定时期一定状态或条件下，区域自然资源与生态环境所能承受的人类经济活动的极限值或阈值。在这里，

[1]　景跃军、陈英姿：《关于资源承载力的研究综述及思考》，《中国人口环境与资源》2006年第5期。
[2]　赵兵：《资源环境承力研究进展及发展趋势》，《西安财经学院学报》2008年第3期。

一定状态或条件下是指现实的或拟定的资源环境格局不发生明显不利于人类生存方向的改变。所谓能承受是指不影响资源环境系统自身的正常功能的发挥。由于资源环境承载力所承载的是人类经济活动在规模、强度或速度上的限制，因而自然资源与生态环境承载力主要表现为对人类经济活动方向、速度、规模等方面的限制与约束。

2.2.2. 香格里拉区域资源环境承载力分析

根据区域资源环境承载力理论，区域经济发展及其增长方式的转变必须以当地自然资源与生态环境能承受的范围和程度为依据和界限。近十年来，国内外理论界对区域资源环境承载力的研究，经历了一个从资源承载力到环境承载力再到区域资源环境承载力的逐步演化过程，并取得了许多非常有价值的研究成果，但至今尚未建立起一套国际上通用的标准评价体系。对某一特定区域人口、资源、环境与经济发展协调程度的评估，基本上是通过一系列指标来描述的，评估体系的研究还有待深入与科学化。[1]

在综合比较多种区域资源环境承载力评价方法与体系的基础上，我们遵循综合性、可操作性、区域性等原则，选取了 19 个子指标，分为四类：经济类指标、社会人口类指标、资源类指标和生态环境类指标。由于每个指标对区域资源环境承载力的影响不同，因此在计算区域资源环境承载力之前有必要确定每个指标在整个指标体系结构中所占的权重。确定权重的方法通常有层次分析法、经验权数法、专家咨询法、统计平均值法、抽样权数法、比重权数法等。我们采用层次分析法（AHP）[2]确定各个指标的权重，通过计算得到各指标的权重系数（见表 2—16）。

---

[1]　张红：《国内外资源环境承载力研究述评》，《理论学刊》2007 年第 10 期。
[2]　层次分析法（AHP）是将决策中相关的元素分解成目标、准则、方案等层次，在此基础之上进行定性和定量分析的决策方法。这种方法的特点是在对复杂的决策问题的本质、影响因素及其内在关系等进行深入分析的基础上，利用较少的定量信息使决策的思维过程数学化，从而为多目标、多准则或无结构特性的复杂决策问题提供简便的决策方法。

表 2—16 香格里拉区域资源环境承载力评价指标体系及其权重

指标类别	指标体系	指标权重
经济类指标	人均 GDP	10
	第三产业比重	6
	轻重工业比重	4
社会人口类指标	人口密度	5
	人口自然增长率	6
	人口平均受教育年限	9
资源类指标	人均耕地面积	2
	人均草地面积	4
	人均林地面积	3
	森林覆盖率	4
	人均水资源拥有量	4
	万元 GDP 能耗	3
生态环境类指标	万元 GDP 工业废水排放量	5
	万元 GDP 工业废气排放量	5
	万元 GDP 工业固体废弃物产生量	5
	生态敏感度指数	6
	生态弹性度指数	6
	生态压力度指数	6
	生态脆弱度指数	7

以香格里拉区域四地州所在省区 2006 年的统计年鉴为基本依据，我们对迪庆州、怒江州、甘孜州和昌都地区的资源环境承载力状况进行了统计，并与全国平均水平及其所在省区进行了对比。2005 年四地州及所在省区、全国平均水平的 19 个指标数据如表 2—17 所示。

表 2—17　2005 年香格里拉区域资源环境承载力评价指标体系数据

指　标	全国	云南	迪庆	怒江	四川	甘孜	西藏	昌都
人均 GDP（元）	14040	7833	7628	4980	9060	5439	9114	5360
第三产业比重（%）	40.3	39.4	42.14	47	38.4	44.5	55.6	42
轻重工业比重（%）	32.4∶67.6	34.5∶65.5	36.2∶63.8	3.4∶96.6	32.5∶67.5	5.3∶94.7	40.5∶59.5	40.7∶59.3
人口密度（人/平方公里）	136.2	112.9	15.4	35.4	180.4	6.0	2.21	5.49
人口自然增长率（‰）	5.89	7.97	7.15	8.16	2.9	7.2	6.0	7.1
人口平均受教育年限（年/人）	7.83	6.61	5.6	4.96	7.59	6.1	5.0	4.1
人均耕地面积（亩）	1.49	2.05	1.40	1.43	0.68	1.51	1.25	1.18
人均草地面积（亩）	4.59	5.15	36.51	——	2.64	154.6	361.39	142.46
人均林地面积（亩）	2.01	5.06	69.08	31.49	2.28	73.7	71.09	94.22
森林覆盖率（%）	18.21	49.5	66.8	70	28.98	12.7	9.86	34.18

（续表）

指　标	全国	云南	迪庆	怒江	四川	甘孜	西藏	昌都
人均水资源拥有量（万立方米）	2151.8	4148.9	32447.2	183828.8	3580.6	152601.5	4749.6	129162.5
万元GDP能耗（吨标准煤/万元）	1.22	1.73	1.36	1.45	1.53	0.89	—	—
万元GDP工业废水排放量（吨/万元）	28.68	9.48	4.58	9.31	16.60	9.29	18.20	—
万元GDP工业废气排放量（标立方米/万元）	14691.99	15676.29	1257.98	3113.86	11021.78	2619.78	529.27	—
万元GDP工业固体废弃物产生量（吨/万元）	0.734	1.342	1.716	2.589	0.869	1.180	0.040	—
生态敏感度指数	—	—	62.58	73.90	—	57.40	—	—
生态弹性度指数	—	—	56.44	69.04	—	42.06	—	—
生态压力度指数	—	—	57.99	66.77	—	48.73	—	—
生态脆弱度指数	—	—	57.88	65.24	—	58.38	—	—

资料来源:《中国统计年鉴·2006》《云南统计年鉴·2006》《四川统计年鉴·2006》,《西藏统计年鉴·2006》,《中国民族年鉴·2006》。

从经济类指标看，人均 GDP 指标上，四地州除了迪庆州与云南省接近外，其他三地州均比全国及所在省区平均水平低，表明香格里拉区域社会经济及产业发展水平的整体滞后性。在第三产业比重指标上，除了昌都地区低于西藏平均水平外，其他三地州均高于全国及所在省区水平，表明香格里拉区域第三产业发展态势较好，为区域产业结构优化升级提供了重要前提与基础；但要看到，区域第三产业的快速发展及高比重，是以区域第二产业规模小、比重轻为前提的，第三产业的持续健康发展缺乏强有力的产业支撑。在轻重工业比重指标上，四地州除昌都轻重工业比重相对均衡外，其他三地州的重工业比重极高，轻工业比重微不足道，表明香格里拉区域工业是以资源采掘与加工为主，不仅整个工业比重小、结构单一，而且工业内部结构也不合理，甚至畸形。

从社会人口类指标看，在人口密度指标上，迪庆、怒江、甘孜三地州均远远低于全国和所在省区平均水平，昌都尽管比西藏全区平均水平高一些，但也远低于全国平均水平。这一方面表明香格里拉区域生态环境系统受人为因素影响整体较小，另一方面也表明区域人力资源数量与规模偏小。在人口自然增长率指标上，除迪庆外，其他三地州均高于全国及所在省区的平均水平，表明香格里拉区域人口增长速度在加快，对自然环境潜在影响与压力增加。在人口平均受教育年限指标上，四地州的数据均明显低于全国和所在省区平均水平，这表明香格里拉区域人口素质整体偏低，是影响区域技术进步、产业结构优化升级的关键因素。

从资源类指标看，除人均耕地面积外，无论是人均草地面积、人均林地面积，还是人均水资源拥有量、森林覆盖率、万元 GDP 能耗，都体现出明显的优势。比如，在人均草地面积指标上，甘孜、昌都的数据分别是 154.6、142.46，分别是全国平均水平的 33.68、31.04 倍；在人均林地面积指标上，昌都地区高达 94.22，是全国平均水平的 46.88 倍；在森林覆盖率、人均水资源拥有量指标上，怒江州分别为 70%、183828.8 万立方米，分别是全国平均水平的 3.84、85.43 倍；在万元 GDP 能耗指标上，与所在省区平均水平相比，迪庆、怒江、甘孜也表现出一定的优势。其实，从全国来看，香格里拉区域所在西部地区能矿资源综合优势度和人均资源优势度指标均居全国之首（见表 2—18、图 2—6）。这些优势的存在，理论上为香格里拉区域产业结构调整、增长方式转变提供了良好的资源环境基础与潜力。

然而，相对于区域脆弱的生态环境系统来说，区域丰富的资源优势可能仅仅是理论上的，甚至根本不能成为现实优势。比如土地资源优势，在区域山地河流纵横交错、寒冻风化地貌的特殊环境下，土地对人口的承载力和对人类生产活动的抗干扰能力十分有限，区域人口稀少是人类与自然环境的一个合理协调。区域土地资源优势已被严酷的自然环境、低下的自然生产力、偏低的劳动力素质和落后的技术水平所抵消，土地资源开发的资金成本和环境成本巨大。又如森林资源和生物资源优势，由于区域地处高寒地带，气候环境恶劣，野生生物资源生长缓慢，在现有技术水平下的人工培育也十分困难，如果盲目进行大规模开发，必将迅速枯竭，短期内难以再生。过分强调野生动植物资源优势，显然是短期行为，不仅会恶化区域生态环境，还将使农牧民进入更加贫困的恶性循环之中。

表 2—18　我国东中西部自然资源优势度对比

地区	自然资源综合优势度	人均资源拥有量优势度	45 种主要矿产资源潜在价值			人均 45 种矿产资源潜在价值	
			亿元	比重	比值	元 / 人	比值
东部	1	1	8880	15.5	1	2173	1
中部	1.4	3	20166	35.2	2.3	5487	2.5
西部	1.9	6.6	28243	49.3	3.2	9032	4.2

资料来源：董锁成、李周：《中国西部大开发战略研究》，20 页，西安：陕西人民出版社，1999。

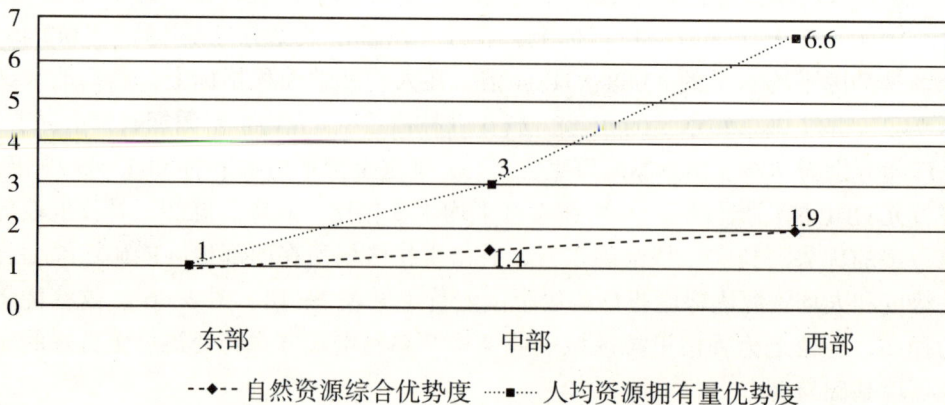

图2—6　我国东中西部自然资源优势度对比

从生态环境类指标看，在万元 GDP 工业废水排放量、万元 GDP 工业废气排放量和万元 GDP 工业固体废弃物产生量指标上，区域四地州大致略高或略低于全国及所在省区的平均水平，这表明香格里拉区域目前生态环境尚可，还没有受到严重的损害；受区域经济发展水平及技术创新能力限制，工业"三废"处理能力滞后，导致工业"三废"产生量与排放量在不断增加，经济增长的资源环境承载压力日益加大。在生态敏感度 [1] 指数、生态弹性度 [2] 指数、生态压力度 [3] 指数和生态脆弱度 [4] 指数指标上，怒江生态脆弱度指数达到 65.24，属于高度生态脆弱区，迪庆、甘孜则为中度生态脆弱区（详见表 2—19，昌都数据不详）。香格里拉区域地处滇、川、藏三省交界的横断山区，山脉绵延、高低起伏，江河纵横交错，山地、高原、山谷、盆地各类地形组合千差万别，垂直变化，构成了复杂而脆弱的寒冻风化地貌。由于山高坡陡、水系密布、岩石裸露，加上岩石又多为片岩、板岩等软质岩层，植被一旦破坏，将难以恢复，而且极易造成山崩、滑坡、泥石流和水土流失等自然灾害，因而生态系统稳定性差。在传统经济发展方式下，当地居民为了维持生计，被迫向脆弱的自然环境榨取微薄的生活资料，出现过度砍伐、过度垦殖、过度放牧等现象，导致区域生态环境日趋恶化。这充分表明，香格里拉区域生态环境系统的脆弱性导致区域资源环境承载力整体偏低，在这种脆弱、敏感的生态环境下，人类活动极易破坏生态环境的平衡，引发生态环境退化。由于严酷而封闭的自然环境，区域步入现代社会的时间和速度明显滞后，大部分地区仍保持着原始的自然经济状况，社会生产力水平低下，人口的生产活动对自然生态环境形成强烈依赖关系，通过过量消耗生态系统维持生存，因而在经济活动中基本上属于禁止开发或限制开发区域，这是区域产业优化升级、结构调整及传统经济发展方式变革的内在要求与动力。

---

[1]　生态敏感性主要是明确区域可能发生的生态问题的类型与可能性大小。不同区域的自然条件和生态特征不同，生态系统对于不同生态问题的敏感程度易发程度也不同。

[2]　生态弹性指生态系统在内外扰动或压力不超过其弹性限度时，具有自我调节与自我恢复能力的特性。健康的生态系统具有弹性，当生态系统受压力胁迫后，有能力保持结构和功能的稳定。

[3]　生态压力度表示人类活动对生态环境的消极影响与破坏。人类活动的强烈干扰往往会加速生态退化的进程，人为活动对生态系统的影响往往是不断累加的，它可以直接和间接地保护和破坏生态系统。这表现为人口压力、经济发展水平和资源压力对区域生态环境系统的消极影响。

[4]　生态脆弱性是根据区域生态敏感性、弹性、压力状况所得出的区域生态环境承载力高低状况。一般来说，脆弱度指数在 80—100 之间为极度脆弱区；脆弱度指数在 60—80 之间为高度脆弱区；脆弱度指数在 40—60 之间为中度脆弱区；脆弱度指数在 20—40 之间为低度脆弱区；脆弱度指数在 0—20 之间为一般脆弱区。

表 2—19　香格里拉区域部分县域生态脆弱性指标

区域		生态敏感度指数	生态弹性度指数	生态压力度指数	生态脆弱度指数	生态脆弱度分级
迪庆州	香格里拉	71.43	50.23	43.63	66.24	高度脆弱区
	德钦	44.73	51.32	64.86	44.37	中度脆弱区
	维西	71.57	67.76	65.47	63.02	高度脆弱区
怒江州	福贡	76.92	71.09	81.96	73.30	高度脆弱区
	泸水	77.88	69.99	66.59	68.94	高度脆弱区
	贡山	75.14	69.93	65.79	65.61	高度脆弱区
	兰坪	65.64	65.14	52.72	53.11	中度脆弱区
甘孜州	德格	78.90	37.47	54.20	87.66	极度脆弱区
	德荣	76.67	40.84	54.59	83.00	极度脆弱区
	丹巴	67.00	38.60	58.14	75.24	高度脆弱区
	巴塘	62.40	37.83	49.43	67.15	高度脆弱区
	雅江	61.74	51.02	60.15	61.58	高度脆弱区
	九龙	65.23	55.88	55.99	60.41	高度脆弱区
	乡城	60.61	43.35	43.27	58.85	中度脆弱区
	新龙	52.06	41.33	50.46	53.65	中度脆弱区
	稻城	51.83	39.72	48.18	53.59	中度脆弱区
	道孚	51.03	36.77	44.30	53.19	中度脆弱区
	白玉	46.42	40.97	54.37	49.21	中度脆弱区
	康定	60.81	45.08	20.55	48.71	中度脆弱区
	炉霍	45.70	44.13	47.58	43.48	中度脆弱区
	理塘	44.37	41.58	45.47	42.92	中度脆弱区
	甘孜	36.23	36.35	44.29	37.03	低度脆弱区

资源来源：乔青：《川滇农牧交错带景观格局与生态脆弱性评价》，北京林业大学博士论文，2007 年。

　　由此可见，香格里拉区域迪庆、怒江、甘孜及昌都四地州在自然资源与生态环境上具有一定的优势，但由于自然资源采掘、利用的粗放性和生态环境系统的脆弱性，区域资源环境承载力整体水平偏低。

2.3. 香格里拉区域产业结构调整的原则与方向

依据香格里拉区域资源环境的特点及区域产业结构发展现状，今后区域产业结构优化调整应遵循以下原则与方向：

2.3.1. 生态性

香格里拉区域既是一个自然环境优美、自然资源丰富的区域，又是一个生态环境价值高度凸显、生态环境系统极其脆弱的区域。为此，在区域产业结构调整过程中，要把区域经济发展方式的转变与区域生态环境的保护与建设有机结合起来，大力发展生态农业、生态林业、生态畜牧业、生态工业等生态产业。

◎ 生态农业

生态农业是在农业生态系统内合理开发利用生物资源以及维持和保护自然环境的一种生产方式，是实现农业可持续发展的有效途径。[1] 在香格里拉区域，实施生态农业建设，既能恢复区域生态系统的良性循环，又能促进区域农业经济的健康发展，最终实现强区富民。其基本思路是：着眼于发展绿色农业、精细农业和高效农业，因地制宜地发展经济林果业、畜牧业及其他特色非农产业，实现经济效益与生态效益相结合；适应高原、山区地形特征，发展山地立体农业技术，充分挖掘土地资源生产潜力，科学利用多种生物资源；大力调整种植业比重过大的传统农业产业结构，加快种植业由传统的"粮食——经济作物"为主的二元结构向"粮食——经济作物——饲料"协调发展、农牧结合、产供销一体化的三元结构转变；推行农牧业的产业化经营，形成高效益的农牧业产业体系。

香格里拉区域土地资源丰富，类型多样，气候条件独特，加上地广人稀，农牧业仍以传统方式经营为主，化肥、农药使用量少，空气与水体质量良好，土壤无污染，主要农牧产品均未检测出农药与化肥残留，属纯天然有机食品。随着人们生产水平和生活质量的提高，绿色食品与有机食品因其天然无污染受

---

[1]　张雪绸：《生态农业与西部地区的农业可持续发展》，《安徽农业科学》2006 年第 22 期。

到国内外消费者的青睐，市场前景广阔。因此，香格里拉区域大力发展绿色、天然农产品，如青稞、苦荞麦、食用菌、高原花椒等，正逢其时。2000 年以来，迪庆州采取有力措施，强化农业基础，进一步优化种植业结构，农业产业化经营初见成效。2002 年粮食种植面积比上年减少 2.12 万亩，油料、蔬菜、高原花椒等经济作物的种植面积达到 4.73 万亩；[1] 到 2005 年，种植业结构得到进一步优化，粮食、经济作物、饲料及其他作物的种植面积分别为 68.82 万亩、4.5 万亩、6.34 万亩，粮、经、饲比例由 2000 年的 88.16∶4.26∶7.57 调整为 2005 年 56.39∶6.65∶7.86。[2] 在甘孜州生态农业产业发展规划中，提出到 2010 年在雅砻江、金沙江流域的 17 个县建设青稞产业化生产基地 50 万亩，青稞总产量达到 8 万吨以上。[3]

◎ 生态林业

林业所经营和培育的森林生态系统是一个典型的具有耗散结构功能的系统，它通过森林植物吸收与转化太阳能形成负熵为起点，并以这种负熵在流动过程中不断耗散的方式贯穿于整个林业生产过程，在这一过程中为人类的生存与发展提供各种林产品与环境服务功能。[4] 生态林业的主要功能是涵养水源、保持水土、防风固沙、调节气候、净化空气等，对水利工程蓄水、保水、防止泥沙淤积、延长使用寿命有积极作用，对农牧业高产、稳产也起着屏障作用。香格里拉区域森林覆盖率高，林业资源极其丰富。在进一步做好退耕还林工作的同时，应当加强生态林业建设，并把生态林业建设纳入法制化轨道。要建立健全区域林业发展规划，大力调整区域林业树种结构，把发展林业的经济效益与生态效益有机统一起来；研究制定有利于促进生态林业建设的政策和规章，建立健全林业法规保障体系；坚持依法行政，健全林业执法监管机制，规范林业行政行为，提高执法水平；强化和改进林政管理，坚持凭证采伐、凭证运输、凭证经营加工制度，加强木材行业管理，强化林地林权管理，坚决遏制林地资源的非法流失，全面推进林地林权登记发证工作；加强和改进森林资源的监督、监测和核查，抓好森林防火、病虫害防治和野生动植物资源的保护，坚决打击破坏森林资源的违法犯罪活动。通过一系列有效的措施保护森林资源，为加强林业生态建设提供有力保障。通过改造森林，调整树种结构，提高森林质量，丰富和充实森林资源生态系统及景观的完整性和多样性，构建多树种、多层次、

[1]　《迪庆年鉴·2003》，65 页，昆明：云南美术出版社，2003。
[2]　迪庆州农牧局：《迪庆藏族自治州"十一五"农业发展规划》，2—3 页。
[3]　高天富：《甘孜藏族自治州经济社会发展规划缩写汇编》，442 页。
[4]　利忠：《论生态农业和林业可持续发展的有效途径》，《四川林勘设计》2004 年第 4 期。

复合式、高效益的生态公益林体系，使森林生态系统步入良性循环。

◎　生态畜牧业

香格里拉区域草地资源丰富。单以甘孜州为例，全州天然草地 944.38 万公顷，其中可利用草地 831.87 万公顷，载畜能力超过 1500 万个羊单位。[1] 为了实现区域草地畜牧业的可持续发展，应大力发展生态畜牧业。要对草地资源及其分布规律进行综合调研，对资源价值、生态价值和它的多功能性进行评估，对草地植被保护、恢复和重建提供有效的科技支持，按自然规律和经济规律及国家产业发展政策，进行全面规划，综合整治；要改变现有的粗放式草地经营方式，逐步建立起集约化经营的畜牧业生产体系，包括稳定的饲料供应保障体系、家畜良种繁育体系、家畜饲养与管理体系、草地畜牧业社会化服务体系；要积极推进草地畜牧业产业化发展，大力发展饲草料加工产业，实现饲草料产品产业化和绿色畜产品精细加工产业化；要全面提高农牧民的科技文化素质，建立一批科技试验示范基地；要积极发展人工草地，调整和优化草地资源利用结构；要加速治理已退化、沙化和盐渍化草地，提高牧草地生产力，改善草地生态环境，使畜牧业发展和改善生态环境相协调。

◎　生态工业

由于香格里拉区域生态环境极其脆弱，区域发展工业必须充分重视保护生态环境，把生态环境的保护作为区域工业发展的前提与基础，大力发展生态工业。要重视发挥区域自然资源的优势，优先发展以区域优势能源、矿产资源为基础的矿产工业、水电工业、生物工业等，使之成为区域的支柱产业，通过维护区域资源环境的可持续性，实现工业的可持续发展。对区域重点工程的生态绿化配套附属工程设计和规划应严格把关；对那些不合格的生态绿化配套工程和规划、设计方案，应督促报建单位修改、完善。应把发展循环经济作为编制区域五年规划的重要指导原则，制定相应的法规政策，用循环经济理念指导工业建设项目。在工业企业比较集中的城镇以及现有的经济技术开发区建立生态工业园区，通过废弃物的交换、循环利用、清洁生产等手段，形成一种新型工业组织形态；采取招商引资、贷款、引入民间资本等多元化融资方式，建立循环经济发展基金；通过普及循环经济知识和相关法律知识，增强广大农牧民的生态意识与观念，引导科学生产与消费。

---

[1]《中国民族年鉴·2005》，370 页。

2.3.2. 特色性

　　香格里拉区域要依托区域特色资源，坚持以市场为导向，突出发展特色经济。香格里拉区域的特色资源既包括区域独有的资源，又包括与其他区域相比较优势明显的资源。从独有资源看，受特殊的地理、气候等复杂因素的影响，香格里拉区域形成了诸多其他区域无法替代、仿造与迁移的特色资源。如贯穿区域腹地的"三江并流"、迪庆的香格里拉、怒江大峡谷、甘孜的贡嘎山、昌都寺等旅游景点构成了区域独有的旅游资源；迪庆的细叶莲瓣植物、怒江的裸子植物等构成了区域独有的植物资源；怒江的铅锌和水能、甘孜的银多金属矿等构成了区域独有的能源矿产资源；怒江的癞头参、黄舍、翻白叶，甘孜的贝母等构成了区域独有的医药资源。从优势资源看，香格里拉区域的旅游资源、能源矿产资源、动植物资源和医药资源等都具有优势。比如旅游资源方面，区域境内既有雪山冰川、湖泊草甸等自然景观，也有宗教寺庙、民族文化、歌舞节庆、民族风俗等人文景观，已形成集游览观光、休闲娱乐、疗养度假、探险寻幽、文化考古、科学研究为一体的综合旅游区。又如动植物资源和医药资源方面，香格里拉区域是地球上生物资源多样性最具代表性的地区之一，境内有白马雪山、高黎贡山北端、怒江等国家级自然保护区和哈巴雪山、碧塔海、纳帕海等省级自然保护区，分布着滇金丝猴、雪豹、血雉等大量国家一级、二级、三级保护的动植物资源和虫草、鹿茸、熊胆、麝香等名贵医药资源。香格里拉区域丰富多样的特色资源，为区域发展特色经济提供了良好基础与强有力的支撑。

　　香格里拉区域发展特色经济，必须坚持以市场为导向。一方面，要依托区域特色资源，着力开发有市场需求的特色产品和特色产业。传统的名、特、优产品难以形成规模化生产的原因在于：其一，名优产品的生产大都是家庭作坊的产物，因附属于农业而不能形成专业化生产；其二，它是手工工业而不是现代机器大工业的产物，不能形成批量生产。在现代市场经济条件下，特色产品要转化为经济优势，必须依托规模性的产业开发，即以区域人、财、物的适度集中，对地区的产业结构进行专业化整合，形成独具优势的特色产业。另一方面，以市场需求为导向，着力特色技术的开发。商品的品质，主要取决于它的技术含量。同样的资源、同样的产品，由于技术含量和级别不同，其经济价值和市场竞争力会截然不同。在市场经济条件下，特色经济的优势往往取决于生产特色产品的特色技术。特殊的工艺，特殊的发明，特殊的专利，可以支撑起一个恢弘的产业大厦。因此，用先进的适用技术开发区域特色资源，用先进的工艺生产产品，这既是特色经济发展壮大的必经之路，也是特色经济的主攻方向。

2.3.3. 协调性

产业空间的合理布局以及产业结构的合理分工，是区域产业结构调整的重要方面。香格里拉区域产业结构的优化调整，需要强调协调性，要根据区域发展的条件、现状以及潜力，对各地区进行分类指导，体现层次性，突出重点，注重针对性和有效性。根据香格里拉区域各地区的自然条件、经济社会特点以及不同发展层次，按照生态环境的相似性、经济社会发展水平的类似性以及产业结构调整方向的大体一致性，可将香格里拉区域分成若干个分区，以中心城市为区域经济发展龙头，突出发展各具特色的主导产业和相关产业"簇群"，带动各类地区产业结构调整。当然，区域各地区在考虑产业结构调整方向和具体分工时，通常会把调整的重点分别落实到各自地区内的经济中心——城市上，以充分发挥本地区经济中心的辐射带动作用。但是，中心点的结构调整，仅有经济中心的调整是不够的，而且中心点的结构调整也不是自动地向周围腹地扩散，而是要经过一定的传导机制和有力的引导，才能有效地带动"面"上的发展，从而促进整个地区的共同协调发展。在香格里拉区域产业宏观"点轴"布局的框架确定后，要对区域内部做进一步的区域分类，分别考虑各类地区产业结构调整的思路和规划，以便加以分别指导，以实现区域各层次产业的协调发展。比如，优先加快基础设施和生态环境建设，为区域产业结构调整打下坚实的基础；立足区域优势资源，大力发展特色经济，努力延长资源性产业的产业链，不断缩小与其他地区，特别是中、东部地区在产业结构分工上的差距；加强地区间的有效合作，努力避免与其他区域和地区发生产业结构上的趋同，进一步变资源优势为经济优势等。

2.3.4. 可持续性

香格里拉区域产业结构的优化调整，要坚持可持续性，走区域经济可持续增长的道路。可持续发展的概念，最初于 1980 年出现在世界自然保护联盟起草的《世界自然保护战略》的文件之中。1987 年，联合国通过了世界环境与发展委员会起草的文件《我们共同的未来》，文件明确提出可持续发展是"既能满足当代人的需要，又不对后代人满足需要的能力构成危害的发展"。1992 年 6 月，在巴西里约热内卢召开的联合国环境与发展大会上通过了《里约宣言》和《21

世纪议程》,这标志着世界各国认同把实现可持续发展作为人类共同追求的目标,也标志着将可持续发展思想和理念付诸实施的开始。"由于持续发展性已成为经济政策和规划的目标,所以 1972 年随《增长的极限》一书面世后所引起的争议将告平息。因为与其说在增长与不增长间进行选择,还不如说在这种或那种持续发展方式间进行选择更为贴切了。"[1] 由此,可持续发展思想已经成为影响人类文明和人类进步的基本指导原则。

　　香格里拉区域位于我国多条大江大河的上游,生态环境特别脆弱,资源环境承载力低,极易产生影响区域乃至全国的不可逆转的生态灾难。香格里拉区域只有在生态环境得到保护的基础上,才谈得上区域经济的发展。因此,香格里拉区域经济发展方式的转变,必须在搞好生态环境建设的前提下进行。在产业结构优化调整过程中高度重视生态环境的保护与建设,努力实现经济与资源、人口、环境的协调发展。为此,首先,必须下决心改变目前香格里拉区域存在的不科学的开发模式,禁止对区域资源进行掠夺式的、破坏环境式的开采和使用。有些资源宜作为战略储备资源保护起来,这比急于开采更符合区域可持续发展的要求。其次,要有效治理和限制高污染、高消耗行业的发展,防止只顾眼前经济利益而牺牲生态环境效益的倾向和做法。大力开展节水、节能、降耗活动,提高资源的综合利用率。加大"三废"治理力度,努力减少各种污染物的排放量。最后,积极发展生态环保产业,一方面为香格里拉区域环保事业提供必要的物质技术基础,另一方面也为区域产业发展提供一个新的发展方向和增长点。

2.4. 香格里拉区域产业结构优化调整的基本思路与支撑体系

2.4.1. 香格里拉区域产业结构优化调整的基本思路

◎ 总体思路

对于香格里拉区域而言,未来产业结构优化调整的总体思路应是:

第一,大力加强区域以道路、水利、电网等为核心内容的基础设施建设。

---

[1] [美]布朗:《建设一个持续发展的社会》,291 页,北京:科技文献出版社,1984。

这不仅是区域农牧民脱贫致富的前提，而且是区域产业结构优化调整的基础。区域基础设施建设的加强与完善，可以降低区域内企业参与区外市场竞争的成本，缓解经济发展瓶颈制约，从而为区域产业优化升级打下现代化的坚实基础。

第二，着力改造传统农业。以组织制度创新为突破口，调整农业内部结构，大力推进农业产业化经营；大力推广农牧业新技术，提高农牧产品的科技含量；注意协调与生态环境的关系，重点发展具有市场潜力的特色农牧业和具有高原特色的绿色食品加工业；建立健全农业社会化服务体系，延伸农业产业链，提高农产品附加值。

第三，充分发挥区域资源的比较优势，提高工业的规模与竞争力，实现社会效益、经济效益与生态效益的有机统一。积极开发香格里拉区域蕴藏的丰富而清洁的水能资源；根据环境承载能力和发展潜力，有重点地发展优势矿产业；大力加强现有企业的技术改造和设备更新，扶持创新型高科技企业的发展，努力进行现代企业制度建设，推行科学管理，注重提高企业的质量与效益；以旅游开发为引导，进一步改造和壮大传统民族手工业。

第四，继续把第三产业作为区域未来主要的经济增长点。优化第三产业内部结构，提高服务业科技含量与水平，培育与提高企业的竞争力和积累能力；尤其是那些新兴朝阳产业如旅游业、金融保险、房地产与软件业等现代服务业，更应该作为第三产业发展的重中之重。

◎ *产业发展序列*

要立足该区域的资源环境实情，从政府、企业到居民都要进一步转变观念，把经济增长、保护生态环境提高到战略的高度来对待，以此来规划与调整区域产业的发展序列。

鉴于该区域是一个生态价值高度突显的地区，因而区域产业发展的重点应该是以区域生态环境建设、保护为重点的生态环境资源产业；以区域可再生资源的可持续性为基础的涵盖了农牧业及农畜产品加工以及野生生物资源加工的特色生物资源产业序列；民族手工艺产业；藏药产业；以丰富的民族文化资源为基础的民族文化产业；水能开发及水资源利用产业；以生态环境可持续性为前提的旅游业。不可再生资源产业的开发应遵循适度开发的原则，而高污染、高能耗、高资源消耗的产业则应被限制。在这一产业体系中包括了工业、农业、旅游业以及环境资源产业等。

2.4.2. 建立健全香格里拉区域产业结构优化调整的支撑体系

◎ 以转变思想观念为先导

第一，坚决摒弃制约区域产业结构优化调整的思想观念。长期以来，由于香格里拉区域地处民族边疆地区，地形复杂，信息闭塞，加上劳动者文化教育水平低，因而存在着诸多制约区域产业结构优化调整的思想观念。这主要表现在：以往许多区域干部群众存在着"唯速度论"、"唯 GDP 论"、"唯项目论"、"唯物质生产论"，以及小富即安与"等、靠、要"等思想观念。只注重经济增长数量与总量，忽视经济增长的质量，甚至为了实现经济增长而损害生态环境；很多企业存在重生产轻节约、重经济效益轻环保、只开源不节流的观念，企业经济效益与社会效益、生态效益脱节甚至对立。

第二，牢固树立科学发展观，坚持以人为本，以发展为第一要务，立足区域现实情况，把提高效率、厉行节约、保护环境提高到战略的高度来认识对待。一是区域各级政府与干部群众要牢固树立绿色 GDP、可持续发展与循环经济等发展理念。二是企业要在生产、流通、消费等各个环节切实树立起强烈的节约与环保意识，提高企业员工的效率与环保意识，并始终把这些观念与意识贯穿到企业的实际生产过程中去，把企业的经济效益与社会效益、生态效益有机统一起来。

◎ 以制度创新为保障

第一，继续深化企业改革与制度创新。一是要按照建立现代企业制度的要求，加快对区域国有大型企业的股份制、公司制改革，健全法人治理结构、独立董事和派出监事会制度。建立健全重大决策失误和重大资产损失责任追究制度，规范责任追究程序和办法。二是要采取有力的政策措施进一步放开搞活中小企业。要按照国务院《关于鼓励支持和引导个体私营等非公有制经济发展的若干意见》，为区域内的非公有制企业创造平等竞争的法制环境、政策环境和市场环境；积极鼓励和引导个体、私营经济上规模、上档次，充分调动和吸引社会资本加大投入；要进一步完善对非公有制经济的社会服务体系，积极为非公有制中小企业创业提供公共服务；加快面向非公有制经济的金融产品和服务的创新，拓宽非公有制经济的直接融资渠道，建立健全创业投资机制，规范发展中小企业信用担保体系。

第二，加强区域市场体系建设。一是要进一步发展和完善区域的商品市场和生产要素市场。通过积极发展现代流通组织形式，如集团经营、连锁经营、综合商社等，逐步形成一批规模大、凝聚力强、辐射面广的综合和专业市场；加快建立健全区域生产要素市场，如劳动力市场、土地市场、信息市场等。二要深入整顿和规范市场秩序。进一步打破行业垄断和地区封锁，促进形成统一、开放、竞争、有序的市场体系；加强市场规则和规章制度建设，完善行政执法、行业自律、舆论监督、群众参与相结合的市场监管体系；严厉打击各种商业欺诈行为，打击偷逃骗税等经济犯罪活动，加快区域社会信用体系建设。

第三，切实转变地方政府职能，推进政府制度创新。首先，转变政府职能，建设服务型政府。按照精简、统一、效能的原则，深化行政管理体制和机构改革。只要是市场能办的事，就交由市场去办；能由中介机构办的事，交给中介机构去办；政府只办市场、中介机构办不了的事情。规范政府行为，依法行政，保证政府行政的廉洁高效。再次，要抓紧制定和完善有利于产业结构调整的政策与规章制度。在区域产业结构调整中，政府的重要职能是提供公共产品与服务，其中最重要的是建立健全有利于产业结构调整的规章制度。比如，建立"现代资源产权制度"，以期在资源和环境领域建立一整套包括产权界定、产权配置、产权流转、产权保护的现代产权制度；又如，建立"现代环境产权制度"，通过产权界定制度，做好生态环境的价值评估；通过产权流转制度，使优质环境的受益企业支付相应的转让费用；通过产权保护制度，维护环境投资者的合法权益。此外，政府还应当积极探索和完善区域自然资源有偿使用制度和自然资源开发利益共享机制，充分保障资源地居民的优先受惠权，合理划分资源税在中央与地方之间的分配，实行对民族地区给予更大照顾与更优惠的政策措施。

◎ 以科技进步与创新为动力

第一，形成以企业为主体，产、学、研相结合的区域技术创新体系。支持企业建立研发中心，加大对研发活动的投入，大力开发具有自主知识产权的关键技术，形成自己的核心技术和专业技术，打造知名品牌，增强核心竞争力。鼓励企业与高等院校、科研机构建立各类技术创新联合组织，增强技术创新能力。区域各地方政府负责为企业的技术创新创造良好的法制、财政、税收、金融、教育等外部环境；努力建立与完善区域科技服务体系，培育一批技术推广机构，给中小企业提供技术支持和技术援助；要适应可持续发展要求，采取有效措施组织区域开发和应用清洁生产技术、环保产业化技术、生态农业技术、废物资源化技术，加快培育和发展适应区域实际的高科技产业。

第二，实施激励技术创新的财税金融等优惠政策。包括：企业研发经费抵免税收，如企业的研发经费抵免所得税，加速研发设备折旧；设立支持科技创新的各类专项基金，如研发中心人员培训基金、消化吸收专项基金等；加大区域科技人才队伍建设；支持区域乡村级创新体系的建设与发展；支持研究机构、企业建立和完善研发中心；加强对引进技术的消化吸收和自主创新，等等。

第三，增加科技投入，形成区域政府引导，企业、社会、招商引资等多渠道的经费投入体系。突出企业科技研发投入的主体地位，明确区域各类企业科技活动和研发经费投入的基本标准；引入风险投入机制，加大金融机构和其他渠道投入的力度；提高政府资金投入的比重。

第四，开展多层次、多渠道的科技合作与交流。立足大西南，面向世界，引进高层次技术人才、先进技术、资金、设备等，充分利用区内外、国内外两种资源和市场，多渠道获取科技创新资源，增强各类企业和科研机构技术创新能力和参与市场竞争的能力，使区域更多的科技人员在"学中干、干中学"，在开放与合作中提高学习能力和创新能力；鼓励区内科技人员到东部发达地区或国外科研机构、大专院校或企业接受先进技术的培训。

◎ 以人力资源开发为根本

第一，始终把人力资源开发摆在首位，加大教育的投入。教育是人力资源开发最根本、最有效的途径。要提高香格里拉区域人力资源的总体水平，就必须优先发展教育，把加大基础教育投入，特别是乡村教育投资作为区域人力资源开发战略的首要目标。在香格里拉区域，普及基础教育是人力资源开发的难点，同时也是关键所在，没有基础教育的改善和提高，后续教育（包括中、高等教育）和职业培训投资的效益也会受到制约。

第二，改革人才培养模式，由"应试教育"向素质教育和增收型人才培养模式转变，是香格里拉区域现代化对基础教育提出的要求。教育要坚持为当地经济发展和农牧民脱贫致富服务，兼顾升学的办学方向。重点改革初中办学模式，坚持"升学有基础，就业有技能"的办学宗旨，部分中学可实行全员选修、初三分流等形式的劳动技术教育，开设农村实用技术课。

第三，大力发展职业教育，增强教育与经济之间的关联。一是根据产业开发需要"订单式"培养各级人才。"订单式"培养以企业"订单"为导向，是一种培养目标明确、针对性很强的新型办学模式，比较好地解决了当前职业教育目标定位不明确，理论与实际结合不紧密，实践、实习基地匮乏，学生操作能力弱，就业难度大等一系列矛盾。二是注重挖掘、整理、提升传统工艺知识与技能，改造提升传统产业。香格里拉区域传统产业，如藏药产业、民族手工艺产业等，在新经济形势下能否适应市场、增强实力、发展壮大，关键在于能否不断创新。三是要研究探索基础教育与职业教育早期结合的路子。从区域实际看，普及基础教育只有与职业教育结合起来，才会显示出强大的生命力，也才能真正得到广大农牧民的欢迎和支持。因此，要积极探索职教与普教有机结合的模式——普教职业化、职教专业化的模式，大力发展各种形式的职业教育。

第四，建立健全劳动力市场，促进劳动力的合理配置与流动。一要完善劳动力供求信息搜集和发布制度，建立健全劳动力供求信息网络，加强就业指导；二要加强区域劳动力与外来劳动力的有序流动管理，完善管理机制；三要继续深化企业劳动用工制度改革，扩大劳动合同签订覆盖面，进一步完善劳动合同内容，加强劳动合同管理，推进劳动合同管理规范化；四要积极探索企业工资分配制度改革，逐步形成"市场机制调节、企业自主分配、职工民主参与、政府监督指导"的企业工资分配新格局，有效发挥市场对工资分配的调节作用。

第 3 章

香格里拉区域经济发展方式转变
与区域发展循环经济研究

循环经济模式是资源地经济发展的基本模式，也是区域经济发展方式转变的重要途径。从资源环境状况及经济社会发展水平看，目前香格里拉区域迪庆、怒江、甘孜及昌都四地州经济发展模式属于典型的资源地经济，其发展方向是实现由资源地经济向循环经济的转化。只有这样，才能从根本上缓解和解决香格里拉区域长期以来形成的经济发展、资源开发与环境保护之间的矛盾，从而实现区域经济发展方式由粗放型到集约型的转变，建设区域资源节约型环境友好型社会。

3.1. 香格里拉区域发展循环经济的重要意义

3.1.1. 循环经济的基本内涵

按生态规律利用自然资源和维持环境容量，重新调整经济运行方式，实现经济活动生态化转型的循环经济，是人类社会经济发展历史的一次突破性转变，也是实施可持续发展战略的重要途径和有效方式。循环经济一词是对"物质闭环流动型经济"[1] 的简称，是一种关于社会经济与自然环境协调发展的新理念，也是一种新型的、具体的发展形态和实践模式。它要求按照生态规律组织整个

---

[1] 厉无畏、王振：《转变经济增长方式研究》，219 页，上海：学林出版社，2006。

生产、消费和废物处理过程，将经济发展方式由"资源——产品——消费——废物排放"的开环模式，转化为"资源——产品——消费——再生资源"的闭环模式，其本质是一种生态经济。而传统经济是一种由"资源消耗——产品生产——产品消费——污染排放"所构成的物质单向流动的开放式线性经济。[1] 在这种经济运行方式中，人类通过对资源的粗放型开发和一次性利用，实现经济的数量型增长，这种经济生产中的高消耗、高产量、高废弃现象直接造成了对自然环境的恶性破坏。我们可以从物流模式、生态伦理观等角度出发，考察循环经济模式与传统经济模式的差异（见表3—1）。

表3—1 循环经济模式与传统经济模式的比较

项　目	循环经济模式	传统经济模式
物流模式	循环、闭合	线性、单向
生态伦理	生命中心伦理	人类中心主义
生态阈值	关注多	关注少
投资数量	少	多
污染物的数量	少	多
自然资源的损耗	少	多
经济主体间的关系	竞争协作	恶性竞争
经济效益	多	少
社会效益	大	小
生态效益	大	小

资源来源：单宝：《解读循环经济》，《生产力研究》2005年第3期；李文光：《循环经济与传统经济模式下企业行为选择》，《集团经济研究》2007年第12期。

可见，循环经济是一种以资源的高效利用和循环利用为核心，以"减量化，再利用，资源化"为原则，以低消耗、低排放、高效率为基本特征，符合可持续发展理念的经济增长模式。循环经济本质上要求按照生态规律组织整个生产、消费和废物处理过程，它既能提高经济增长效率，又能较好地保护生态环境，因而是与集约型经济发展方式相适应的。[2]

[1] 曲格平：《发展循环经济是21世纪的大趋势》，《中国城市经济》2002年第1期。
[2] 刘平宇、马骥：《论循环经济发展的必然性》，《生态经济》2002年第4期。

3.1.2. 香格里拉区域发展循环经济的重要意义

在香格里拉区域，切实变革传统粗放式经济增长模式，大力发展循环经济，具有不可忽视的重要意义：

第一，循环经济可以充分提高资源和能源的利用效率，最大程度减少废物排放，保护生态环境。传统经济是由"资源——产品——污染排放"所构成的单向物质流动的经济。在传统经济中，人们以越来越高的强度把自然资源和能源开采出来，在生产加工和消费过程中又把污染和废物大量地排放到环境中去，对资源的利用通常是粗放型和一次性的。循环经济是倡导建立在物质循环利用基础上的经济模式，根据资源输入减量化、延长产品和服务使用寿命、使废物再生资源化三个原则，把经济活动组织成一个"资源——产品——再生资源——再生产品"的循环流动过程，使得整个经济系统从生产到消费的全过程基本上不产生或者少产生废弃物，最大限度地减少废物末端处理[1]。

第二，循环经济可以实现社会、经济和环境的"共赢"发展。传统经济通过把资源持续不断地变成废物来实现经济增长，忽视了经济结构内部各产业之间的有机联系和共生关系，忽视了社会经济系统与自然生态系统间的物质、能量和信息的传递、迁移、循环等规律，形成高开采、高消耗、高排放、低利用"三高一低"的线性经济发展模式，导致许多自然资源的短缺与枯竭，产生大量和严重的环境污染。循环经济则通过资源——产品——资源间的良性循环，实现资源、经济与环境间的协调发展，促进企业经济效益、社会效益与生态效益的有机统一；同时，循环经济还能拉长生产链，推动环保产业和其他新型产业的发展，增加就业机会，促进社会发展。所以，循环经济将经济增长、社会进步和环境保护要求纳入统一的发展模式之中，实现社会、经济与环境的"共赢"发展[2]。

第三，循环经济在不同层面上将生产和消费纳入到一个有机的可持续发展框架中。传统的发展方式将物质生产和消费割裂开来，形成大量生产、大量消费和大量废弃的恶性循环。目前，很多发达国家的循环经济实践已经在三个层面上将生产（包括资源消耗）和消费（包括废物排放）这两个最重要的环节有机地联系起来：一是企业内部的清洁生产和资源循环利用，如美国杜邦化学公司模式；二是共生企业间或产业间的生态工业网络，如著名的丹麦卡伦堡生态

---

[1]　李文光：《循环经济与传统经济模式下企业行为选择》，《集团经济研究》2007 年第 12 期。
[2]　单宝：《解读循环经济》，《生产力研究》2005 年第 3 期。

工业园；三是区域和整个社会的废物回收和再利用体系，如德国的包装物双元回收体系和日本的循环型社会体系[1]。

3.2. 香格里拉区域发展循环经济的优势及制约因素

3.2.1. 有利因素

循环经济模式应当是资源地经济发展的基本模式。[2] 从香格里拉区域环境资源状况及社会经济发展水平看，香格里拉区域发展循环经济，具有诸多有利条件与因素：

1. 香格里拉区域自然环境优越，气候、土壤、地形地貌多样，为发展循环经济提供了良好的自然条件。比如，在农业生产中，可以充分利用多样化的气候、土壤、地形等条件，开展多种经营，实现农、林、牧、渔之间全面协调而良性地发展。

2. 区域自然资源丰富，生物、能源、矿产、旅游等资源不仅储量大，而且种类繁多，为发展循环经济提供了优越的资源条件。以这些资源为基础的产业，许多本身就具有可持续性，还为培育和发展新兴产业提供了坚实的资金与技术支持。

3. 区域居民具有的共同的文化理念——香格里拉文化，为发展循环经济提供了良好的社会文化环境。香格里拉文化是以藏族为代表的各族人民在长期的生产生活中形成的，并与香格里拉区域的自然环境特征具有高度的适应性。强调人与人、人与自然之间的和谐共处，是香格里拉文化的核心理念。在香格里拉文化的影响下，关爱生命、保护生态环境，已成为区域各族人民生产生活中自觉的理念与行为。

3.2.2. 不利因素

香格里拉区域发展循环经济具备上述一些优势条件的同时，也有诸多不利

---

[1] 李一平、魏雪莹：《循环经济：可持续发展的战略选择》，《当代广西》2004 年第 4 期；王兆华、尹建华：《循环经济理论的国际实践及启示》，《改革》2005 年第 3 期。

[2] 王文长等：《西部资源开发与可持续发展研究》，289 页，北京：中央民族大学出版社，2006。

因素，这主要体现在：

◎ 生态脆弱性与生态观念的滞后性

香格里拉区域大多处于高寒的干旱、半干旱的地理环境中，这里的耕地生态系统、草原生态系统、森林生态系统十分脆弱，并处于不稳定的状态中。由于不可持续的经济畸形增长和人口的快速膨胀，使本来就很脆弱的生态系统普遍面临着超负荷承载和环境容量不足的压力，生态环境呈日益恶化的趋势。同时，区域传统农业通常在产业结构中占较大比重，主要依靠简单劳动、传统技术和小片土地、少量资金的结合来扩大生产。技术和资金投放量低，而人口却增长迅速。因人口增长而扩张的需求压力，迫使人们以传统方式占有和利用更多的自然资源。于是，过度放牧、盲目开垦、过度砍伐和水土流失等现象大量发生，导致区域生态环境不断恶化，并形成人口增长、贫困和生态退化之间的恶性循环。尽管很多少数民族农牧民也知道，一旦耕地、森林等自然资源过度消耗或被破坏，自己及后代的粮食及燃料等也会减少，但为了现实的温饱，已无暇顾及未来。即便在一些已经摆脱了生活贫困的民族地区，由于人们有追求较高生活消费的强烈愿望，对推行循环经济也会产生消极甚至抵制的思想与情绪。

◎ 社会历史因素

发展经济学理论和历史经验表明，仍处于前工业社会的国家或地区，很难像工业国家或地区一样实现经济的高速增长，其主要原因是这类国家或地区的人均产值水平太低而引起的经济起步过程的持续滞钝。同时，根据新制度经济学的路径依赖理论，一旦选择了某种路径，就意味着将长期地锁定在这一路径上；即使在路径以外存在其他更有效的路径，因为存在转换成本，要想改变原有路径绝非易事。[1]

香格里拉区域在我国属于西部民族地区，而民族地区经济发展的起点一般较低，在新中国成立初期不仅经济发展落后，社会发展也相当滞后，与沿海地区发展水平相差甚远。发展起点的落后，在很大程度上制约了民族地区经济发展和社会发展的进程。在香格里拉区域，由于传统经济体制滞存、市场经济体制建设进程缓慢，加上人口素质低、观念落后，这在很大程度上制约着区域循环经济的施行与推广。例如甘孜州，千百年来牧民一直沿袭传统落后的生产方式，生态环境保护与建设意识淡薄，往往因追求牲畜数量而造成草场超载过牧，进而导致草地退化与沙漠化；加上区域政府对草地改良建设投入资金极其有限，

---

[1]　郭保熙：《发展经济学经典著作选》，238—239 页，北京：中国经济出版社，1998。

本地畜产品加工水平低，不能形成高附加值的商品，导致畜牧业的发展不能为草场改良与建设提供充足资金和技术，由此形成畜牧业发展与草场生态环境恶化之间的恶性循环；[1] 在甘孜州，城镇环保基础设施至今严重滞后，市政基础设施不配套，全州 18 个县除康定县污水厂和垃圾场在建外，其余各县均无污水处理厂和垃圾处理场，生活污水基本上未经处理就直接排入江河，城市生活垃圾处理率仅为 11.11%[2]。

◎ 经济增长阶段性因素

20 世纪 50 年代以来，香格里拉区域所进行的重工业建设没有充分注意带动当地经济的发展，不同程度地存在着国有大中型企业与地方经济互不关联的"二元经济"现象。现代产业长期以来为东、中部发达地区提供原材料和初级产品，而原材料与民族地区所需工业产品的比价又不合理，致使民族地区在输出原材料和输入工业品时，利润双重流失。由此，香格里拉区域在与东、中部地区的经济交往中形成了典型的粗放式经济发展方式，建立了以资源密集型产业为主的产业结构，区域经济发展缓慢的同时，还引发了生态环境的退化。

分析世界工业化的历史，特别是发达国家的发展进程，可以发现经济发展水平与环境恶化之间存在着一条"倒 U"形的环境库兹涅茨曲线（EKC）[3]。从香格里拉区域的情况看，区域的经济发展与环境保护之间基本符合"倒 U"形的环境库兹涅茨曲线。以甘孜州为例，随着经济增长速度的加快，各类矿山、水能资源、旅游资源等开发逐年增加，工业污染排放的强度也在逐步加大。"十五"期间，全州废石（渣）、尾矿积存量达 220 万吨／年；一些矿山在开采、加工过程中，废水、废气、固体废弃物无序排放，出现废水乱流、弃渣乱堆现象，造成严重的水、大气污染和矿区植被、土地等生态破坏，矿山开采引起的地质灾害时有发生；全州退化草地已占可利用草地面积的 54% 左右，石渠、色达等县草地鼠虫害严重，受灾草地面积达 184 公顷。[4] 香格里拉区域由于生态环境十分脆弱，如果人类行为超过了生态环境承载力的阈值，将难以恢复重建。

总之，香格里拉区域发展循环经济，既有许多有利因素，也有诸多不利因素。我们应高度重视影响香格里拉区域发展循环经济的制约因素，如果生态破

[1] 尧斯丹：《甘孜新跨越：甘孜藏族自治州国民经济和社会发展第十一个五年规划》，133—134 页，成都：四川民族出版社，2007。

[2] 高天富：《甘孜藏族自治州经济社会发展规划缩写汇编》，134、284 页。

[3] 1993 年美国经济学家 Panayotou 借用 1955 年库兹涅茨界定的人均收入与收入不均等之间的倒 U 型曲线，首次将这种环境质量与人均收入间的关系称为环境库兹涅茨曲线（EKC）。它揭示出环境质量开始随着收入增加而退化，收入水平上升到一定程度后随收入增加而改善，即环境质量与收入为倒 U 型关系。

[4] 高天富：《甘孜藏族自治州经济社会发展规划缩写汇编》，283—284 页。

坏得不到有效控制，生态观念得不到根本转变，社会历史因素得不到正确认识，经济发展方式得不到彻底改变，随着区域经济开发强度和规模的加大，生态环境恶化的趋势将进一步加剧，经济社会可持续发展能力将持续削弱，整个国家的生态系统安全也可能受到严重威胁。因此，发展循环经济是香格里拉区域经济可持续发展的必然要求。香格里拉区域在发展循环经济过程中，必须扬长避短，充分利用和发挥有利因素，彻底摒弃不顾生态环境保护，"先污染、后治理"的传统观念，应努力寻求经济社会发展与人口、资源、环境相协调的可持续发展模式与道路。

3.3. 香格里拉区域发展循环经济的基本思路

对于香格里拉区域来说，要把资源地经济转变成为循环经济，就是要从整体上加快节能、节水、资源综合利用、再生资源回收利用等循环经济发展重点领域的规划工作；要严格遵循发展循环经济的"3R 原则"，即"减量化、再利用、再循环"原则，努力探索适合香格里拉区域的循环经济模式，推进香格里拉区域循环经济理论与实践的不断创新。

3.3.1. 企业层面

循环经济作为一种集约型的经济发展方式，其关注的核心是生产领域，而企业是发展循环经济的主要实践者。按照循环经济的思想，循环经济是将经济效益、社会效益与生态效益结合在一起的新型经济发展方式。对于企业来说，就是要将经济效益目标与生态效益目标有机地结合在一起。一方面，要对资源进行科学、合理地开发和利用；另一方面，在生产全过程中加强对污染的控制，降低废弃物的排放，加强对废弃物的回收利用，以实现废弃物的零排放的目标。

在生产经营过程中，不仅要注重新产品的开发和提高产品质量，而且要尽可能地减少原材料、能源的消耗，选用能够回收再利用的材料和设备。同时，生产企业应尽量遵循设计标准和加工标准，使设备或装置中的元器件、零部件容易和方便地升级换代。通过产品的清洁生产，最大限度地减少对不可再生资源的耗竭性开采和利用，同时高效率地应用替代性的可再生资源，以期尽可能地减少进入生产、消费过程的物质流和能源流，对废弃物的产生和排放实行技术性控制。此外，与生产环节相联系的消费者，则要倡导购买具有最大比例的二次资源制成的产品，使得整个生产经营过程尽量实现闭合循环。

近年来，香格里拉区域各地州都认识到了发展循环经济的重要性，提出了"生态立州"、"发展生态经济"等循环经济理念，对区域企业生产经营活动提出了明确的要求。比如迪庆州，明确提出要通过培育和发展适度规模企业，以提高企业技术、管理水平，推动和促进企业进行"清洁生产"。[1] 又如甘孜州，在甘孜州"十一五"规划中，为推进循环经济建设，对全州企业提出了三个方面的要求：一是坚持环境保护优先原则。要求企业，特别是资源型企业必须科学处理资源开发与环境保护之间的关系，实现生态效益、经济效益与社会效益相统一。二是坚持环境影响评价制度。坚持"三同时"[2]原则，提高企业环保准入门槛，禁止投资和建设消耗高、污染重、技术落后、难治理的企业与项目，严格控制新的企业污染源的产生。三是努力提高企业"三废"处理能力。要督促企业加大制度创新与技术创新力度与投入，切实提高企业，特别是中小资源型企业处理废弃物的能力，确保工业废水、废气、废渣排放全部达标。[3]

3.3.2. 产业层面

产业生态学理论认为，当人类社会进入可持续发展的时代时，必须对传统经济发展模式进行革新，以创新的思路，科学的态度，遵循循环经济原理，加快实现传统经济发展模式的转换，建立资源、环境、社会经济协调发展的经济发展模式；同时，在产业结构演进升级过程中，加快对原有工业体系的技术改造。要切实解决好企业的发展与当地资源开发不协调的问题，选择一些基础好、以优势资源为依托的产业，通过技术革新和改造，发展深加工业，将资源优势转化为经济优势，形成资源开发、加工制造、产品销售一条龙的区域主导产业和优势产业群。

按照产业生态学理论，建立产业生态园，是推进循环经济的一种先进方式，这在世界上有许多成功的范例。这种方式模仿自然生态系统，使资源和能源在这个产业系统中循环使用，"上家"的废料成为"下家"的原料和动力，尽可能把各种资源都充分利用起来，做到资源共享，各得其利，共同发展。

---

[1] 迪庆州农牧局：《迪庆藏族自治州"十一五"农业发展规划》，18 页。
[2] 即治理、建设与保护同时并举、并重的原则。
[3] 尧斯丹：《甘孜新跨越：甘孜藏族自治州国民经济和社会发展第十一个五年规划》，15 页，成都：四川民族出版社，2007。

　　香格里拉区域应根据不同地区的生态环境质量和工业体系的特点，选择一批具有代表性的（高物耗、高能耗、高污染）已建成的工业园作为推进循环经济的试点工业园，运用产业生态学原理，对其进行完善改造，重构园区内的物质流、能量流、信息流，实现资源地经济到循环经济的转变。同时，在新建生态产业园区时，应该从规划阶段就引入循环经济的理念和基本原则，在建设中彻底适应循环经济的设计思想，培育真正能发挥循环经济强大功能的生态产业园。具体思路是：一是矿产类资源富集地突出发展生态矿业，以矿业为中心，以矿产资源的勘探、开采、提炼、运输等生产经营环节为纽带，形成矿业"循环经济"；同时，以实现区域经济可持续增长为目标，形成矿业与其相关产业间的"互助循环动力"，即矿产枯竭时，矿业的"循环经济"模式仍能提供一定的发展空间。当矿产资源富集地成功转型时，各经济产业已形成良好的"循环经济"体系，此时，需要将"循环经济"分离出来，作为一个单独的产业，从整体上调控经济发展，使经济体系成为一个良性循环整体。二是将矿业地区以往的矿产资源开发——矿产品——尾矿的线性经济运行模式，转变为资源——产品——再生资源的循环经济模式，使矿业生产链加长成环状，增加矿产品附加值，做到生产和消费"污染排放减量化、废弃物资源化和无害化"。三是实现"资源型"向"效益型"转变。要深入研究选矿技术，提高原矿利用率和尾矿回收率；加大力度解决矿业生产中的污水排放处理问题和采空区的处理问题；联结矿业"采矿——选矿——加工"产业链，提高矿产品的科技含量，利用科技而非产量实现赢利。[1] 四是打造和培育新的优势产业和品牌。矿产类资源富集地经济发展过程中，矿业开采必然会衰落，需要适时扶持和培育新的产业作为重点发展方向，并且按照"循环经济"的要求进行规划建设，通过做强做大，实现资源地经济的良性循环发展。

　　迪庆州香格里拉工业园的设立与建设就是一个有益的探索与尝试。迪庆州香格里拉工业园是经云南省人民政府及迪庆州人民政府先后批准于 2005 年 12 月正式设立的。迪庆州香格里拉工业园规划总面积约为 6 平方公里，园区范围可概括为"一园、两地、四大片区"。"一园"即香格里拉工业园；"两地"，即香格里拉县城和经济开发区；"四大片区"，即（1）松园绿色工业园片区：规划面积 3.8 平方公里，重点发展酒业、商贸、植物油、生物制品、畜牧产品、果脯制品，计划投资 4 亿元，建设投产 25 个项目。该片区是迪庆州的老工业基地，

[1]　王文长等：《西部资源开发与可持续发展研究》，290 页，北京：中央民族大学出版社，2006。

也是整个工业园区的龙头片区，在园区建设中起着重要的示范作用。（2）老虎箐高载能工业片区：规划面积459.58亩，计划投资7.65亿元，重点建设光华冶金项目、昆钢铁合金、沪营铁合金项目、三利铁合金项目等。该片区远离城市、村庄，交通、通讯、能源、矿源条件好，是园区唯一的矿冶片区。（3）五凤山松茸产业片区：规划面积300亩，计划投资9736万元，主要建设松茸与野生菌出口加工产业。（4）旺池卡食品、药品、旅游产品加工片区：规划面积1.5平方公里，计划投资4.25亿元，重点建设藏龙生物、制药、旅游产品加工、城区现有工业搬迁等项目。该片区是迪庆藏药及生物产品等特色轻工业的重要基地。

迪庆州香格里拉工业园的定位是：把园区建设成迪庆州实施新型工业化的样板园区，环境友好型的绿色生态园区，绿色食品、生物制药和高载能产业的加工基地，成为支撑迪庆州经济发展的主要支柱之一。为此，园区规划与建设的原则是：（1）坚持可持续发展的原则：立足当前、着眼长远、远近结合。充分考虑资源与环境的承载能力，科学、合理确定产业项目及用地布局，高度重视生态建设，加强环境保护，实现园区经济与环境协调发展。（2）坚持保护生态环境的原则：以人与自然和谐共处为理念，实行清洁生产，努力发展环境友好型产业。入园项目均需符合区域性环境影响评价要求，严格控制污染，把园区建设成为绿色生态园区。（3）坚持基地设施先行的原则：园区的开发建设要与城市总体规划、土地利用规划相结合，与城市发展趋势相衔接，与土地利用规划相适应，力求工业园建设和城市化互相促进。实事求是，因地制宜，逐步做大做强工业园区，基础设施先行，高起点、高标准搞好配套建设。（4）坚持集约利用与产业聚集的原则：规划要根据产业关联度培植企业群，以特色产业为主，形成产业的群体规模优势。围绕主导产品发展相关产品和服务项目，使资源得到有效利用。同时，各个企业之间关系紧密，形成既有竞争又有协作的关系。（5）坚持多业并举的原则：既要突出工业主体，又要坚持多业并举。在发展工业的同时，进一步推动交通、餐饮、金融保险等服务业的发展，促进货物流通、市场及城市其他行业的兴起和繁荣。使工业园区成为城市的重要组成部分，成为城市发展的新亮点。（6）坚持技术创新和技术进步的原则：积极引进和发展高新技术，建立技术创新和技术进步的新机制，鼓励和引导入园企业开展技术创新和新产品开发，提升技术水平和科技含量，培育一批创新能力强、技术含量高的新技术企业，推动高新技术产业化。（7）坚持政府引导、市场化运作的原则：把政府引导与市场化运作结合起来，通过一些特殊的优惠政策，采取以园招商，以项目招商，以商建园，以商兴园的市场化运作，鼓励民间资本参与园区建设，实现投资多元化。引导园区建设走布局优化、体制创新的新路子。[1]

3.3.3. 社会及政府层面

香格里拉区域在社会层面上推行循环经济，建立协调型循环社会，不仅需要加强循环经济的宣传教育活动，更需要建立长期长效的推进机制。

首先，要大力推广绿色消费意识，引导政府、企业及公众积极参与绿色消费运动。各级政府要发挥表率作用，优先采购经过生态设计或通过环境标志认证的产品，以及经过清洁生产审计或通过 ISO14000 环境管理体系认证的企业的产品，鼓励节约使用和重复利用办公用品。通过政府的绿色采购、消费行为影响企业和社会公众。在社会意识形态领域构建促进循环经济的良好氛围。用新制度经济学的话来说，就是营造适应循环经济发展的非正式制度顺利产生的环境。

其次，建议区域各省区推进循环经济相关的规章制度建设。借鉴发达国家在区域及社会层面发展循环经济的经验，着力推进《循环经济促进法》、《三江并流世界自然遗产地保护条例》《清洁生产促进条例》等法律法规的立法与实施，加快制定适宜香格里拉区域发展循环经济的法规与实施细则。通过法规和规章制度建设，对区域发展循环经济加以必要的规划与推动，做到有章可循、有法可依。从新制度经济学角度看，就是构建发展循环经济的正式制度。同时，必须结合、吸收区域优秀传统道德、伦理、习俗等非正式制度来制定和充实正式制度，否则，不但正式制度得不到有效实施，浪费在制定法规上的成本也将得不到补偿，导致资源配置的帕累托最优无效。

在规章制度建设中，要特别重视区域生态环境补偿机制建设。生态环境补偿，是指对生态环境产生破坏或不良影响的生产者、开发者、经营者应对环境污染、生态破坏进行补偿，对环境资源由于现在的使用而放弃的未来价值进行补偿。生态环境补偿的手段包括：要求生产者、开发者、经营者支付信用基金，缴纳意外收益、生态资源、排污等税费，由政府出面实施环境项目支持、生态保护工程、发展新兴替代产业等。[2] 由于香格里拉区域位于"三江并流"的核心区域，也是我国重要水源的上游流域，因而承担着重大的生态功能责任。为此，需要区域政府通过建立健全生态环境补偿机制，分享下游流域经济发展的成果，

---

[1]　参见迪庆州经济委员会：《迪庆香格里拉工业园可行性研究报告》，2005。
[2]　张干：《对我国西部地区建立生态环境补偿机制的思考》，《生态经济》（学术版）2006 年第 9 期。

以大力发展生态型产业，并实现产业间、区域间的协调、良性发展。

再次，加强政府引导和市场推进的作用。要通过各种宣传、教育手段和途径，启发、引导广大干部群众培育和树立保护环境，发展生态经济的理念与观念；在领导区域经济发展活动中，要继续探索新的循环经济实践模式，积极创建循环经济市、循环经济县、循环经济乡、循环经济村镇和绿色社区；政府职能部门特别是环保部门要认真转变职能，为发展循环经济做好指导和服务工作；要进一步建立健全市场体系，充分发挥市场机制在推进循环经济建设中的积极作用，以经济利益为纽带，使循环经济具体实践中的各个主体形成互补互动、共生共利的良性关系。

在充分发挥市场机制基础作用的前提下，区域政府不仅要重视城镇循环经济建设与发展，还要强力推进乡村循环经济的建设与发展。要建立健全区域森林资源、草地资源、生物资源、耕地资源、水资源、气候变化及生活污染物等监测机制，形成乡村生态环境监测预警体系；要合理使用农药、化肥，防治农用薄膜对耕地的污染；加强城镇污染源的监控，严防环境污染问题向乡村转移；按照生态家园建设的要求，加强农村社区和集中居住点的环境治理和建设，提高农牧民环境保护与清洁生产的意识与能力。例如，在甘孜州"十一五"农业规划中，明确提出要在南部地区积极发展循环农业，主要思路是：以节地、节水、节肥、节种、节能和资源综合循环利用为重点，大力推广应用节约型的耕作、播种、施肥、施药、灌溉与旱作农业、集约生态养殖、沼气综合利用、户用太阳能灶、秸秆综合利用、农机节能等节约技术，推进节约型农业发展；组织实施生物质工程，推广秸秆气化养畜等技术，培育生物质产业。[1]

3.4. 技术创新与香格里拉区域循环经济发展

3.4.1. 技术创新在发展区域循环经济中的必要性与价值

循环经济作为一种新的经济发展模式，是为保护生态环境，实现物质资源的永续利用及人类的可持续发展，按照生态循环体系的客观要求，通过清洁生

---

[1]　甘孜藏族自治州发展和改革委员会：《甘孜藏族自治州南部特色生态农业产业规划》（2006—2010），100页。

产、市场机制、政府调控等方式，促进物质资源在生产与生活中循环利用的一种经济运行形态。香格里拉区域循环经济的建立和实施，需要能源综合利用技术、清洁生产技术、废物回收和再循环技术、资源重复利用和替代技术、污染治理技术以及预防污染的工艺技术等技术支持，这些技术是构筑循环经济的物质基础，是建设循环经济的技术依托。发展区域循环经济，必须大力倡导技术创新。[1]

◎ 技术创新能够扩展和提高资源要素的数量与质量

在区域经济发展中，资本、劳动力、土地、矿产等资源要素有限而稀缺，在传统技术条件下的粗放型开发与利用，是无法实现资源的节约与循环利用的。通过技术创新，可以打破人们的传统观念，扩展资源要素的范围，促进资源要素的宽度开发和深度利用。在劳动创造价值、土地形成收入、储蓄变为投资的资源要素开发与利用过程中，体现在其中的技术存量释放出巨大潜能。通过技术创新，能提高劳动、土地和资本等资源要素的质量，优化资源要素的组合与结构，使一个固定数量的资源要素能生产出更多的收益，或者使一个既定数量的产出只需要投入更少的资源要素。

◎ 技术创新能够促进区域传统产业的循环改造和高新技术产业的发展

香格里拉区域的产业结构，从总体上说仍以传统产业为主，具有广阔市场前景，对资源依赖度低、环境污染小的高新技术产业规模小、比重低，缺乏对经济增长的整体带动作用。区域技术水平与创新能力较弱，不仅限制着对传统产业的循环改造和提升，而且还影响甚至于制约着环保节能技术在企业中的应用和推广。所以，通过推进科技进步，大力发展高新技术，对传统产业进行循环改造，是促进区域原料和能源循环利用，降低消耗和污染，实现经济产出与环境保护的双重效益的重要途径。

◎ 技术创新能够促进资源的循环利用

资源包括不可再生资源和可再生资源。不可再生资源不能回收使用，这就要求采用高新清洁生产技术提高资源利用率，降低不可再生的原材料及能源消耗率。更重要的是，要靠科技创新开发新能源和新原材料等新的替代品。对于可再生资源，要靠科技创新使之能循环利用，并且要通过科学技术降低生产过程中污染物的排放。

---

[1] 苏建设、顾巍：《循环经济与技术创新的关系探讨》，《经济师》2006 年第 8 期；张小兰：《对技术创新与循环经济关系的分析》，《科学管理研究》2005 年第 2 期。

◎ 技术创新能够有效降低或避免环境污染，更好地保护生态环境

通过技术创新，可以在经济活动中使用环保材料、绿色要素以替代高污染材料；通过发明新的生产设备、改进生产工艺流程、强化产品检验与包装等方法，可以有效降低或防止环境污染。

3.4.2. 发展循环经济中技术创新的重点与难点

在发展循环经济过程中，技术创新的内容与途径丰富复杂。从内容看，循环经济要求把经济活动组织成一个"资源——产品——再生资源"的反馈式流程，所有的物质和能源在这个不断进行的经济循环中得到合理和持久的利用，尽可能地减少原材料的消耗和废弃物的排放，从而使经济活动对自然环境的影响降低到尽可能小的程度，实现经济运行少投入、高产出、低污染的良性循环。[1]这既要求在经济活动的各个方面和领域进行技术创新，也要求在经济活动中的每个环节进行技术创新。从途径看，科技创新既包括科技发明与创造，也包括先进科学技术引进后的改造、消化与提升。

为促进香格里拉区域循环经济的构建与发展，应从区域自然环境、资源条件、历史文化、经济发展水平等因素出发，有选择、有重点地进行技术创新。具体地说，当前香格里拉区域发展循环经济应重点加强以下几个方面的技术创新：

◎ 农业循环经济技术的开发

农村环境和农村能源问题是区域可持续发展的重要基础。通过开发家庭沼气技术，既可以解决农民的能源问题，又可以消除农村人畜粪便污染环境的问题，能够极大地改善农村卫生状况。在建设社会主义新农村过程中，应该结合新型小城镇建设，加强农业种植业、养殖业、加工业之间的资源循环利用技术体系的研究与开发。

◎ 企业技术链条纵向延伸的技术创新与开发

主要包括：（1）废旧产品与废弃物回收与循环利用、再生利用与无害化技术的开发。例如，电子与家用电器类产品是当前固体废弃物的重要来源，对使用过的废旧电子与家用电器类产品进行综合回收与循环利用，是循环经济的重要领域之一。（2）物质生产过程中的废弃物再利用技术的开发。对于大型矿产企业来说，每年要消耗大量原材料，产生大量生产废弃物，如果通过技术创新

---

[1]　顾丽、彭福扬：《面向循环经济的企业技术创新研究》，《科学学与科学技术管理》2005 年第 2 期。

对这些废弃物进行循环再生利用，可以为企业带来巨大的经济效益。（3）实现资源效率最大化的技术开发。建立资源节约环境友好型社会的核心，是提高资源利用效率。香格里拉区域资源丰富，但开发和使用效率低下。加强区域节能降耗、节水节电等技术的开发与普及，潜力与价值巨大。

◎　企业技术的横向扩展开发

主要包括：（1）产品共生体系技术的开发。通过打破传统工业技术门类的分割，在一个以大型综合企业集团为主体的工业园区内，形成技术共生互补，多家企业通过副产品和废弃物相互联系的循环经济联合体，实现多种产品联产共生，做到园区内的废弃物零排放，是循环经济技术开发的重要领域。（2）生态设计技术开发。产品生态设计是指将环境因素纳入设计之中，从原材料选择、产品结构、使用成本、使用寿命、报废后回收和再利用等所有环节都以环境友好为出发点而进行设计的理念与方法体系。从降低环境负荷的角度看，生态设计可减少30%—50%的环境负荷，是从源头预防污染产生的捷径。[1]

◎　物质循环减量化技术开发

减量化技术是指在满足需要的前提下使消耗最小化的技术。这需要根据市场对产品功能的需求来设计和制造产品，通过有效的科学管理，消除不必要的消耗。例如，我国氮肥产量和消费量居世界第一，但是有效利用率仅为30%—35%；磷肥产量居世界第二，消费量为世界第一，而其利用率仅为10%—20%。所有这一切都是化肥产品本身的不足和使用方法不当造成的。资料显示，发达国家通过科学施肥和改进化肥产品性能，养分平均利用率可达60%。若我国化肥利用率提高10%，以全国年产4000万吨纯化肥计算，相当于节约了400万吨化肥，约合280亿元。[2]

◎　资源循环利用技术

在区域经济活动中，许多资源是可以循环利用的。如农业生产中，耕地、草场、林木、药材等资源，在科学技术指导下可以实现无限循环利用。又如工业生产中，从重要无机元素，如碳、硫、氯、铬等的工业代谢分析入手，研究资源循环利用，既可节约资源消耗，又可以减少污染。

同时，上述技术创新不是分割、孤立的，而应相互联系，形成一个有机整体来为区域循环经济服务。发展循环经济必须研究如何用可再生的能源如生物质能、太阳能、风能、潮汐能等替代传统的化石能源，实现清洁能源的替代；

[1]　刘继莉：《浅析循环经济的技术支撑体系研究》，《中国科技信息》2008年第20期。
[2]　周中林：《农业龙头企业循环经济技术创新新目标探析》，《农业现代化研究》2007年第2期。

研究如何通过产品和工艺的创新，减少原材料投入，提高资源利用率，生产绿色产品，改善生态环境；研究如何减少废弃物的排放以及对废弃资源的再生利用；研究如何对循环经济系统进行优化，以使在充分利用资源、优化利用资源和保护环境的前提下，实现效率和利润的最大化。只有这些具体的循环经济技术取得整体性的突破，区域循环经济才能真正有效地建立。

3.4.3. 构建区域循环经济发展的技术创新支撑体系

通过技术创新促进香格里拉区域循环经济的建立与发展，是一项复杂的系统工程，涉及政府、企业、科研机构等主体。不同的主体应当各司其职，相互协调，充分发挥各自的职能作用，共同构建促进区域循环经济技术创新的支撑体系。

◎ 区域政府

在构建区域循环经济技术创新支撑体系的过程中，政府应当主要起到组织者的作用，负责制定循环经济科技发展的总体规划以及各种相关的法规体系、政策体系和市场机制等，建立起整个技术创新支撑体系的"骨架"。主要职能是：[1]（1）制定循环经济科技发展规划。科学的发展规划，有利于区域整体科技实力的提高，有利于关键技术的突破攻关，因而是构建区域循环经济技术创新支撑体系的重要先决条件。政府应制定专门的科学技术发展规划，重点组织开发资源节约和替代技术、延长产业链和相关产业链接技术、废弃物重新利用处理技术等先进技术，建立循环经济的绿色技术支撑体系。同时，要把循环经济的科学技术创新纳入到区域经济社会总体发展规划中，使科学技术的发展更好地满足经济社会发展的需要，特别是循环经济发展的需要。（2）完善循环经济的科技政策体系。要加大政府对于科技创新的投入力度，在科技经费、环保专项资金方面加大对循环经济科技攻关项目的支持力度，突破循环经济科技创新活动的资金约束；研究制定符合各地实际情况的、切实可行的科技扶持政策，鼓励和引导企业走上自主创新、依靠科技进步求发展的轨道；要对循环经济科技创新成果、创新型人才，以及推广技术成效显著的企业和示范项目给予一定的奖励，以激励科技人员努力研究开发绿色技术，激励企业积极推广绿色技术的积极性。（3）建立循环经济科技市场机制。健全和完善市场机制，能够使科学技术作为一种资源得到更优的配置，从而加快科学技术向生产力的转化过程。要确立自然资源和环境资源产权制度，通过市场价格体现自然资源和环境资源的稀缺程

---

[1]　张玲：《地方政府在企业技术创新中的角色与地位》，《理论界》2006年第5期。

度；推进生态环境的有偿使用制度，坚持"污染者付费、利用者补偿、开发者保护、破坏者恢复"的原则，使生产者、消费者共同承担起产品生产和使用过程中所带来的环境责任。

◎ 企业

企业既是技术创新的主要力量，也是新技术最大的直接受益者，这就决定了企业在构建循环经济技术创新支撑体系中的主体地位。企业应积极围绕循环经济的"3R 原则"，构建技术创新平台，实现企业的可持续发展。主要职能是：[1]（1）营造有利于循环经济发展的企业创新文化氛围。要将循环经济科学理念贯穿于生产、管理工作的始终，培养员工循环经济和资源综合利用的理念，增强员工的科学意识和社会责任意识，通过企业文化的熏陶，使节约资源、节约能源、减少废物排放、保护环境成为每一个员工的行为准则和自觉行动。（2）重视科技人才，鼓励员工科技创新。科技人才是企业发展循环经济、实现技术创新的主导和决定性因素。企业应重视科技人才的培养，完善科技人才培养机制，积极培育循环经济发展所需要的专门人才；采取有效的激励措施，鼓励员工进行技术改造和创新，最大程度激发员工的创新积极性。（3）开展企业之间的技术创新合作。单个企业的技术力量往往比较薄弱，其技术创新活动往往受到规模、风险、资金和人才等因素的限制，在某些关键技术上往往不能实现有效突破。但是如果企业之间能够就循环经济的技术创新活动进行合作，则无疑可以打破这些制约。同时，开展技术创新合作也是发展循环经济的必然要求：每个企业都处在社会生产这一大的循环经济系统当中，它们之间是一种相互连接、互为所用的共存关系。每一个企业都应根据自身的资本、人才、科技、产品等特点构建自己的技术创新平台，并与其他企业的技术创新平台进行合作，共同面向循环经济进行技术创新活动。（4）优化生产流程，推行清洁生产方式。企业在生产过程中的环节越多、越复杂，就越容易浪费资源或者造成污染，从而不利于循环经济的发展。推行清洁生产方式，将对企业的生产技术水平提出更高的要求，有利于推动企业加快技术革新、提高产品竞争力。

◎ 社会公众

社会公众主要包括高校科研机构（包括专业技术学校和科技协会）、媒体、服务中介体系等在内的社会力量，分布的范围较为广泛。作为政府和企业的重要补充，社会公众在推进循环经济技术创新的过程中也起着非常重要的作用，

---

[1]　张华：《面向循环经济的企业技术战略与技术创新转型》，《生态经济》（学术版）2007，（9）。

是构建循环经济技术支撑体系的重要推动力。主要体现在：（1）高校科研院所作为我国培养人才最主要的部门，首先承担着培养专门技术人才的重任，同时也是重要的科研力量，可以根据实际生产的需要，集中力量研究和开发循环经济的共性和关键性技术，如矿产、能源的综合利用技术、清洁生产技术、废物回收和资源化利用技术、延伸产业链和相关产业连接技术等，促进区域产业结构的优化升级。在某些领域具有较高专业科研水平的高校等科研单位，还可以直接同对口企业开展合作，构建一种产、学、研密切结合的循环经济科技创新体系，既能满足企业对于先进科学技术的需要，也能够加快科技成果向现实生产力的转化。（2）媒体包括报纸、电视、广播、网络等新兴传播媒体。报纸、电视等新闻媒体对循环经济的大力宣传，可以让普通民众对循环经济有更进一步的了解，使循环经济理念深入人心；对先进典型、示范工程的宣传，也可以在循环经济的发展中起到辐射、带动、指导和借鉴的作用，有利于成功技术的推广和应用。专业的循环经济网站，可以及时向社会发布有关循环经济技术、管理和政策方面的信息，能够为企业和企业之间、企业和高校等科研机构之间架起有效的技术交流平台，使科学技术成果可以像普通商品一样，通过"循环经济购物网站"的形式实现供需双方之间的买卖交换。（3）服务中介体系是循环经济技术创新的基础设施，包括循环经济技术创新的各类中介机构，主要有循环经济的技术评估机构、循环经济金融服务机构、循环经济公共信息平台、循环经济技术交易市场、循环经济会计事务所、循环经济法律咨询机构等。积极发展循环经济中介组织，充分发挥中介组织的服务功能，对于构建循环经济技术支撑体系具有不可忽视的重要作用。[1]

[1]　欧庭高：《社会行为与技术创新社会生成》，《社会科学家》2004 年第 6 期。

第4章

香格里拉区域经济发展方式转变与生态旅游业发展研究

　　旅游业是当今发展最快的产业之一，也是区域经济的新增长点。因而，各级政府和旅游规划者都把"生态旅游"作为一种可持续发展的旅游模式。只有从战略高度上认识旅游地的生态问题，运用生态学的思想和可持续发展的理论来规划和开发旅游地，做到旅游区的生态效益、社会效益和经济效益相结合，才可能使旅游业真正成为"无污染产业"，成为区域产业链中至关重要的一个环节。生态旅游是一种能够保证生态环境的可持续利用与发展，有效提高旅游企业发展能力和居民福利水平，并使其承担相应责任及义务的旅游方式，是一种共赢、共享、可持续的旅游发展模式[1]。

4.1. 生态旅游与循环经济

4.1.1. 生态旅游的内涵

　　"生态旅游"是基于对生态环境保护和资源可持续利用而提出的新概念，20世纪80年代初由国际自然保护联盟首先提出，并立即得到许多国家和组织的积极响应，现已成为世界旅游发展的一大趋势。但迄今为止，对生态旅游尚

---

[1]　谢彦君:《对生态旅游的本质探讨》,《北京林业大学学报》(社会科学版) 2005 年第 3 期。

无明确的概念界定。[1]我国大多数学者认为：生态旅游是以自然风光和具有地方色彩的风土民情为主要吸引物，通过增加当地群众的经济效益积极促进自然资源和当地文化完整性，以及通过增强旅游者对自然和文化资源的保护意识来促进整个旅游业更加可持续发展的一种旅游形式。它是以生态思想为指导，集环境教育、文化知识和管理于一体的可实现持续发展的旅游体系。生态旅游不仅要满足旅游者回归自然的要求，更应该使旅游者在旅游中获得环保知识，提高环保意识；不仅促进旅游地经济发展，同时更能使旅游地获得生态效益。所以说，生态旅游是一种有益于自然环境保护的高级旅游，是立足于自然环境，实现生态效益、社会效益和经济效益相统一的旅游体系。[2]

根据生态旅游的概念，生态旅游的目标应主要包括：维护旅游资源利用可持续性；保护旅游目的地的生物多样性和文化多样性；给旅游地生态环境的保护提供资金；增加旅游地居民的经济收益；增强旅游地社区居民的生态环境保护意识。为了更好地实现这一目标，生态旅游应该鼓励当地居民积极参与，以促进地方经济的发展，提高当地居民的生活质量，唯有经济发展之后才能真正切实地重视和保护自然；同时，生态旅游还应该强调对旅游者的环境教育，生态旅游的经营者也更应该重视和保护自然。

4.1.2. 生态旅游与循环经济的内在联系

通过分析生态旅游的内涵与特征，可以发现，生态旅游与循环经济理念在本质、内容上有着内在互动式联系，有利于经济活动的生态化。[3]

第一，两者都以可持续发展为核心理论。循环经济作为一种全新的经济发展模式，强调自然资源的低投入、高利用、低排放，能有效地解决可持续发展的两大障碍——环境污染和资源短缺，是实施可持续发展战略的重要途径和实现方式。而生态旅游则是一种以可持续发展为目标，并将持续发展理论充分体现于旅游业各个层面的一种全新的旅游发展模式，已经在某种程度上实现着循环经济。

第二，两者都以生态经济为实质内容。循环经济实质是一种生态经济，它要求遵循生态学规律，合理利用自然资源，充分考虑环境的承载能力，在物质

[1]　周笑源：《生态旅游内涵再论——兼与郭舒先生商榷》，《旅游学刊》2003 年第 1 期；刘辛田：《辨析生态旅游内涵》，《长春师范学院学报》2006 年第 6 期。
[2]　吴楚材、吴章文等：《生态旅游概念的研究》，《旅游学刊》2007 年第 1 期。
[3]　朱东国、阎友兵等：《略论循环经济理论与生态旅游》，《长沙铁道学院学报》（社会科学版）2005 年第 3 期；翟丽：《循环经济理论与生态旅游的发展》，《山西建筑》2007 年第 16 期。

不断循环利用的基础上发展经济，将经济系统纳入自然生态系统的物质循环过程中，实现经济活动的生态化。旅游业率先触及了循环经济的实质——经济活动的生态化。而生态旅游则体现为旅游业发展的一个崭新阶段，实质是实现旅游业发展的真正生态化。

第三，生态旅游对循环经济的发展起到了联动机制的作用。主要因为生态旅游实现了社会、经济、环境三大效应，这正是发展循环经济的最终目标。生态旅游的社会效应主要体现在：增加社会就业机会，发挥生态旅游扶贫功能，推动社会进步和保持社会稳定，改善旅游地社区居民生活质量，提高游客队伍的素质等方面；生态旅游的经济效应主要体现在：与其他形式的旅游相比，生态旅游具有更高的创汇能力，具有更好的引资环境和更强的融资、盈利的能力，能促进旅游产业结构的优化和升级；生态旅游对环境的正面效应主要体现在：能培养人们的环境保护意识，使旅游者的生态知识得到了丰富，欣赏自然的能力得到了提高，充分体验到生态旅游的愉悦，有助于协调社会发展与保护环境之间的矛盾，是保护环境和发展经济的最佳结合。

4.1.3. 香格里拉区域发展生态旅游业的意义

从香格里拉区域的资源、环境、经济等实际出发，大力发展生态旅游业，有利于区域经济发展方式的转变。

第一，适应世界旅游业的发展趋势。在世界范围内，生态旅游正处于高速成长阶段，发展势头强劲。据估计，生态旅游的年均增长率为20%—25%，远高于世界旅游业的平均增长速度。[1] 香格里拉区域的资源特色和环境特点具备发展生态旅游的优势。大力发展生态旅游，适应了世界旅游业发展的趋势，可使区域旅游业与国际市场接轨，快速发展成为世界级的旅游目的地。

第二，贯彻科学发展观，构建和谐社会的需要。香格里拉区域地处长江、怒江、澜沧江等大江大河的上游，在维护西部和全国生态安全中处于举足轻重的地位。同时，区域又是民族贫困地区，相当多的人口仍处于贫困状态，亟需发展地方经济。发展生态旅游业，既能促使区域优势资源向资本的转化，促进地区经济结构调整，形成新的支柱产业；又可直接增加当地群众经济收益，提供更多就业机会，快速帮助人民脱贫致富；更可减轻经济发展对自然环境的压力，克服生态脆弱的劣势，实现产业与环境互利双赢。因此，发展生态旅游业是区

---

[1]　梁慧：《国际生态旅游发展趋势展望》，《当代经济》2007年第1期。

域贯彻落实科学发展观，构建和谐社会的需要和正确抉择。

第三，有利于实现旅游兴区、旅游扶贫和建设"中国香格里拉生态旅游区"的战略目标。生态旅游业是以生态环境为基础的资源节约型和可持续发展产业。其产业导向符合区域正在建设的"中国香格里拉生态旅游区"战略目标。生态旅游业特色突出，产业关联带动效应强。不仅能吸引人流、资金流、物流和信息流向区域流动，带动相关产业发展，繁荣区域经济，促进人民生活的提高和人们观念的转变，而且由于生态旅游业与生态环境保护之间相互依存的关系，将有效地促进区域自然生态环境与民族文化的保护，给长江、怒江、澜沧江上游生态屏障的建设、香格里拉优秀文化的传承提供可靠保障与强力支撑。

4.2. 香格里拉区域旅游业发展现状与存在的问题

4.2.1. 旅游业发展现状

"九五"和"十五"以来，在区域各地州政府的领导下，香格里拉区域旅游业实现了超常规、跳跃式发展，完成了从"接待事业型"到"一般产业型"，再到培育"支柱产业型"的转变升级，旅游业逐渐成为区域的支柱产业。

◎ 旅游业在区域经济发展中的地位不断提高

迪庆州的旅游业发展迅速，形势喜人。旅游收入从 2001 年的 6.7 亿元增加到 2005 年的 20.08 亿元，增加了近 3 倍，年均增长 24.55%；2005 年，迪庆州以旅游业为龙头的第三产业增加值达到 11.93 亿元，对 GDP 增量的贡献率为 27.42%，产业结构由原来的"一、三、二"型转变为"三、二、一"型，实现了产业结构的优化升级；旅游业提供税收由 2000 年的 0.02 亿元增加到 2005 年的 0.4 亿元（见表 4—1），占当年全州财政收入的比重由 3% 增加到 34%，提高了 31 个百分点。[1] 甘孜州 2005 年旅游业总收入为 15.7 亿元，占第三产业比重的 70.3%[2]；2001—2005 年五年间，全州累计旅游总收入达 39.98 亿元，年均以 89.44% 的速度递增，GDP 的比重由 2000 年的 2.6% 提高到 2005 年的 31.34%；

[1]　迪庆州旅游局：《云南迪庆州旅游产业发展情况介绍》（2006 年），2—3 页。
[2]　《中国民族年鉴 •2006》，438—439 页。

另据旅游产业监测测算，2005 年甘孜州旅游产业实现增加值 7.29 亿元，旅游业及带动的相关行业实现增加值 21.86 亿元，旅游业及带动的相关行业实现增加值占 GDP 的比重达 43.66%。[1]怒江州 2005 年旅游业总收入为 4.18 亿元，占第三产业产值比重的 37.1%，"十五"期间旅游经济总收入年均增长 22%[2]；昌都地区 2005 年旅游业实现总收入 1.22 亿元，占第三产业产值比重的 8.9%[3]。可见，到"十五"期末，旅游业在香格里拉区域经济社会发展中的带动作用显著增强，地位显著提高（见表 4—2）。

表 4—1　2001—2005 年迪庆州旅游业发展情况

年　份	旅游人数（万人次）			旅游收入		
	总人数	国内游客	海外游客	总收入（万元）	国内旅游收入（万元）	外汇收入（万美元）
2001	124.0	115.6	8.4	88355	61723	3204
2002	150.0	139.7	10.3	111334	76146	4224
2003	129.7	120.9	8.8	10230	652	3651
2004	194.7	178.4	16.3	133313	77510	6699
2005	264.4	243.7	20.7	200804	122484	9402.2

资源来源：《迪庆藏族自治州统计年鉴·2001》；《迪庆藏族自治州统计年鉴·2002》；《迪庆藏族自治州统计年鉴·2003》；《迪庆藏族自治州统计年鉴·2004》；《迪庆藏族自治州统计年鉴·2005》。

表 4—2　2005 年香格里拉区域四地州旅游业发展情况（单位：万人次、亿元、%）

地　州	国内外游客数	旅游业总收入	占第三产业产值比重
迪庆	264.4	20.08	71.8
怒江	77.4	4.18	37.1
甘孜	231.2	1.37	70.3
昌都	14.3	1.22	8.9

资料来源：《迪庆藏族自治州统计年鉴·2005》；《中国民族年鉴·2006》；《西藏统计年鉴·2006》；《西藏年鉴·2006》。71.8% 为迪庆州旅游业总收入占全州总产值的比重。

[1] 郭昌平：《甘孜州旅游进入快车道》，《四川日报》2004 年 4 月 4 日。
[2] 《中国民族年鉴·2006》，469 页；《云南统计年鉴·2006》，46 页。
[3] 《西藏年鉴·2006》，191 页；《西藏统计年鉴·2006》，31 页。

◎ 旅游业的快速发展拉动了资金投入

据不完全统计，自 1995 年以来，迪庆州旅游业总投资累计已达到 17.4 亿元，其中国债资金投入 1.6 亿元，省级旅游专项资金投入 0.8 亿元，带动社会资金投入 15 亿元[1]；"十五"期间先后投入旅游城镇、旅游交通和景区等基础设施建设资金 120 多亿元[2]。甘孜州"十五"期间累计投资 5 亿元，用于旅游基础设施和旅游景区的重点建设。[3] 可见，区域政府旅游业投资的资金带动效应日益显现，对经济的拉动作用不断增强。

◎ 旅游业的快速发展扩大了社会就业

区域旅游业的发展拓宽了就业渠道，已成为农民增收的重要途径，有效地缓解了社会就业压力。2005 年，迪庆州 29 家藏民家访年接待游客 20 余万人次，总收入达 1200 多万元；全州旅游业共带动社会间接就业 8.24 万人，旅游业直接和间接就业人员为 9.84 万人，已占全州劳动就业总人数的 50%；2005 年末，从事旅游产业的农民工从业人员有 1.36 万人，年总收入 3823 万元，每人年平均收入达 2800 元。[4]2005 年，怒江州旅游从业人员达 4000 多人次[5]。2007 年，昌都地区参与旅游服务的农牧民户数达到 360 户，参与农村旅游人数达 909 人，实现农村旅游总收入 298.79 万元，农牧民参与农村旅游户均收入 8300 元，农牧民参与农村旅游人均收入 3287 元。[6] 旅游业已成为香格里拉区域吸纳社会就业人员、增加社会各阶层收入的重要行业。

◎ 旅游产业初具规模

截至 2005 年底，迪庆州共拥有各类旅游宾馆饭店 386 家，其中星级宾馆 65 家；旅游定点藏民家访 29 家，定点购物 15 家，旅行社 23 家，旅游车公司 4 家，具备开发条件的旅游区（点）52 个，其中已对外开放投入接待经营的景区（点）20 个[7]；州内旅游消费市场上的本地产品已超过 1/3[8]。截至 2005 年底，甘孜州有宾馆、饭店、招待所 42 家，从业人员 1499 人，其中星级饭店 6 家，客房 594 间，拥有旅行社 7 家，专职导游人员 185 人；藏医药产品、绿色食品、吉祥工艺品等特色旅游产品的开发较好；娱乐行业方面，现有歌舞厅、卡拉 OK 厅、网吧、

[1] 迪庆州旅游局：《迪庆藏族自治州旅游产业发展规划（2006—2010 年）》，6 页。
[2] 迪庆州旅游局：《云南迪庆州旅游产业发展情况介绍》（2006 年），8 页。
[3] 四川省康藏研究中心、四川旅游规划设计研究院：《甘孜藏族自治州生态旅游产业发展规划》（2005 年），23 页。
[4] 迪庆州旅游局：《云南迪庆州旅游产业发展情况介绍》（2006 年），3 页。
[5] 墨娜：《怒江州旅游业发展态势良好》，《怒江日报》2006 年 11 月 23 日。
[6] 常川：《昌都地区 2007 年旅游业发展纪实》，《西藏日报》2008 年 2 月 28 日。
[7] 阿哇：《香格里拉旅游带动战略在迪庆见成效——对迪庆旅游业的思考》，2005 年 12 月 25 日。
[8] 迪庆州旅游局：《云南迪庆州旅游产业发展情况介绍》（2006 年），9 页。

文化茶园、电子游艺厅等 300 余家，农家乐 43 家；各县及各大宾馆都拥有半专业的演出队。[1] "十五"期间，怒江州旅游住宿接待床位已近 5000 个，旅游接待宾馆 23 个，其中星级酒店 11 个，已形成年接待 160 万人次的规模；有 5 家国内旅行社。[2] 旅游业的快速发展，有效地带动了区域餐饮、住宿、娱乐等相关产业的快速发展，旅游产业已初具规模。

4.2.2. 旅游业发展中存在的主要问题 [3]

◎ 基础设施与服务设施建设滞后仍是制约旅游业发展的瓶颈

区域旅游线路基本依靠普通公路，目前已开通迪庆香格里拉、甘孜康定与昌都邦达三个航空港，区内没有高速路，还有许多地方不通公路或公路等级太低难以畅通，旅游时间成本甚高；不少旅游景区公路为断头路或季节路，不能构成旅游环线；且常因滑坡、泥石流、地震等自然灾害造成道路阻塞中断。旅游区内通讯覆盖率低，信号盲点较多；旅游城镇建筑缺乏特色，基础设施与服务设施整体滞后。这些不利因素都会造成游客出行难、回程难，从而影响游客的旅游兴致与体验，对香格里拉区域旅游业的健康发展产生负面效应。

◎ 旅游资源的整合性差，产品趋同性显著

区域内多数旅游资源的开发还停留在初级化水平，缺乏科学评估与深度发掘；各地州旅游开发中各自为政的情况较突出，缺乏整合旅游资源、合力打造品牌的理念，难以同周边旅游资源形成互补与整合关系。以往推出的旅游产品多有雷同，缺乏独特性和多样性，且开发层次较低，缺少精品，尤其是品牌产品的开发与打造方面深度不够。例如，迪庆州实施的独克宗古城、松赞林寺、旅游东环线、梅里雪山、萨马阁五大精品工程建设，在规划理念、功能布局、资源整合、环境保护等方面仍存在不足，影响了开发效果和旅游产品的全面提升。

◎ 旅游市场促销力度不够

一方面，尽管区域内各地州近年在市场营销方面作了很大努力，也取得了显著成效。但受地方财力不足、市场促销经费投入较少、旅游产品营销手段较为单一等限制，造成宣传促销活动方面总体上仍较滞后，尤其是针对潜力巨大的海外市场促销方面尚缺乏力度。另一方面，不少旅游区的旅游产品未能够进

---

[1] 四川省康藏研究中心、四川旅游规划设计研究院：《甘孜藏族自治州生态旅游产业发展规划》（2005 年），22 页。
[2] 侯新华：《开发怒江旅游打造世界品牌》，《社会主义论坛》2006 年第 4 期。
[3] 金莲芳：《加快迪庆旅游业发展面临的问题及对策》，《经济问题研究》2005 年第 3 期；路幸福、陆林：《香格里拉旅游地生成机制与发展模式研究》，《资源开发与市场》2006 年第 6 期。

行准确的市场定位，缺乏具有市场吸引力的整体形象；旅游企业促销推介旅游产品、旅游线路能力弱，自我开拓市场能力差，对政府组织开展旅游促销活动的效果期望值过高，依赖过大；没有形成"政府搭台，企业运作，社会参与"的良性旅游促销机制；旅游促销的目标市场不明确，对旅游市场的调研、预测和策划工作不到位。

◎ 旅游管理体制与运行机制不健全

由于历史原因，区域各地州的旅游管理体制不健全，尚未建立起较为完善的市场化运作机制。旅游资源的所有权、经营权、管理权、收益权界定不清，因旅游资源开发引起的矛盾与纠纷日益增多，是诱发区域不和谐的重要因素。其中，既有社区与社区之间因产权边界不清，或因利益分配不均引起的矛盾；也有开发商与社区之间因利益分配不均、产权边界模糊所引发的矛盾。而地州、县政府和旅游、文化、环保、建设、林业、公安、工商、卫生等部门机构，各自对旅游行业或旅游景区进行管理，条块分割较为突出，为局部利益考虑多，为景区（点）整体开发建设与经营管理考虑少，导致景区（点）经营管理体制松散，缺乏系统科学的运行机制。如有些旅游区沿线农民迫于生计，开山取石，伐木毁林，破坏资源；有的旅游区沿线垃圾污水得不到及时处理，污染了环境；部分旅游区管理薄弱，"宰客"现象时有发生；有些景区在开发运营过程中出现了资源毁坏、环境恶化的情况。加之旅游景区开发前期投入大、回报周期长，不少景区（点）开发呈现出"高品位的自然景观——低层次的开发建设——低效益的经营管理"格局。

◎ 旅游产业结构不完善

区域各地州旅游业经过近 20 年的发展，已形成包括行、游、住、食、购、娱等门类较为齐全的产业结构。由旅游交通、旅游接待、旅游住宿、旅游餐饮、旅游购物和娱乐场所构成的旅游产业链已初步形成。但是旅游产业结构不完善，各个行业（部门）的发展相互衔接不够。行业（部门）内部结构也存在着较多的问题。除旅游交通设施建设明显滞后外，多数旅行社的规模偏小，旅游业专门人才匮乏，缺乏专业化经营，无个性化的特色产品，经济效益低下；旅游宾馆、饭店数量增长迅速，但其质量水平和经济效益普遍低下；民居接待点的投资开发规模较小，设施建设相对滞后，可消费产品档次偏低；旅游纪念品、小商品开发不力，缺乏具有地方特色的高档纪念品和递延性商品；娱乐行业虽经营单位众多，但规模偏小，产业集约化程度不高。

4.3. 香格里拉区域发展生态旅游业的思考 [1]

香格里拉区域发展生态旅游业要以循环经济为指导，把循环经济理念应用于生态旅游过程，按照"整体、协调、循环、再生"的原则，应用系统工程方法，对生态旅游的各个环节全面规划，综合开发，实现旅游资源的再生循环，达到生态和经济的良性循环，实现经济、环境和社会效益的统一。

4.3.1. 提高生态旅游意识

生态旅游是集环保教育、知识与管理于一体的旅游形式，需调动各级旅游业经营管理者、游客及当地居民的环保积极性，增强环保意识。生态旅游者本身就是一个说服力很强的环保宣传团体，随着旅游者的增多及相应生态意识的宣传，政府部门的环保法规更易于贯彻执行。同时，只有全社会自然保护意识的提高，才能从根本上杜绝环境破坏的发生，才能解决当前经济发展、环境受损的现状，从而真正实现生态旅游业的可持续发展。

为了减少资源损耗，实现资源的循环再利用，旅游（开发）企业和游客都要在思想意识上真正了解保护环境和资源循环利用的重要性。一方面，旅游（开发）企业不仅要牢固树立"生态为本"之理念，认清当今旅游发展趋势，在旅游开发和经营中自觉运用生态学原理，推出真正的生态旅游产品，促进自然保护区的生态旅游开发与环境保护协调发展。另一方面，要提高旅游从业人员的专业素养和服务品质。这是因为，生态旅游资源价值在很大程度上要靠专业人才来开发。人才富足、层次高，则生态旅游业兴盛；反之，则衰落。在有条件的地方，要采用向社会招聘或引进的方式吸收人才，使之为发展区域的生态旅游作出贡献；在条件欠缺的地方，通过学习、培训等多种方式，造就一批能为本地规划、开发、建设、宣传、经营和导游生态旅游的高层次的人才。以此使其树立环保意识，加强敬业精神，加强环保知识宣传，不断提高游客的环保意识。

---

[1]　丁任重：《中国大香格里拉经济圈研究》，83—85 页，成都：西南财经大学出版社，2006；绒巴扎西：《香格里拉旅游品牌的核心价值与建设》，《云南民族大学学报》（哲学社会科学版）2006 年第 2 期；李毅铭：《大香格里拉旅游生态规划启动》，《云南日报》2006 年 5 月 28 日。

游客则需要在旅游中自觉遵守旅游条例规范，提高自身生态意识、环境意识、可持续发展意识，并自觉约束自己的旅游行为，保护生态环境和生态旅游资源；在旅游的过程中不断培养自身"文明旅游"、"理智旅游"及"和谐旅游"等生态理念和环保素质。

4.3.2. 优化旅游产业结构

生态旅游是一个关联性很强的产业，它的开发不仅可以带动一大批相关产业的发展，如交通业、餐饮业、宾馆业、旅游服务业、纪念品制造业等，而且，通过旅游业和相关产业的开发，可以优化区域经济结构，过滤一些传统的、不符合区域可持续发展的劣势产业，并给当地居民创造更多的就业机会。

从产业角度看，区域生态旅游经济中存在核心产业、带动产业和辐射产业等三个产业群。核心产业主要包括旅行社、景点景区和星级饭店等；带动产业主要包括交通业、商贸流通业等；辐射产业包括通讯业、印刷业等。[1] 产业间存在上下游产业的带动关系，即纵向统领；并且产业间也存在左右产业的协调关系，即横向延伸。核心产业是培育区域生态旅游的主导力量，在整个区域生态旅游产业链中，具有引擎功能。因此，在市场经济条件下，发挥核心产业的带动功能，促进相关行业间形成互惠互利、共同发展的格局，在经济利益驱动下形成旅游凝聚力。

旅游的六大要素"吃、住、行、游、购、娱"，构成了旅游产业的一个庞大的复合型功能体系，形成了许多相关产业链。在循环经济理论的指导下，在旅游景观范围内建立相对完整的生产、消费和循环体系，把区域的生产、消费、废弃物处理和区域管理统一组织为生态网络系统。这一系统应当具有灵活协调区域内各种产业及其核心产品的功能。

4.3.3. 构建生态环境支撑系统

为避免旅游活动对保护对象造成破坏，同时也为了对游客进行分流以及使旅游资源得以优化利用，进行生态旅游开发的地区应该合理制定功能分区，建立起区域生态环境支撑系统。一种可行的方略是将允许旅游的地区划分为核心区、分散游憩区、密集游憩区及服务社区。核心区是严格受保护的区域，应严禁各种资源的开发活动，仅供观测研究；分散游憩区是少数分散的游客游览的

---

[1]　颜复萍、贾玉巧：《西部生态旅游的经济学分析》，《中国西部》2007 年第 9 期。

区域，只允许步行或非机动车等简单的交通工具进入，游客的规模要严格限制；密集游憩区是游客集中活动的区域，只对现代化的交通工具作适当的限制；服务社区是游客休憩的集中场所，各类交通工具均可通过，但应该位于地区的边缘。功能区的划分应做到随着自然保护内容的增加，游客的人数越来越少，而对游客的吸引力越来越大。功能区的这种分流作用能够对环境起到较为理想的保护作用。

此外，要对功能区进行跟踪观测与科学论证。其目的是对旅游景观生态及旅游功能进行科学区划，保护好水土基质，优化人工板块，减缓廊道的迫近效应。如针对山、水、林、湿地和城镇生态环境变化动态，应致力于山地植被恢复、湿地生态保护、河道整治、生态城镇建设，同时开展湿地珍稀濒危特有物种的保育。

4.3.4. 以生态教育推动旅游循环经济

在旅游区内设立环境教育的基础设施，如在生态环境景观旁设立科学解说、提醒旅客注意环境卫生的指示牌、与环境协调的废物收集箱等；利用多媒体使游客接受多渠道的环保教育，如在门票、导游图上添加生态知识和注意事项等；采用适当的处罚手段，引导、规范游客的旅游习惯和行为绿色化；在景区内为游人配发印有生态旅游口号、必须返还回收的废品收集袋；提倡在适当地方开展游人植树或会议纪念树等，增加游客的参与意识；旅游院校应开设生态旅游、旅游环境保护等方面的课程，增强学生的环保知识与意识。通过生态教育引导公众积极参与绿色消费行动，使循环经济的观念深入人心。首先应对生态旅游开发、经营人员进行教育，使他们在旅游开发和经营中自觉运用生态学原理，推出真正的生态旅游产品，促进生态旅游开发与环境保护的协调发展；其次要加强对游客的环保教育，当然这些教育应该是寓乐于教、寓游于教，而不是死板的生硬的教育，让游客在旅游中自觉遵守游览条例规范，提高他们的生态意识，并自觉运用生态学原则指导自己的旅游行为，保护生态环境和生态旅游资源。

4.3.5. 配套措施

◎ 开发循环型旅游资源

加大旅游资源与旅游环境的修复，对旅游资源和旅游环境的损耗进行补偿修复，使其成为新的旅游资源，实现资源的闭合循环；节约旅游景区内的资源与能源，提高使用效率，开发使用可再生的能源；通过对旅游系统进行物流和能量流分析,大幅度降低旅游消费过程的资源、能源消耗及污染物的产生和排放,节约用水、用电,减少日常一次性用品,做到绿色生产、绿色消费。

◎ 提供生态化的旅游产品

旅游规划中,充分利用生态学原理对旅游线路进行设计,综合考虑文化、人文、历史、地理、气候、环境等因素,尽可能就地取材,利用旅游自身资源,减少外界物质的输入,做到"原汁原味",减少旅游活动过程中对环境的破坏,强调人与自然的协调。

◎ 生产环保性的旅游消费品

旅游目的地的破坏和污染,大多由于游客流量过大,生活垃圾过多,超过了自然环境的承载力,环境无法消耗,致使旅游目的地的污染日益剧烈。因此,要将循环理论贯彻到日常生活消费品当中,饭店要尽量减少一次性用品的使用,服务设施采用节能型,出现污染情况要及时治理。

◎ 实行绿色营销策略

绿色营销又称为生态营销,是指企业运用营销工具,以不损害人类自身以及后代未来需求为条件,满足社会和消费者现在需要的经营和销售活动;生态旅游营销主体既要满足旅游者的生态消费,又要使生态旅游产品生命周期策略符合绿色营销策略。这就必须不断延长市场周期,不断对旅游吸引物进行维护更新,并且要提高旅游从业人员的素质和业务水平,提高生态旅游产品的质量。

◎ 构建环境友好型社会

游客在景区游览时,应采取环境友好型的交通工具;实现"区内游、区外住",防止景区城市化、商业化倾向;在社会上推行清洁生产,开展绿色宾馆、绿色酒店、绿色学校、绿色社区、绿色消费等绿色系列活动,倡导环境友好行为,节约资源,关爱自然,善待环境;同时,建设民族文化生态村,开展民俗风情体验,强化民族和地方特色。

第 5 章

香格里拉区域经济发展方式转变
与区域制度变革研究

　　制度因素 [1] 对于区域经济发展方式起着基础性的作用，是香格里拉区域经济发展方式转变的动力。在制度因素中，经济体制改革、农户生产经营模式变革、企业制度创新以及政府职能转变直接关系到经济增长绩效，成为影响香格里拉区域经济发展的关键动力因素。

5.1. 制度变革与区域经济发展方式的转变

5.1.1. 制度变革与区域经济发展

　　长期以来，西方经济学家强调劳动力、资本的投入和技术进步对经济发展方式的作用，而把制度因素作为一个固定不变的"外生变量"。因此，经济学家们主要是通过各种物质生产要素投入量的变化，以及从技术进步角度去说明生产率的提高。

　　诺贝尔经济学奖获得者道格拉斯·C·诺斯教授，通过对 1600—1850 年期间海洋运输成本的多方面统计分析发现，尽管这一时期海洋运输技术没有很大变化，但由于海洋运输变得更安全和市场经济发展得更完善，从而改变了航运

---

[1]　这里的制度，不是指我们通常所说的社会基本制度，而是指西方经济学中制度学派所界定的内容，主要包括经济体制、居民经济行为方式、企业产权安排、政府职能与行为等。

制度,降低了海洋运输成本,促进了海运事业的大发展。诺斯教授的研究结论是:在技术没有变化的情况下,通过制度创新或制度变迁同样可以提高生产率和实现经济增长。[1]

无论人们对诺斯的观点能否全部接受,在人类社会的经济发展和经济增长过程中,制度因素确实起到了非常重要的作用。苏联和日本的例子就是很好的说明。苏联在20世纪70年代初为了扭转经济增长速度和经济效益下降的局面,1971年苏共二十四大正式提出了经济向集约化增长过渡的任务,80年代重新强调经济集约化方针,但直到苏联解体也未真正转向集约经营的轨道。而战后日本,只用了一二十年的时间就实现了经济恢复并走上了集约经营的轨道,实现了经济的持续增长。可以说,当时的苏联和日本的经济基础相差不大,都具备了经济发展方式转变的条件,但为什么结果却大不相同呢? 显然,这与它们分别采取了计划经济体制与市场经济体制是密切相关的。[2]

我国在20世纪70年代末80年代初开始实行改革开放政策,经济体制也发生了重大变化,国内许多学者对于经济体制改革前后我国经济发展方式的变化也进行过纵向对比研究。如胡鞍钢通过对1952—1978年我国经济增长的核算,得出全要素生产率为负影响的结论,胡永泰则得出基本没有影响的结果;胡鞍钢在对1978—1998年我国全要素生产率的贡献测算中,发现全要素生产率的提高对于经济增长的贡献率达到了47%,胡永泰的测算结果则是29%。[3] 二者研究的具体结果虽然不同,但揭示的历史趋势与结论则是一致的,即经济制度或体制变革与创新,能够有效提高社会劳动生产率,推动社会经济又好又快增长。

5.1.2. 制度变革影响区域经济发展方式转变的机理

一般来说,在经济活动中,制度安排对经济发展方式的制约作用主要表现在产权制度安排、组织制度安排以及分配制度安排三个方面。其中,产权制度安排规定着经济资源的占有及配置方式,为一定经济发展方式的形成奠定必要的产权基础;组织制度安排规定着经济活动主体相互关系的性质,规定着经济增长的目标及其手段;分配制度安排规定着收入分配的原则、政策、方式和效果,成为一定经济发展方式所赖以实现的利益基础与重要保证。这里以经济体制改革为例进行说明。

[1]　权超:《中国加快转变经济发展方式的障碍与对策分析》,12页,天津师范大学2006年硕士学位论文。
[2]　张志勇:《论我国经济增长模式转换》,《山东经济》2001年第1期。
[3]　王梦奎:《中国中长期发展的重要问题(2006—2020)》,84页,北京:中国发展出版社,2005。

在计划经济体制下，国家的制度安排就其基本性质来说是一种集权型的，其主要特征是：产权制度安排上确定了"大一统"的国有产权制度，使国家机构成为资源的占有主体与配置主体；组织安排上确定了以行政化、等级制的国家机构作为经济活动的主体，确定了人们在经济活动中的等级服从关系；分配制度安排上实行统收统支、平均主义的分配方式与低收入的分配政策。这种制度安排对经济发展方式的影响主要表现在以下几个方面：[1]

一是统收统支和"大一统"的国有产权制度从根本上否定了企业的市场主体地位。计划经济体制下，企业没有自己独立的产权，因而没有独立的资产自由处置权，更没有对利润的剩余索取权。在这种制度安排下，企业生产经营活动的非盈利化倾向突出，组织生产只是为了完成指标和任务，而不是遵循商品经济规律，不需要考虑生产的产品是不是符合市场的需要，也没有必要进行投入产出效益比较和经济核算。

二是高度集中统一的行政等级制度决定了中央政府成为经济增长中的利益主体与决策主体。中央政府垄断了一切经济活动的决策权，通过层层官僚组织体系下达和分解生产经营任务。这种资源配置方式由于信息的不对称，不仅造成效率低下，并时常伴随决策失误的风险。如果这种资源动员体制和动员机制再与片面追求经济增长速度的发展战略以及与之相适应的行政考核评价体系结合起来，就为粗放型的经济发展方式创造了先天性的体制条件。

三是平均主义和低水平的分配制度从根本上否定了经济主体主动追求投入产出效益的利益基础。平均主义导致"大锅饭"，干多干少一个样，干与不干一个样。这样一来，经济活动主体就不可能有自身独立的利益追求，从而也不可能产生自觉提高经济效益和产品质量的内在动力。结果，整个经济活动也就缺少必要的创新机制与效率机制。同时，低收入的分配政策又是与高积累、高投入的生产模式紧密联系在一起的，这直接与粗放型的经济发展方式密切相关。

在市场经济体制下，微观市场主体的独立产权地位较为明晰，资源配置实行微观主体自主决策，收益分配按照市场竞争原则进行，因而相对来说，制度弹性较大，企业自主追求效益最大化的内在激励与约束机制较强，这就为促进区域经济集约化增长创造了条件。

---

[1]　刘少武：《关于制度安排对经济发展方式转变作用的几点思考》，《管理世界》2000 年第 6 期。

5.2. 农户经济行为模式变迁与香格里拉区域经济发展方式转变

5.2.1. 粗放型增长方式下区域农户"小而全"的生产安排剖析

从整体上看，香格里拉区域属于高寒的半农半牧区，农户既从事种植业生产，又从事畜牧业生产。长期以来，在种植业中，农户通常无一例外地种植稻谷、小麦、青稞、洋芋、玉米、豆类、薯类等多种农作物；在畜牧业生产中，通常牧养奶牛、役畜、生猪等不同的畜类。由此，形成了香格里拉区域农牧民"小而全"[1]的农业生产行为特点。

香格里拉区域农牧民"小而全"的生产安排，从经济学原理分析，显然是不理性的经济行为。因为在"小而全"的生产结构中，只有当各项农产品的生产都能在等量的要素投入下获取等量收益时，其生产安排才是有效和合理的。在香格里拉区域，由于气候及土地条件等状况的多样性以及在农产品的生产中，农户之间和地区之间农业生产条件存在很大差异，不同农户、不同地区，在等量要素投入下会有不同的经济收益。由此，农户在农业生产活动中应当根据收益的高低，选择多种植或饲养收益高的农牧产品，减少或者不从事经济收益低的经济活动。比如，在迪庆州，低温刺激有利于洋芋的生长，在单位土地上等量的要素投入下，洋芋的收益通常要高出青稞50%左右。理论上，农户应当多种植洋芋，少种植青稞；但实际上，低产、低效益的青稞一直占区域农作物播种面积的70%左右，而高产、高收益的洋芋、玉米、小麦等农作物仅占播种面积的20%左右。[2]又如甘孜州，粮食作物有青稞、小麦、洋芋、玉米、大豆、豌豆、胡豆、红薯、水稻、高粱等。其中，青稞播种面积最大，2005年达到29333公顷，总产量为71387吨，分别占粮食播种总面积的43.4%，占粮食总产量的39.3%；其他农作物的播种面积和产量则大致相当。（见表5—1）。可见，如果停留于对

---

[1] 绒巴扎西：《云南藏区可持续发展研究》，54页，昆明：云南民族出版社，2001。
[2] 绒巴扎西：《云南藏区可持续发展研究》，59页，昆明：云南民族出版社，2001。

高寒地区农作物投入——产出的表象分析，那么香格里拉区域农牧民"小而全"的生产安排是不经济的。如果农户放弃"小而全"的生产行为，选择种植高产、高收益的农作物，并实行单一、专业化生产经营，就可以使农户在等量的要素投入下获得更大的收益。

表 5—1　2005 年甘孜州粮食作物播种面积和产量情况

主要粮食作物	稻谷	小麦	玉米	青稞	豆类	薯类	合计
播种面积（公顷）	522	11463	11091	29333	6487	7086	67582
总产量（吨）	3526	32907	41559	71387	10891	18242	181540
各种作物面积比重（%）	0.77	16.96	16.41	43.40	9.60	10.49	97.63
各种作物产量比重（%）	1.94	18.13	22.90	39.32	5.60	10.05	97.94

资料来源：《甘孜统计年鉴·2006》，144—147 页。

　　然而，从现实看，香格里拉区域农户"小而全"的生产安排恰恰是理性而有效的，它是与区域自然环境和特定的生产技术体系相适应的生产经营模式。香格里拉区域农业生产技术传统、落后，各地区之间、农户之间的生产活动是相对独立、封闭的，农业部门内部自身普遍存在着能量交换与循环关系，并由此维系和支撑着农业内部的投入与产出水平。具体来说，香格里拉区域农牧民农业生产活动中，内部自身存在的能量循环关系可简要概括为以下三个层次：第一层次为农户向农业部门提供劳动力，获取农畜产品的过程中形成的能量交换与循环关系；第二层次为种植业与畜牧业之间的能量交换与循环关系，即种植业向畜牧业提供饲料、饲草，同时畜牧业向种植业提供畜力、有机肥料的能量交换与循环；第三层次为种植业、畜牧业内部不同农作物或畜种之间的能量循环与依存关系。比如，种植业内部通过轮作来保养恢复土地肥力，提高单产，在不同的农作物之间形成的能量循环和依存关系。又如，畜牧业生产中以奶类副产品来催育生猪，又以猪油喂养牲畜来改善牲畜膘肥体壮的能量循环（如图5—1）。通过"小而全"的生产安排，能够使农户充分利用农业生产要素，实现收益最大化。反过来说，在既定的生产技术条件下，如果农牧民打破了这种"小而全"的生产安排，实行单一的专业生产和经营，则将面临由于失去第二、第三层次的能量循环所带来的产出水平，导致单位产出水平的下降，甚至有可能因为农业生态环境系统的破坏，使农户面临着一个递减的生产函数；或者将面临着为维系"小而全"的生产安排中各项生产活动之间的能量互补与循环所带来的收益，必须额外负担一笔可观的交易成本，从而降低单一生产经营所带来的经济收益。

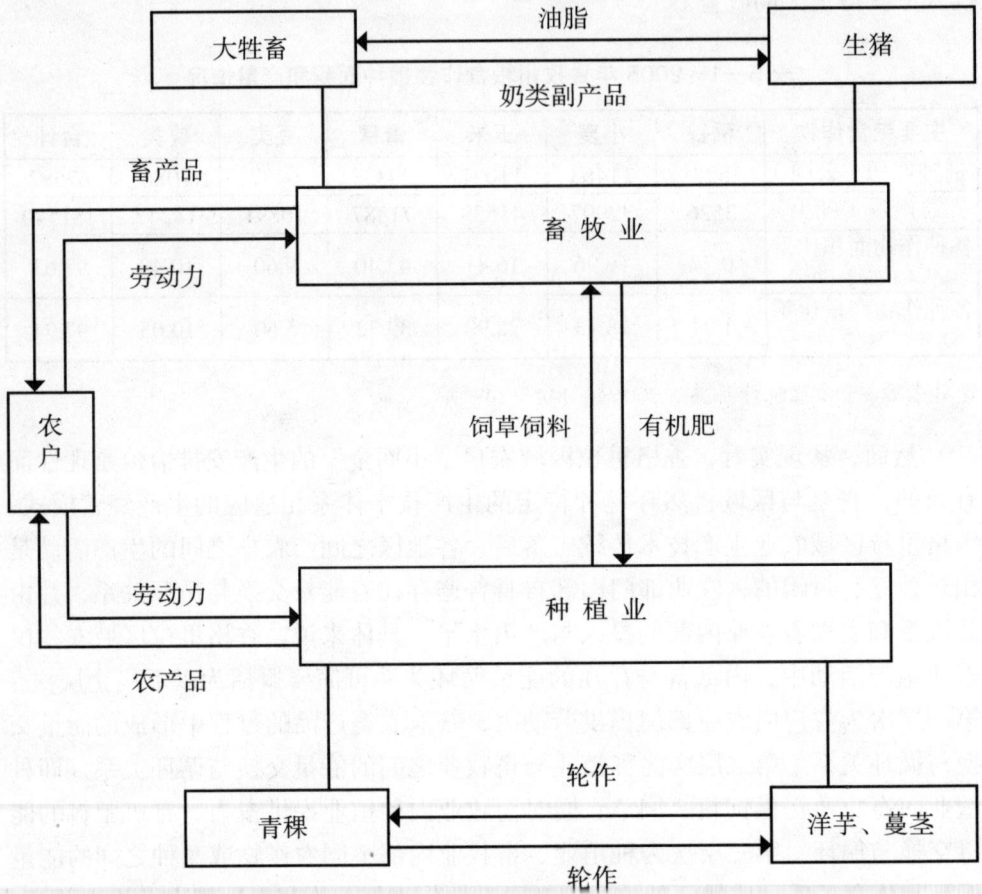

图 5—1　香格里拉区域农业生产活动中能量交换及依存关系图

需要指出的是，"小而全"的生产经营模式，是在特定生产技术体系下的低水平均衡，既制约了农户参与市场、扩大生产、创新技术的能力，也制约了农牧业增长方式的转变。

5.2.2. 农业产业化是转变发展方式的有效途径

从发展趋势看，传统的自给农业向现代农业转变，始终是香格里拉区域农业发展与改革的基本命题。"小而全"的农业生产安排，具有浓厚的自给自足性，体现的是粗放型的农业生产方式。随着区域改革开放的深入，必然要求打破这种生产安排，通过推进农业产业化建设以实现自给、粗放型农业向商品与集约型农业转变。当前，加快推进区域农业产业化经营和现代农业建设，应重视以下几个方面的内容：

第一，积极培育龙头企业。龙头企业资金技术雄厚，管理科学，运营规范，生产规模大，单位产品成本低，因而抵御市场风险能力、市场开拓能力、新技术新产品的推广应用能力强。它外联市场，内联基地、农牧户，既是生产加工中心，又是信息、科研、服务中心，是发展产业化的核心。为此，要按照大（规模大，带动面大）、高（技术水平高，附加值高）、外（外向型）、新（新技术，新产品）、多（多种所有制，多种组织形式）的原则，精心培育一批龙头企业，并促进其发展壮大；要依托区域资源优势，着力引进一批国内外有影响的大企业、大集团参与本地区的开发和建设，发挥它们在资本运营、经营管理、技术创新、市场开拓方面的优势，使之成为区域经济的强大支柱。

近年来，香格里拉区域各地方政府高度重视龙头企业的培育，纷纷把培育壮大龙头企业作为推进当地农牧业产业化的切入点和关键举措。例如，迪庆州在"十一五"农业发展规划中提出，要投资 1 亿元扶持建设 10 个省级农业龙头企业，20 个州级农业龙头企业[1]。又如，甘孜州在"十一五"规划中提出，要依托特色农牧产品资源，大力发展加工、运输、保鲜和营销几大环节的龙头企业，力争培育 10 个产业关联度大、带动性强的龙头企业。[2] 同时，区域各地州也引进了一批有实力的大企业参与当地的特色、优势资源开发，有力地支撑了区域经济的发展。例如，云南香格里拉酒业股份有限公司，是经国家商务部批准于 2000 年 1 月在香格里拉经济技术开发区成立的外商投资股份制企业，注册资本 5656 万元，主要生产销售"香格里拉葡萄酒"、"藏秘青稞干酒"；公司在迪庆德钦建设了万亩青稞基地、数千亩葡萄基地，既确保了公司的原料供应，又带动了当地青稞与葡萄种植业的发展，并增加了当地农民的收入；公司成立以来，依托控股股东的资金优势和健全的营销网络，建立了一套完整的质量管理体系和健全的市场营销网络，迅速进入了中国红酒行业前十强，香格里拉品牌还先后被评为中国红酒行业十大影响力品牌和亚洲品牌 500 强；公司也多次被评为

---

[1]　迪庆州农牧局：《迪庆藏族自治州"十一五"农业发展规划》，17 页。
[2]　四川省民族事务委员会：《四川省"十一五"民族地区经济社会发展规划纲要汇编》，53 页，2007。

云南省、迪庆州纳税先进企业[1]。

第二，建立健全农村市场体系。建立健全农村市场体系，是区域农业产业化建设不可忽视的重要前提与基础。农牧产品作为商品，只有进入市场才能体现和实现其价值。因此，市场是农业产业化的"龙头"，必须把培育和建设市场置于产业化的首位。对于香格里拉区域来说，推进农村经济体制改革，重点在于推进区域统一、规范的市场体系建设，形成市场机制对农牧产品价格的基础性功能。继续完善商品市场，加快发展土地、资本、技术和劳动力等要素市场，健全现代流通体系；整顿和规范市场经济秩序，打击假冒、诈骗行为，打破地方保护与行政壁垒；加强信用体系建设，促进诚信政府、企业和社会建设。

在完善香格里拉区域农村市场体系过程中，必须高度重视农村基础设施建设，以增强农业抗御自然灾害、稳步增产、改善流通等能力。近年来，区域四地州农村基础设施建设取得了很大成绩。比如甘孜州"十五"期间，农村公路基础设施方面，通县油路建设总规模 2141.8 公里、总投资 163018 万元，通乡公路建设里程达 4193 公里，建成乡村机耕道及田间道路 10981.7 公里；农村水利基础设施建设方面，建设项目 4325 处，保证灌溉面积累计达 278.2 万亩，累计治理水土流失面积 538.09 平方公里，新建和改造农村饮水工程 6316 处，解决了近 61 万人和 71 万头牲畜的饮水困难。[2] 又如昌都地区，"十五"期间农村基础设施建设方面的投入达 20 亿元，即农田水利 1.8 亿元、交通 7.2 亿元、邮电通信 1.1 亿元、电力 1.13 亿元、教育 2.5 亿元、城镇建设 5.2 亿元等，实施了一批教育、卫生、城镇基础设施和农田水利等重点项目，"瓶颈"制约有所缓解。[3] 在已有成就的基础上，近期香格里拉区域农村基础设施建设的重点应是：农村电力基础设施建设，包括"送电到乡"工程建设、以电代燃料规划建设等；农村交通建设，包括乡乡通公路建设、乡村机耕道路建设等；农村水利设施建设，包括农区水利设施建设、牧区水利设施建设、农村饮水设施建设和水土流失治理等；农村通信基础设施建设，包括固定电话光缆通讯设施建设和移动通讯设施建设；农村广播电视"村村通"工程建设；农村防灾、减灾、救灾体系建设。

第三，加快推进农业社会化服务与管理体系建设。农业社会化服务与管理体系建设，是推进香格里拉区域农业商品化、产业化建设的重要支撑与保障。

---

[1]《云南香格里拉酒业股份有限公司简介》，2008。
[2] 尧斯丹：《甘孜新跨越：甘孜藏族自治州国民经济和社会发展第十一个五年规划》，142—143 页，成都：四川民族出版社，2007。
[3] 西藏自治区发展和改革委员会：《西藏自治区国民经济和社会发展第十个五年计划纲要汇编》，736 页。

当前，香格里拉区域农业社会化服务与管理体系建设的重点是：（1）完善农业产业化服务体系，加快各种行业专业协会建设，支持各类联系农户与市场中介组织的发展，积极探索农村合作经济组织形式，进一步完善产业化扶持政策；（2）完善农业技术推广与质量安全保障体系，建设覆盖城乡的农业技术创新与推广体系，建立健全覆盖州县的农牧产品质量监督检测中心，推行农牧产品市场准入制度；（3）完善农业生态环境保护与气象服务体系，加强生态农业示范建设，建立健全农业气象灾害动态监测及预警系统；（4）完善法制保障和疫病控制体系，健全农业法制保障和动植物疫病控制体系，建设覆盖州县的农药检测和病虫监控中心、动植物检疫实验室、重大病虫测报站。

"十五"以来，香格里拉区域四地州积极争取各级政府和业务主管部门对农业社会化服务与管理体系建设的投入，不断建立健全州、县、乡三级服务体系，有力地推进了区域农业商品化、产业化进程。例如甘孜州，在"十五"期间的畜牧业产业化建设中，畜牧业发展的服务体系建设明显加快：积极探索多种形式的畜牧业产业化经营组织模式，如以龙头企业为主体的"龙头＋牧户＋市场"模式、以生产场站为主体的"生产场站＋牧户＋基地＋市场"模式、以营销大户为主体的"营销大户＋市场＋牧户＋基地"模式、以生产大户为主体的"生产大户＋牧户＋基地＋市场"模式等；全面启动了兽医基础设施建设工程；草原防火和监理体系建设提上议事日程，完成了全州草原防火物资储备库的建设及物资配套。[1] 在甘孜州生态农业发展规划中，强调要进一步强化农业社会化服务与管理功能，要以监测预警、市场监管和公共信息服务为主要内容，建立健全覆盖州、县的农牧业和农村经济信息服务系统。[2]

第四，推进产业化经营，突出重点与品牌，提高农业生产的专业化水平和农产品的商品化水平。在市场经济条件下，农业产业化的核心环节在于，以市场为导向，重点培育和发展具有强大市场需求优势的特色农牧产品，并通过培育种植大户与养畜大户，建立生产基地、培育龙头企业、提高开发和加工技术等措施打造区域拳头产品或品牌，以不断提高农业生产的专业化层次与水平。积极推动建立区域大宗农产品交易市场，发展"订单农业"。鼓励龙头企业设立风险资金，采取保护价收购、利润返还等方式，与农户建立科学合理的利益联结机制。扩大专业合作经济组织示范项目范围，鼓励农民按照资源、平等、互

[1]　甘孜藏族自治州畜牧局：《甘孜藏族自治州畜牧业"十一五"规划及 2020 年远景目标》，6 页。
[2]　甘孜藏族自治州发展和改革委员会：《四川省甘孜藏族自治州生态农业产业发展规划（2005—2020 年）》，152 页。

利的原则，在生产服务、产品流通、储藏加工、市场销售等环节，组建多种形式的专业合作经济组织。

近年来，香格里拉区域四地州依据区位、资源、政策等有利因素，从市场化、生态化、优质化、特色化、多样化的需求出发，科学设计农业发展规划，大力发展和打造"人无我有、人有我优、人优我特"的品牌农牧产品，以不断提高农业专业化、市场化水平。比如迪庆州，"十五"期间加快农业产业结构调整步伐，农业产业结构不断向集约化、规模化方向发展：青稞产业不断壮大，年青稞种植面积 7.9 万亩，其中冬青稞 3.12 万亩，春青稞 4.78 万亩；以青稞为原料的酒业企业得以发展壮大，培育了以"香格里拉·藏秘"为代表的对地方经济增长拉力强、贡献大的龙头企业。"十一五"期间，提出要以特色和优质为重点，集约化和规模化为方向，进一步做大做强州域"立体农业"：一是在河谷地区重点发展优质冬青稞、粮食、蚕桑和葡萄等产业，同时加快培育冬油菜、冬马铃薯、冬早蔬菜等产业；二是在高原坝区重点发展马铃薯产业，加快春青稞产业、春油菜产业、反季蔬菜产业和种球花卉产业等；三是在山区半山区重点发展以白芸豆为代表的豆类产业，积极发展药材、水果、蔬菜产业。[1] 又如甘孜州，提出建设"生态经济第一州"[2]，突出发展州域"生态农业"，在农业发展规划中提出要着力建设体现州域优势与特色的生态农牧林、优势产品基地，创立一批具有优质、竞争力强的名牌生态农牧产品；依据各地区位、资源环境特点及优势、经济发展水平，将全州划分为三大农牧业优势产区：东部效益农业区（以建设粮食、猪禽、果品生产基地为重点）、南部特色农业区（以建设农业、畜牧业、林果业基地为重点）、北部生态农业区（以建设青稞、肉牛、山羊生产基地为重点）；要把生态畜产业、特色农产品、生态林果产品及林副产品、蚕桑四大系列生态农牧产品作为全州生态农业主打产品，通过提高生产加工技术和培育龙头企业，使之成为带动区域经济增长的支柱产业[3]。

第五，努力提高区域农牧民的素质技能，转变自给农业观念，切实树立起市场观念与商品意识。推进区域农业产业化和现代农业建设，农牧民是主体；努力提高农牧民的思想观念与素质技能，是实现区域农业产业化和发展现代农业的关键因素。一是要重视教育工作，在抓好"九年制"义务教育的基础上，

---

[1] 迪庆州农牧局：《迪庆藏族自治州"十一五"农业发展规划》，4、13 页。
[2] 尧斯丹：《甘孜新跨越：甘孜藏族自治州国民经济和社会发展第十一个五年规划》，56 页，成都：四川民族出版社，2007。
[3] 甘孜藏族自治州发展和改革委员会：《四川省甘孜藏族自治州生态农业产业发展规划（2005—2020 年）》，56、63、103 页。

加强中等职业技术教育，并建议区域在中学教育中适当增加农牧业实用技术知识课程；二是强化职业技术培训与推广，建立健全岗前培训、在职培训与再就业培训制度，务求实效；三是政府要加大宣传力度，提高农牧民对现代农业及农业产业化建设的认识，增强其参与产业化建设的积极性，努力营造良好的农业产业化建设氛围。

近年来，香格里拉区域四地州政府重视提高农牧民的思想文化与素质技能，教育与科学技术工作进步显著，为区域农业产业化建设与发展提供了良好的基础。比如怒江州，2005 年全州共有全日制学校 1131 所，在校学生 8.12 万人，"普九"覆盖面占 68%，青壮年文盲率控制在 5% 以下；对州、县、乡（镇）三级科技成果管理干部进行了培训，完成了农函大 12 个班、6 个专业、800 人的招生工作；举办农村实用技术培训班 363 期，培训 5.42 万人；完成了 16 项农村实用技术培训。[1] 又如甘孜州，2006 年全州中小学积极开展以缝纫、雕刻、绘画、藏族工艺品制作等为内容的初级职业教育；全年输送中职学生 2244 人，参加州、县职业培训 4895 人，中小学招收职教班学生 1675 人；全年组织州县开展各类科普培训 180 期，培训 23513 人（次），其中农村党员和基层干部 1996 人（次），农牧民 21517 人（次）。[2] 再如迪庆州，在"十一五"规划中，提出要通过增加科技投入、加快科技成果的引进与利用，积极推进科技进步，增强科技进步与技术创新能力；把教育放在优先发展的战略地位，强调要把中等职业技术教育和培训与解决"三农"问题、城镇就业问题结合起来，建立和完善职业教育与培训，加快应用型人才的培养，重点培养支柱产业实用人才；提出到 2010 年，全州基本普及九年义务教育，青壮年文盲率下降到 3% 以下，人均受教育年限提高到 6.4 年 [3]。

5.3. 构建现代产业组织，促进香格里拉区域经济发展方式转变

企业是香格里拉区域经济增长的基本主体之一，企业制度创新是区域经济

---

[1] 《中国民族年鉴 · 2006》，469 页。

[2] 《甘孜州年鉴 · 2007》，277—279 页。

[3] 迪庆州发展和改革委员会：《迪庆藏族自治州国民经济和社会发展第十一个五年计划规划纲要》，74—75 页。

发展方式转变的重要推动力。企业制度创新与区域经济发展方式转变存在内在关联：（1）区域经济不同的增长方式，会形成不同的企业制度。区域经济粗放型增长方式，是与企业粗放型经营相适应；区域经济集约型增长方式，则与企业集约型经营相适应。（2）企业制度创新是实现区域经济发展方式转变的重要因素。实现企业粗放型经营向集约型经营转变，是实现区域经济发展方式由粗放型向集约型转变的重要内容与途径。这里，仅就区域工业企业制度创新进行分析。

5.3.1. 粗放型增长方式下区域企业生产经营状况的制度分析

建国以来，随着香格里拉区域社会经济发展，四地州企业从无到有，数量和规模不断发展壮大。以迪庆州、甘孜州工业为例，1950年，迪庆州还没有现代意义上的工业企业；甘孜州也仅有3家，创造产值40.70万元。到1980年，迪庆州工业企业有128家，创造的产值为2665万元；甘孜州工业企业数量增加为392家，创造产值7444万元。[1]到2005年，迪庆州工业企业有995家，创造的产值为57078万元，企业数与产值分别是1980年的7.77倍、21.42倍；甘孜州工业企业数量增加到1116家，创造产值184247万元，企业数与产值分别是1980年的2.85倍、24.75倍。[2]

然而，与全国平均水平及所在省区相比较，香格里拉区域四地州工业企业发展水平整体上仍然滞后，经营方式上表现出明显的粗放型特征。这主要体现在：

◎ 工业企业规模小，所创造产值比重低

建国以来，特别是改革开放以来，香格里拉区域经济总量增长迅速，但经济结构不合理，主要表现为区域三次产业结构不合理：第一产业仍占较大比重，第二产业发展滞后，第三产业则发展迅速、比重高。但第三产业的高比重并不是区域产业结构演进的产物，而恰恰是第二产业不强大、产值小的结果；而第二产业的弱小，又主要表现为区域工业企业规模小，所创产值低。

2005年，香格里拉区域四地州全部国有及规模以上非国有工业企业的个数及其产值，不仅落后于所在省区的平均水平，更是远远落后全国平均水平。从企业个数指标看，最高的甘孜州为69个，分别是全国、四川的0.025%、0.87%，最低的怒江州为9个，分别是全国、云南的0.003%、4.57%；从单位企

[1]《奋进的四十年——迪庆藏族自治州国民经济统计资料（1949—1988年）》，68、70页；《甘孜藏族自治州国民经济和社会发展历史资料（1949—1988年）》（上册），595、627页。
[2]《迪庆藏族自治州统计年鉴·2005》，15、29、41页；《甘孜藏族自治州统计年鉴·2006》，176、180页。

业从业人数指标看，最低的昌都地区 47.3 人 / 个，分别是全国、西藏的 18.6%、72.9%；从单位企业产值指标看，最低的昌都地区 593.6 万元 / 个，分别是全国、西藏的 6.4%、85%（详见表 5—2）。需指出的是，怒江州在单位企业从业人数和单位企业产值指标上高于全国及所在省区平均水平，主要是由于该州工业企业少，工业企业产值相对较为集中（注：怒江州大型工业企业只有"兰坪金鼎锌业有限责任公司"一家），并不代表该州总体上工业企业规模大，企业所创产值高。

表 5—2　2005 年全国、区域四地州及所在省区全部国有及规模以上非国有工业企业经济指标比较

项目	全国	云南	迪庆	怒江	四川	甘孜	西藏	昌都
企业个数（个）	271835	2362	20	9	7959	69	197	28
单位企业从业人数（人 / 个）	253.7	291.4	121.5	542.3	67.9	83.2	64.9	47.3
单位企业产值（万元 / 个）	9256.3	10991.5	3618.75	13198.1	1212.0	2373.9	698.0	593.6

资料来源：《中国统计年鉴·2006》，488—495 页；《四川统计年鉴·2006》；《云南统计年鉴·2006》，305、308 页；《西藏统计年鉴·2006》，202 页；《甘孜统计年鉴·2006》，195 页。

香格里拉区域工业企业规模小、总量少、结构单一、产值低的现状，使得区域工业企业产业带动力弱，对区域工业经济及其经济发展方式的转变难以发挥积极影响力。

◎ 工业企业经济效益低，企业经济效益与生态效益、社会效益脱节

香格里拉区域工业企业经营方式的粗放型，不仅体现在企业规模小，所创产值比重低，而且体现在企业经济效益的低下。

1. 从区域四地州国有及规模以上非国有企业主要经济效益指标看，2005 年，四地州在全员劳动生产率、产品销售率、百元主营业务收入实现利润等指标上，与全国及所在省区的平均水平相差不大，工业增加值率与成本费用利润率指标上要比全国及所在省区水平高，但在总资产贡献率、资产负债率、流动资产周转率、百元固定资产原价实现利税、单位亏损企业亏损额等大多数指标上，与全国及所在省区的平均水平相差甚远。例如，在总资产贡献率指标上，迪庆

州仅为 8.68%，分别比全国低 3.14 个百分点，比云南省平均水平低 8.74 个百分点，说明区域工业企业资产利用效益不高，盈利能力不强；在资产负债率指标上，区域企业总体负债率高，怒江州高达 73.49%，分别比全国高出 15.68 个百分点，比云南省平均水平高出 21.31 个百分点，说明企业经营始终面临着巨大的还本付息压力，加大了企业经营的困难；在流动资产周转率指标上，除迪庆州与全国大致相当外，其余三地州普遍要比全国水平低，表明区域在流动资产利用上效果不好；百元固定资产原值实现利税上，区域大部分地区指标比全国与所在省区要低，如迪庆为 11.35 元，比云南省平均水平低 18.07 元；昌都地区仅有 8.86 元，比全国平均水平低 9.53 元，反映了区域企业固定资产的使用效率和效益较差，企业创税能力弱的现状；区域工业企业亏损面指标上，迪庆州亏损企业占总数的比例高达 60%，单位亏损企业亏损额指标上，怒江州高达 371 万元/个，这两项指标总体反映出区域亏损企业数量多，亏损严重的实情（见表 5—3）。

2. 从区域部分地州全部国有及规模以上非国有工业企业按规模划分的主要经济效益指标看，到 2005 年，大中型企业与小型企业（主要是个体私营等民营企业）经济效益差距仍然悬殊，大中型企业资产贡献率高，负债率低，而小企业则资产贡献率低，负债率高。比如迪庆州，中型企业总资产贡献率高达 75.53%，而小型企业仅有 1.57%。又如甘孜州，企业总资产贡献率上，中型企业达到 40.96%，小型企业仅为 8.13%；在企业资产负债率上，中型企业为 29.87%，小型企业则高达 64.81%（见表 5—4）。在流动资产周转次数、成本费用利润率、全员劳动生产率、百元固定资产原价实现利税、百元主营业务收入实现利润等效益指标上，区域大中型企业也比小型企业高很多。很显然，区域大中型企业的效益要明显好于小型企业，但该区域企业规模偏小，大中型企业数量少，小型企业在产值与数量上具有绝对优势，这也是区域工业企业总体效益不佳的一个重要原因。

表 5—3　2005 年全国、区域四地州及所在省区国有及规模以上非国有工业企业
主要经济效益指标比较

项　目	全国	云南	迪庆	怒江	四川	甘孜	西藏	昌都
工业增加值率（%）	28.69	38.47	62.87	46.45	34.97	53.97	56.10	53.43
总资产贡献率（%）	11.82	17.42	8.68	22.2	9.59	8.99	6.81	8.68

（续表）

项　目	全国	云　南	迪庆	怒江	四川	甘孜	西藏	昌都
资产负债率（%）	57.81	52.18	65.74	73.49	62.40	62.44	24.37	15.26
流动资产周转次数（次/年）	2.35	1.62	2.34	1.30	1.91	1.56	0.99	1.78
成本费用利润率（%）	6.42	10.63	8.57	31.79	5.86	22.73	19.33	33.87
全员劳动生产率（元/人·年）	104680	145111	187247	113049	98645	153900	76979	67069
产品销售率（%）	98.14	99.28	95.34	100.69	98.72	96.52	93.83	94.58
百元固定资产原价实现利税（元）	18.39	29.42	11.35	28.41	13.57	13.48	8.84	8.86
百元主营业务收入实现利润（元）	5.96	8.87	7.73	23.94	5.44	20.03	15.75	25.44
工业企业亏损面（%）	—	35.10	60.00	22.22	—	30.43	19.29	7.14
单位亏损企业亏损额（万元/个）	—	19.16	37.08	371.00	—	115.57	146.92	37.50

资料来源：《中国统计年鉴·2006》，488—495 页；《四川统计年鉴·2006》；《云南统计年鉴·2006》，305、308、328—329、332—333、352—353 页；《西藏统计年鉴·2006》，202—203 页；《甘孜统计年鉴·2006》，186—187、194—197、256—257 页；《迪庆藏族自治州统计年鉴·2005》，5 页。

表5—4　2005年区域部分地州全部国有及规模以上非国有工业企业按规模划分主要经济效益指标比较

地区	类型	总资产贡献率（%）	资产负债率（%）	流动资产周转次数（次/年）	成本费用利润率（%）	全员劳动生产率（元/人·年）	百元固定资产原值实现利税（元）	百元主营业务收入实现利润（元）
迪庆	中型	75.53	—	2.58	—	89623	—	36.62
	小型	1.57	—	2.64	—	213718	—	3.79
怒江	大型	24.28	—	1.60	—	140490	31.73	33.58
甘孜	中型	40.96	29.87	1.35	61.47	413479	74.00	48.70
	小型	8.13	64.81	1.59	16.97	132684	9.86	14.90

资料来源：《云南统计年鉴·2006》，364—365页；《甘孜统计年鉴·2006》，196—215页；《迪庆藏族自治州统计年鉴·2005》，29—40页。

注：怒江州大型工业企业只有"兰坪金鼎锌业有限责任公司"一家，怒江州大型企业对应栏为该企业部分数据。

　　同时，该区域工业企业普遍存在忽视生态效益与社会效益的问题，企业的经济效益与其社会效益、生态效益不协调。这主要表现在：（1）区域工业企业的污染物处理设施少，工业污染物的处理能力普遍较弱。比如，在工业废水的重复利用率指标上，迪庆州、怒江州分别为24%、31%，两州比云南省平均水平85%分别低61、54个百分点；在工业废气处理设施数指标上，迪庆州、怒江州分别为4套、86套，两州分别只占云南省总数4182套的0.10%、2.06%；在工业固体废物综合利用率指标上，怒江州、甘孜州分别为2%、4.7%，分别比所在省区云南、四川的平均水平低33和55.7个百分点（见表5—5）。区域工业企业污染物处理能力的低下与滞后，导致随着区域工业经济的迅速发展，区域生态环境的压力日益加大。（2）对于区域工业企业因忽视生态效益而造成的生态环境污染问题，往往由企业外部来承担，即由当地政府和居民承担企业损害生态环境的后果。对于区域各级政府来说，由于工业企业经济效益差，政府用于生态环境维护与治理方面的费用往往高于企业所交纳的利税；对于当地居民来说，不仅难以分享当地工业企业发展所取得的经济效益与好处，反而还可能要承担企业损害生态环境所造成的后果，比如因区域能源、矿产资源开发利用所造成的当地大气污染、水土流失与变质、自然灾害频发与加重等[1]。

表 5—5　2005 年香格里拉区域部分地州工业污染物排放及处置情况

地区	工业用水总量（万吨）	工业废水排放总量（万吨）	工业用水重复利用率（％）	工业废气排放总量（万标立方米）	工业废气处理设施数（套）	工业废气处理能力（万标立方米／时）	工业固体废物产生量（万吨）	工业固体废物综合利用率（％）	工业固体废物处置量（万吨）
云南	463506	32928	85	54442018	4182	11330	4661	35	1638
迪庆	222	128	24	35196	4	56	48	28	2
怒江	384	223	31	74561	86	13	62	2	—
四川	809649	111335	—	81397075	6185	—	6241	60.4	1159
甘孜	722	465	—	131120	3	—	—	4.7	58.6

资料来源：《云南统计年鉴·2006》，276—277 页；《四川统计年鉴·2006》。

◎ 企业管理不规范，劳动者素质低，企业缺乏竞争力

科学管理是提高区域企业经济效益的决定因素。转变香格里拉区域经济发展方式，从根本上讲，就是要提高区域企业的经济效益，要实现这一目标，管理起着决定性作用。这是因为：（1）管理是增强企业活力的重要手段。在生产经营中，管理可以保障企业生产力系统运行的有序性，使企业各个生产环节相互协调，有效地提高企业整体力量和综合生产率。（2）管理是提高劳动力素质，降低物耗、能耗的手段。在企业生产经营活动中，劳动者处于主体地位，企业生产力能不能发展，企业效益高不高，关键在于能不能提高劳动者的素质。因此，在企业生产运行中，强化成本管埋、减少消耗、杜绝浪费，提高投入产出水平是扭转粗放型经营方式的一个重要方面。（3）科学管理是优化产品结构、提高产品质量的重要环节。优化产品结构，提高产品质量，不断开发出适应市场需要的新产品，这是提高市场占有率的关键措施。而加强企业技术改造、推进企业技术进步，又是确保产品质量、提高劳动生产率、提高产品市场竞争力的重要手段。这一切都取决于企业的管理思想、管理手段及管理战略。实践证明，在落后的管理体制、低效的企业运行机制状态下，不可能实现区域经济发展方式由粗放型向集约型的转变。

[1]　尧斯丹：《甘孜新跨越：甘孜藏族自治州国民经济和社会发展第十一个五年规划》，130 页，成都，四川民族出版社，2007。

　　长期以来，受香格里拉区域区位、历史、资源、环境等因素影响，区域工业企业主要以劳动力密集型、资源密集型企业为主，受企业效益影响，职工教育与培训经费支出少，缺乏专业管理技术人员，导致企业生产效率低，产品技术含量和附加值低，在市场上缺乏竞争力，企业难以发展壮大。比如迪庆州，由于劳动者素质低，企业管理不科学，导致 20 世纪 90 年代国有企业纷纷破产。1992 年由政府出资 290 万元组建的中日合资德钦县梅里农副土产品有限公司，由于经营管理不善，至 1996 年负债总额达 1012 万元，资产负债率达 117.67%，不得不依法破产；原德钦县医药公司由于在经营过程中资金管理不严，药材收购环节管理不善，加上风险约束机制松软，造成企业亏损，被迫于 1996 年破产；据 1998 年对德钦县国有企业的调查，在全县 12 户国有企业中，有 10 户亏损，亏损面达 83%，全县国有企业平均资产负债率为 68%。[1] 又如甘孜州，2006 年全部规模以上工业企业产值为 220184 万元，企业管理费用、职工教育费用支出分别为 12026 万元、213 万元（见表 5—6），分别占工业总产值的 5.46%、0.10%。企业管理费用、职工教育费用的不足，必然导致甘孜工业企业管理水平滞后，生产效率及经济效益低下。

表 5—6　2006 年甘孜州规模以上工业企业管理费用和职工教育费用支出情况

（单位：万元）

地区名称	企业产值	管理费用支出	职工教育费用支出
甘孜州	220184	12026	213
康定县	117933	5159	33
泸定县	12956	1086	9
丹巴县	10135	1309	6
九龙县	63040	2821	144
雅江县	223	45	0
道孚县	5480	65	2
炉霍县	545	162	6
甘孜县	388	87	1
新龙县	165	74	0
德格县	375	50	1

[1]　绒巴扎西：《云南藏区可持续发展研究》，49—50 页，昆明：云南民族出版社，2001。

（续表）

地区名称	企业产值	管理费用支出	职工教育费用支出
白玉县	314	72	1
石渠县	241	18	0
色达县	1031	69	0
理塘县	1832	131	3
巴塘县	4606	618	8
乡城县	313	165	0
稻城县	296	48	0
得荣县	312	46	0

资料来源：《甘孜州年鉴·2007》，176、185—186 页。

5.3.2. 集约型增长方式与区域企业组织制度创新的基本思路

要实现香格里拉区域经济发展方式的转变，核心的环节是要实现区域工业企业经营管理方式由粗放型到集约型的转变。一般来说，企业制度创新的内容，主要包括组织形式创新、产权制度创新、企业文化创新和企业管理创新[1]四个方面。依据香格里拉区域工业企业发展现状，当前要着力推进企业价值观念创新、产权制度创新、组织形式创新和管理创新建设。

◎ 推进企业价值观念创新，树立经济效益与生态效益、社会效益相统一的发展理念

由于特殊的区位、环境和资源条件，在香格里拉区域，经济开发与环境保护同样重要。要实现区域经济发展方式由粗放型向集约型转变，必然要求区域企业切实转变生产经营的价值理念，即由传统的经济效益型企业向经济效益与生态效益、社会效益协调型企业转变，大力培育和发展生态型企业。与传统企业相比，生态型企业必须同时满足以下条件：使用的资源可再生；生产过程清洁环保；实现可持续发展。

为此，在区域资源开发与利用过程中，一方面，工业企业必须高度重视生态环境保护，建立健全生态补偿机制，如在区域水能资源开发中，应对开挖的废石合理堆放和处置，引水式电站应考虑适当的环境流量，对引水后的河道加

---

[1]　方时姣：《企业创新与构建企业创新体系》，《财经政治资讯》2002 年第 4 期。

强绿化建设等，尽可能减少资源开发对生态环境的消极影响；另一方面，必须确保广大人民群众，特别是当地居民的合法权益，如在水电资源开发中，要认真处理好淹没损失赔偿和移民搬迁补偿问题，建立合理的利益分享机制，使各方利益主体共享资源开发的利益。"十五"以来，区域工业企业制定的发展规划中，普遍提出要建设和打造"生态企业"、"绿色企业"，重视企业经济效益与生态效益、社会效益的有机统一。如香格里拉县的神川矿业开发有限责任公司，成立于 1996 年，主要以开发红山铜矿资源为主，经过 5 年多的创新与发展，企业的生产经营理念逐步明确，即"以技术开发、创新为先导，坚持走新型工业化道路，以打造绿色矿山为方向，努力实现企业发展、造福社会、惠及人民的目标"，[1] 现已成为区域内市场竞争力较强的矿产企业之一。又如迪庆州羊拉铜矿的开发建设，就是按照循环经济的总体概念，走循环、绿色、安全、高效、可持续的发展道路，集采选、冶炼、化工为一体的大规模集成生产。2009 年，羊拉铜矿完成了循环经济工业走廊的基础工业配套建设，建成了日处理原矿 4500 吨的一选厂、日处理 1500 吨的二选厂、年产硫酸 4 万吨的硫酸厂、年产电积铜 2000 吨的湿法冶炼厂，对羊拉铜矿的不同类型矿石进行全方位综合利用。同时，羊拉铜矿矿石综合利用技术难度极高。在云铜集团、云铜集团科技部和迪庆州科技部门的支持下，组织国内外专家经过数百次试验和十多次工艺改造，破解了浮选技术难题、湿法冶炼技术难题和充填工艺技术难题，于 2009 年完成生产精矿含铜、电积铜 10218.88 吨。羊拉铜矿通过采取加强科技攻关、强化科学管理等措施，最终使浮选回收率从 2008 年的 56% 提高到 2009 年的 75%，提高了 19 个百分点，精矿品位比 2008 年提高 2%。2010 年 1 月，选矿回收率达到 81%，羊拉铜矿处理矿石的综合利用水平又迈上了新台阶，公司各项经济技术指标得到大幅度提高。2009 年实现年利润 2784 万元，创造就业岗位 2500 个，社会贡献总额达到 2.2 亿元。羊拉铜矿高原循环经济模式在云南省职工才艺博览会上展出后，引起了国内有色金属行业的良好反响，为循环经济发展提供了一种可以借鉴的模式 [2]。

　　◎ 推进企业产权制度创新，实施投资主体多元化，建立和完善企业出资人制度

　　改革开放以来，香格里拉区域逐步打破公有制企业一统天下的局面，非公

[1]　吴彬、李文元：《雪域高原创业曲：记迪庆州政协委员、云南省优秀乡镇企业家、香格里拉神川矿业有限公司董事长兼总经理中吉》，《云南政协报》2002 年 8 月 29 日。
[2]　李银发、李贵明：《羊拉铜矿建成循环工业经济走廊》，《云南日报》2010 年 2 月 20 日。

有制经济发展迅速，企业数量及所创产值已不容忽视（见表5—7、图5—2）。实践已经充分证明，无论对于公有制企业还是非公有制企业来说，建立产权清晰的现代企业制度，是企业产权制度的发展与进步。今后，要进一步推进企业产权制度改革，实施企业投资主体多元化战略，积极发展多元化投资主体的企业。企业股权多元化，有利于所有者职能到位，形成规范的公司法人治理结构；有多元股东的制衡，易于真正实现政企分开，并防止企业内部人员控制，使企业的目标集中于追求经济效益。要积极探索通过规范上市，法人相互参股，外商或境内自然人投资入股，内部职工持股，债权转股以及通过股票市场配售国有股权或向外商转让国有股权等方式与途径，实现区域企业投资主体多元化；在推进区域公有制企业，特别是国有企业投资主体多元化过程中，要科学、准确地界定国有产权，防止借改制之机侵吞国有资产，造成国有资产的流失。

表 5—7　2005 年香格里拉区域公有经济与非公经济工业企业个数与产值比较

地区	合计		公有经济企业		非公经济企业	
	个数（个）	产值（万元）	个数（个）	产值（万元）	个数（个）	产值（万元）
迪庆	995	108122	38	12712	957	95410
甘孜	1116	184247	95	28786	1021	155461
昌都	59	25100	44	17848	15	7252

数据来源：《迪庆统计年鉴·2005》，29、31、41—42 页；《甘孜统计年鉴·2006》，176—181 页；《西藏统计年鉴·2006》，175 页。怒江州的相关数据不详。

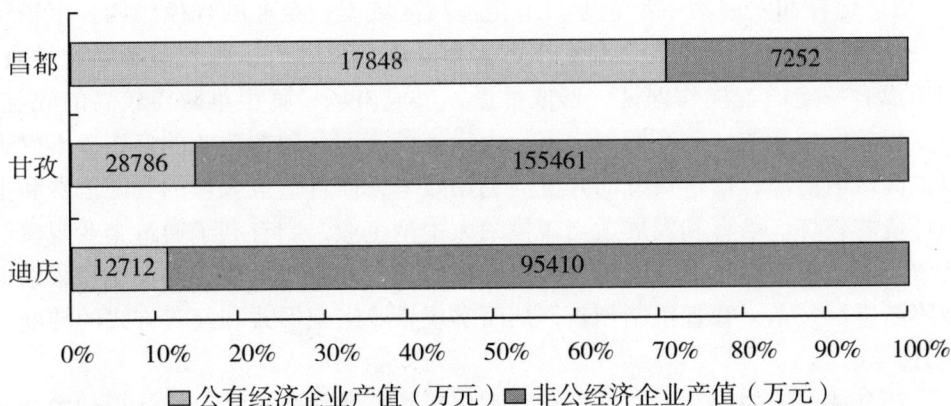

图5—2　2005年香格里拉区域公有经济与非公经济工业企业产值比较

同时，要建立和完善企业出资人制度，即真正做到谁出资，谁决策，谁受益。改革开放以来，香格里拉区域民营企业发展迅速，根本原因就在于真正的企业出资人制度得以施行和发挥作用，企业发展的动力与激励机制强力有效；反观很多国有企业，尽管也建立了现代企业制度，但其产权仍然难以明晰，原因就在于企业产权主体虚置，出资人地位与合法权益无法明确与保证，企业出资人制度难以真正施行与发挥作用。对于企业来说，企业不能有"婆婆"（即政企不分），但不能没有老板，老板就是出资人。为此，要进一步健全和完善区域民营企业的出资人制度，通过总结经验、健全法制与规章制度，使民营企业的产权制度更加科学与规范；要着力推进区域公有制经济，特别是国有企业出资人制度建设，对于国有资产规模较大、公司制度改革规范、内部管理制度健全、经营状况好的大中型国有独资企业或企业集团，可经政府授权，行使国有资产出资人职能；而其他企业中的国有资产，可组建国有资本经营管理公司作为营运主体，经政府授权行使国有资产出资人职能；被授权的营运主体对授权范围内的国有资本，依法行使资产收益、重大决策和选择管理者权利，并承担国有资产保值增值责任。

◎ 推进企业组织形式创新

组织形式创新是企业制度创新的重要内容。在区域经济发展中，区域企业组织形式的类型科学合理与否，决定着企业生产经营方式的类型及其效率，从而最终影响到区域经济发展方式的类型及其转变。在香格里拉区域，工业企业的经营方式的粗放型，与企业组织形式的落后紧密相关。为此，当前迫切需要从以下三方面推进区域企业的组织形式创新：

1. 培育和发展大中型企业，适当提高区域工业企业的规模结构。市场经济是规模经济，规模经济具有生产力要素的聚集效益、扩张效益和结构效益，如果没有一定的规模作保证，形成批量，形成市场，就很难获得较高的效益。香格里拉区域能源、矿产资源丰富，大量规模小而分散的企业的存在，不仅难以提高区域能源、矿产资源的开发与利用效率，而且造成大量的资源浪费和生态环境的破坏。培育和发展适当规模的大中型企业，则有利于通过企业规模经济效应提高香格里拉区域能源、矿产资源的开发和利用效率，并促使和激励企业不断进行技术、管理机制创新，从而实现企业组织形式和经营方式的转变与提升。

近年来，通过对比和总结经验，香格里拉区域部分地区已经认识到发展适当规模优势龙头企业的重要性。比如《甘孜藏族自治州国民经济和社会发展第十一个五年规划纲要》中指出，在 2003 年的前一个较长时间内，到州内开发资源的企业，相当一部分是规模小、实力不强、在行业和市场上核心竞争力弱的企业。从 2003 年以后，一些规模较大的优势企业相继进入甘孜州，投资开发区域优势矿产、水能资源和农畜产品，经济效益良好。两相对照，充分表明：适当规模的大中型企业一旦获得了资源，就能在较短时间内发挥资金、技术、人才等要素的功能，迅速推进和实现资源优势向经济优势的转化，成为影响和带动区域经济增长的龙头企业；分散的小企业即使占有一定的资源，也因为不能充分有效地发挥生产要素的功能而导致资源得不到科学、合理地开发，资源优势难以转化为经济优势。[1] 因此，在继续扶持"小而专、小而精、小而优"的企业的同时，香格里拉区域应鼓励区域内有条件的企业运用资本和产品的优势进行兼并和重组，努力培育出一批实力强、效益高的大型企业集团和龙头企业。

2. 健全和完善企业组织机构，完善法人治理结构。改革开放以来，香格里拉区域很多企业建立了现代企业制度，但很不规范，没有实现企业经营方式由粗放型向集约型的实质性转变。比如，很多企业，名义上经过改制成为股份制企业，但实际的生产经营、管理体制并没有发生实质性变化，往往是包装着"股份公司、有限责任公司"等外壳的个体企业和家族制企业。为此，需要进一步健全和完善企业内部组织机构，严格按照《公司法》的要求，规范和强化法人治理结构。首先，建立健全企业规范的股东大会、董事会、监事会和经理办公会机构，明确各自的人员组成及相互间的权、责、利关系；其次，实行董事会领导下的总经理负责制，明确董事长是企业的法人代表，董事会是企业的决策机构，行使企业资产的占有权能，经理人员行使企业资产的经营权能，接受和服从董事会及董事长的领导、监督，对企业全部财产的安全和增值承担直接责任。

3. 鼓励发展"股份制、股份合作制"等现代企业组织形式，努力实现企业组织形式多样化。长期以来，香格里拉区域企业主要是以全民所有制企业和集体所有制企业为主，企业组织形式单一，企业内部组织机构行政化；改革开放以来，非公有企业经济发展迅速，但主要是规模小的个体、私营企业，大多数以独资、合资、合作制为企业组织形式，企业组织形式单一，与现代企业制度相适应的股份制、股份合作制企业比重小[2]；很多企业名义上是公司制企业，实质上仍然是独资性的个体、私营企业或家族企业，企业的经营方式没有发生

[1]　尧斯丹：《甘孜新跨越：甘孜藏族自治州国民经济和社会发展第十一个五年规划》，71 页，成都，四川民族出版，2007。
[2]　比如甘孜州，2006 年全部 1118 个工业企业中，股份制、股份合作制企业分别为 97 个、1 个，分别占企业总数的 8.7%、0.09%。

实质性的变化。在现代社会及市场经济条件下，建立公司制企业，是建立现代企业制度的基本要求，也是提高企业经济效益和转变企业经营方式的前提与基础。为此，应当鼓励发展"股份制、股份合作制"等现代企业组织形式，努力实现企业组织形式多样化。具体途径为：资金入股、技术入股、职工入股、兼并与重组等。

◎ 推进企业管理制度创新，建立健全人力资源管理与技术创新机制

按照现代企业制度的管理理念，企业管理的主要对象或内容，不仅是厂房、机器、原料等物，更主要是企业员工，或者说人力资源。推进香格里拉区域企业管理制度创新，就是要以人力资源管理为核心，着力提高专业管理人员、技术人员及普通员工的素质技能。

为此，要创新企业技术、管理人员及普通员工的培养与利用机制。一是有条件的企业要建立培训机构，充分发挥企业培训机构的作用，实现自己的人才由自己来培养；二是制定技术、管理工人正常的培训制度，应当根据企业的实际，定期或不定期的组织培训，以适应技术、管理进步的要求，有条件的企业要组织技术、管理人员到发达地区或国家进行技术培训学习，提高员工的技术素质；三是树立"以人为本"的思想，按"人尽其才"的原则大胆使用知识化、年轻化的技术、管理人员，安排他们到关键技术岗位上，为他们尽快成长创造有利条件；四是在技术工人评聘上，敢于打破年龄界限及"排资论辈"，使具备条件的高级工和中级工尽快晋升到上一等级的技术岗位，以缓解高级技师评聘与年龄偏大之间的矛盾。

要建立健全对企业技术、管理人员的激励机制。企业管理的目的，不仅在于提高人力资源的素质技能，而且在于充分发挥人力资源的素质技能，使企业获取更大的经济效益。这要求建立企业人力资源的激励机制。为此，一是要建立与经营效益挂钩、工资、奖金、福利及红利等相结合的工资制度，并与企业职工平均工资保持相应差距。二是要把物质鼓励同精神鼓励结合起来，既要使经营管理者获得与其责任和贡献相符的报酬，又要提倡奉献精神，宣传和表彰有突出贡献者。三是要开展优秀企业家评比、表彰、奖励活动，建立有助于优秀企业家经营更大规模、拥有更先进技术企业的制度，以此来不断增加企业经营者的成就感和荣誉感，增强社会的认同感和其自身价值的实现感。

要建立企业技术创新机制。企业要着眼长远发展，就必须高度重视技术创新。对于香格里拉区域企业来说，一是要制定企业自身技术创新规划，依据企业发展规划，有计划、有步骤地推进企业的技术创新与进步；二是要突出重视

与生态环境保护相关的科技创新，随着企业的发展壮大，对周围生态环境的影响也在加大，迫切要求企业技术能够相应得到进步与发展；三是要鼓励企业员工积极参与技术创新，创造技术创新的良好氛围，企业员工所取得的技术进步往往是最实用、最有价值的，能够迅速转化为现实生产力和经济效益；四是要把企业内部技术创新与外部引进先进技术有机结合起来，要与相关大专院校及科研机构保持密切的合作关系，利用外部力量弥补自身不足，以达到推进技术创新的目的。

5.4. 政府行为与香格里拉区域经济发展方式转变

在香格里拉区域经济发展方式转变过程中，政府是区域经济体制改革、各项经济规划和政策的制定者和实施者，引导和调控着区域各主体的经济行为。因此，规范区域政府行为，提高其行政效率，对香格里拉区域经济发展方式转变，即实现从粗放型向集约型的转换具有极为重要的作用和意义。

5.4.1. 政府行为短期化对区域发展的影响

用经济学的方法来描述和分析区域政府行为时，可以把政府的行为目标简化为政治收益最大化，即通过努力最大限度地获得公众的信任与支持。在一般情况下，政府只有获得公众的信任与支持，官员也才有可能获得连任或升迁的机会。

然而，一方面，由于政府工作的复杂性和多样性，不同领域或方面的工作，在同样的努力程度下，往往会有不同的政治收益。在有的领域政府的行为绩效是看得见、摸得着的，如基础设施建设等；而有的领域政府行为对区域经济社会发展的作用可能是间接的，甚至要经过一个较长的时期才能充分显现，比如教育事业。另一方面，任何一届政府的任期又总是有限的，同时政府所能掌握和支配的社会资源也是有限的，在政府行为目标的作用下，任何一届明智的政府都会将有限的资源用于最容易出成绩，或见效最快的领域，以期获得较高的政治收益。

因此，政府在领导、规划和组织区域经济建设过程中往往存在着行为短期化的取向，如表现为注重短平快的项目，而忽视见效慢、事关长期发展的项目，或在工作中避重就轻；或在一些工作中走过场，作表面文章，大搞损害公共利益的"形象工程"；或以牺牲区域生态环境系统和未来的发展机会为代价，换取任期内的政绩，等等[1]。

5.4.2. 防止和克服地方政府行为短期化与制度创新

众所周知，企业外部性行为所带来的不利影响是通过政府的法律制度规范来消除的，即在"看不见的手"的市场经济运行过程中加入了政府"看得见的手"的约束。政府的行为和"经济人"的行为本质上都可以是利己的和机会主义的，因此，加强制度建设是规范政府行为的关键。如果没有制度约束，不仅经济人的行为会是不理性的，而且政府的行为也将违法乱纪。吉林省在这方面作了有益尝试。

吉林省 2008 年通过并施行了《吉林省松花江流域水污染防治条例》（以下简称《条例》），以切实保护松花江水环境，使松花江流域水污染防治纳入法制化轨道。在流域内实行水环境保护目标责任制和考核评价制度。省、市政府须将饮用水源地、重点河段的水质目标、总量控制指标完成情况和跨市、县行政区域交界处河流断面水质状况纳入水环境保护目标责任制，对下级政府及其主要负责人进行年度和任期考核，并向社会公布考核结果。任何单位和个人都有保护流域水环境的义务，并有权对污染水环境的行为进行检举。《条例》还规定，环境保护行政主管部门或其他相关部门不依法履行职责，对严重污染环境的企事业单位不依法责令限期治理或不按照规定责令停产、关闭的；对依法应当进行环境影响评价而未评价，或环境影响评价文件未经批准，擅自批准项目建设或擅自为其办理征地、施工、注册登记、营业执照、生产（使用）许可证的；不按照规定核发排污许可证及其他环境保护许可证，或不按照规定办理环保审批文件的；违法批准减缴、免缴、缓缴排污费的；不按照法定条件或法定程序，对环境违法行为实施行政处罚的，给予直接责任人以警告、记过或记大过处分；情节较重的，予以降级处分；情节严重的，予以撤职处分；构成犯罪的，由司法机关依法追究刑事责任。[2]

总之，有效防止和克服政府行为短期化取向，努力提高政府决策的科学性，是实现香格里拉区域经济发展方式转变的重要前提与基础。为此，必须建立健

---

[1] 李军杰：《地方政府经济行为短期化的体制性根源》，《宏观经济研究》2005 年第 10 期。
[2] 《吉林省松花江流域水污染防治条例》，《吉林日报》2008 年 6 月 4 日。

全促进和适应香格里拉区域经济发展方式转变的政府绩效评价体系，并最大限度地改善区域政府决策的知识和信息条件。

第一，制定科学合理的政府任期目标，客观、公正地评价政府工作绩效。一是政府的任期目标不仅应包括国民经济发展指标，还应包括社会发展、文化建设、国民教育、生态环境的保护与建设等涉及区域经济社会发展的各个方面的指标。任期目标应是一个可以分解和量化的具体指标体系，并对政府完成任期目标的情况进行年度考核，考核应实行单项否决制，任期目标中的任何一项指标不达标都应视为不合格。二是要严肃政府任期目标的审批程序。政府任期目标不仅应广泛征求各部门以及社会各阶层人士的意见，还应当经过同级党委和人大常委会的批准，并在同级人代会中讨论通过。在政府工作报告中应避免以工作总结来取代任期目标完成情况评估的做法，应紧扣任期目标的完成情况这一中心，向人民代表陈述政府工作的绩效。

第二，加强人大对政府工作的监督、检查，提高人大对政府工作监督、检查的效率 [1]。监督、检查和评价政府工作，是人大工作的基本职责。在区域经济活动中，对必须由政府来投资或审批的建设项目，要切实提高透明度，采用招投标、特许权公开拍卖等市场化方式进行操作，健全监督机制，防止以权谋私，消除政府寻租的体制根源。人大检查、评价政府工作，不仅要看统计数据，还要到实地考察，对统计数据作必要的抽查、验证。如果人大对政府工作疏于检查，失去监督，就很难避免和防范政府行为短期化。

第三，要严格执行《中华人民共和国统计法》，禁止政府官员以各种理由调整统计数据，确保区域经济社会发展统计数据的真实性和有效性。统计指标是综合检测区域经济社会发展水平的尺子，任意放大或缩小刻度，都不可能真实地反映一定区域一定时期经济社会发展的历史过程，也不可能真实地反映区域政府工作的绩效。

第四，不断提高党员干部和领导班子的素质和领导能力，尽量避免因决策者知识和信息不足所造成的政府行为的短期化倾向。要改革干部政绩考核和提拔评价体制，干部政绩不能只看 GDP 增长的数量和速度，更要看市场监管、社会管理和公共服务水平，包括就业、社会保障、教育、文化、环境、生态保护、医疗卫生及社会秩序、信用、法治环境的改善等。

---

[1]　李军杰：《地方政府经济行为短期化的体制性根源》，《宏观经济研究》2005 年第 10 期。

5.5. 建立健全香格里拉区域资源环境 可持续利用的制度

在市场经济体制下，政府的主要经济职能是弥补市场机制的不足，运用经济、法律等手段间接调控整个国民经济，保持国民经济稳定、有序、健康运行与发展。其中，制定维护国民经济健康、有序运行的规章制度，是政府重要的职能。当前，在香格里拉区域经济发展方式转变过程中，区域政府转变职能，科学制定与完善有关区域环境、能源、矿产资源开发与保护方面的规章制度，尤为迫切。具体来说，区域政府当前要着力推进以下六个方面的制度变革与创新。

5.5.1. 建立健全环境影响评价制度

改革开放以来，随着《环境保护法（试行）》《基本建设环境保护管理办法》等法律法规的先后颁布实施，我国已初步形成环境影响评价法律制度体系。然而，总体上看，我国目前的环境影响评价制度仅局限于建设项目的决策阶段。由于其适用范围小、适用时间短、预测功能弱、监督机制不完善等因素，[1] 在区域经济发展中，难以协调整体环境保护与单项环境保护之间的关系，也不能满足区域环境保护与经济、社会协调发展的要求。在香格里拉区域经济发展方式转变过程中，要以实现区域经济可持续发展为目标，进一步完善区域环境影响评价制度。

第一，扩大环境影响评价制度的适用范围，提高环保准入门槛。借鉴西方国家的成功经验，在经济活动中，凡是对生态环境有重大影响的项目，如政府制定的政策、规划和行动方案，一切可能对环境造成危害的建设活动，都必须进行环境影响评价，把环境和资源承载力作为要素参与综合决策，并在资金、技术、优惠政策等方面充分考虑，使环境保护真正成为国民经济和社会发展的有机组成部分 [2]。同时，要提高环境准入门槛，禁止发展消耗高、污染重、技术

---

[1] 何燕：《试论环境影响评价制度》，《生态经济》（学术版）2002 年第 5 期。
[2] 张波、赵华：《俄罗斯生态鉴定制度初探——兼议完善我国环境影响评价制度》，《求是学刊》2005 年第 4 期。

落后、难治理的项目，严格控制新的污染源产生。加大对城镇和企业污染治理力度，提高"三废"处理能力，确保工业废水、废气、废渣排放全部达标。

第二，建立科学的生态环境影响综合评价体系。首先，生态环境影响以大气环境、水环境和固体废物环境等作为评价指标。其次，根据环境各要素影响的状况及程度，设定红、橙、蓝、绿四种不同等级，并设置相应的预警和应急机制。红色为环境严重超载，污染严重的区域；橙色为大部分环境污染接近临界状态的区域；蓝色为环境污染水平处于可控状态的区域；绿色为生态环境处于优良状态，环境状况处于较高水平的区域。红、橙意味着对区域发展亮起了警示灯，投资、项目等发展要素不适宜再布局于该地区；蓝、绿则意味着区域发展态势良好，但并不意味着该区域可以盲目大上项目，破坏资源、污染环境。[1]最后，把环境影响评价纳入领导干部考核指标，并作为一项关键指标来对待。建议区域各地州每半年公布一次各县和主要行业的能源消耗和污染排放情况，让社会监督；实行环境保护一票否决制。各级政府要定期向同级人大常委会报告区域生态环保状况，自觉接受监督检查。广泛开展各类评优创先活动。

第三，建立生态环境影响跟踪评价管理体系。跟踪评价是对已进行环境影响评价的项目，在其建设或运行过程中随机或有针对性地进行环境影响评价，并根据环境影响评价中发现的问题要求建设单位限期整改，以确保环境影响评价机制的长效性。

第四，建立生态环境监测体系。建立重大突发环境事故监察、监测中心。建立森林资源、草场资源、生物多样性、水土流失、土壤有机质含量、农业水源污染和工业及生活污染、水资源年际变化、气候变化等监测机制，形成生态环境监测预警体系。

第五，健全环境影响评价的权威性与公众参与性。不仅要进一步改进和完善环境保护行政主管、监督机构的工作机制和工作方式；还要建立健全各级人大代表、政协委员、从事环境保护工作或研究的专家、学者以及公民知晓和监督生态环境状况的机制与渠道。如根据公众参与原则，在项目可行性论证阶段实施建设项目环境影响评价听证制度；在项目实施过程中，由建设项目相关人员选派若干代表或委托相关专家作为环境评价监督机构的成员行使监督权，充分发表意见，等等[2]。

---

[1]　李剑文：《试论我国环境影响评价制度的完善》，《经济问题探索》2008 年第 11 期。
[2]　陈维春、何晖：《环境影响评价制度中的公众参与浅析》，《求实》2006 年第 S2 期。

5.5.2. 积极探索生态环境补偿机制

改革开放，特别是实施西部大开发以来，鉴于西部地区生态环境的脆弱性与极端重要性，中央财政性建设资金在西部地区累计投入 4600 亿元，中央财政转移支付和专项补助资金累计安排 5000 多亿元。其中 1100 亿元用于西部地区的生态环境补偿，通过大力实施天然林保护工程、退耕还林还草工程、防风治沙工程、水土保持工程、野生动植物及自然保护区建设工程等，以保护和改善西部地区的生态环境。[1] 在香格里拉区域经济发展方式转变过程中，以财政转移支付为主要手段的生态环境补偿模式发挥了重要作用，产生了良好效果；但从国际经验看，还可以通过开发性补偿、受益性补偿、奖励性补偿等方式进一步健全生态补偿机制。

生态补偿机制建设是一个复杂的系统工程，需要在多个层面不断改革与完善，形成较完整的支持系统 [2]：一是法律层面。完善的法律法规和设计合理的制度规范是生态补偿机制有效运行的基本依托。在国家层面相关法律规范暂时缺失的情况下，客观上要求区域在对现有生态环境建设相关政策性文件清理完善的基础上，尽快探索制定生态补偿机制建设的地方性法规，明确生态补偿的原则，为生态补偿活动提供补偿依据、程序和实施细则，为其他地区的生态补偿工作提供有益借鉴。二是组织体系层面。可在各地州设立生态补偿委员会，通过建立领导小组协调机制和联席会议制度，促进各部门的沟通协作，明确各部门的责任与义务，保证各项工作有序进行。三是政策层面。对现有的与生态补偿相关的政策进行梳理，逐步调整，统筹规划，确定区域生态补偿的重点区域和重点项目，合理安排治理项目与投入结构，加大支持力度。进一步完善生态补偿相关的财税政策，建议完善省区对下级财政转移支付政策，并对涉及区际补偿领域的治理成本通过横向转移支付等形式进行区际间的合理分摊。积极建立区域生态补偿基金，基金来源应多元化，包括中央财政、省地级财政的投入及争取国际合作与援助、吸纳社会资金等。四是科技支撑层面。生态补偿机制建设需要相关科学技术的支撑与配合。应提高生态环境保护的科技支持能力，加快生态科研成果转化。建立健全各地州生态环境价值评估体系，逐步实现从定性评价向定量评价转变，为区域生态补偿机制建设提供理论支持和科学依据。应将生态价值评估纳入国民经济核算体系之内，不仅为生态补偿的指标和标准体

---

[1]　冯留雷：《从"输血型"到"造血型"——建立和完善西部地区生态环境补偿机制》，《环境经济》2006 年第 3 期。
[2]　王健：《我国生态补偿机制的现状及管理体制创新》，《中国行政管理》2007 年第 11 期。

系建设提供依据，也为完善政绩考核体系提供补充。

区域生态环境补偿的领域主要包括：一是生态功能区补偿[1]。充分发挥政府的主导作用，对不同功能区实行分区管理，对生态保护的重点功能区域，建议省级财政应加大纵向转移支付力度，支持生态建设和环境保护。与此同时，可采取"民建公买"等灵活方式，激励民众和其他社会力量参与生态建设和提供生态公共产品，产品成熟后由政府购买，以此提高生态产品供给的有效性。比如，由个人承包荒山种植公益林，待公益林成材后，进行科学合理的价值评估并由政府购买，从而充分调动各方的生态建设积极性。二是流域补偿。流域补偿是生态补偿领域的一个重点和难点，应通过政府间的协商谈判加以解决，政府间横向转移支付应是补偿的一个重要方式。生态受益地区还可以通过对口援助（如提供劳动力培训）及开展技术合作等方式来予以补偿。引入市场机制也是解决流域补偿问题的一个有效途径。可以通过建立流域水权交易制度来调节水的使用，并为水资源保护筹集资金。[2] 三是资源补偿。就当前香格里拉区域实际生态环境状况来看，应以公益林效益补偿及水资源、退耕还林（草）、能源矿产资源开发保护补偿为重点和突破口。针对不同资源环境要素，由各地州主管部门提出具体方案并负责实施。

区域生态环境补偿的主要方式包括：上级政府以专项转移支付形式，支持各领域的生态补偿建设；建立生态保护补偿基金，体现对生态保护行为奖励性的补偿，基金可采取多元化的筹资模式，以中央和省级财政投入为主，吸纳企业和社会各类资金；对破坏生态的行为征收各种补偿性的税费；执行生态恢复抵押金制度。[3]

5.5.3. 积极稳妥地推进集体林权制度改革

林权制度是林业发展的基础，林权改革是林业改革的核心。[4] 在推进香格里拉区域经济发展方式转变过程中，应当明确：集体林权改革的前提是保障贫困林农不会失去其基本的生产资料——林地；改革的策略应该允许多样性的产权安排；改革的重点是建立针对重点生态公益林的购买制度，而不是简单地确权到户和目前实行的价格严重背离价值的价值补偿制度；改革的目标应该是实现具有生态、经济和社会效益的森林资源可持续经营，保障森林资源的生态、

[1] 孙力：《生态功能区补偿法律制度初探》，《环境保护》2008 年第 12 期。
[2] 李磊：《我国流域生态补偿机制探讨》，《软科学》2007 年第 3 期。
[3] 毛振军：《论西部民族地区生态补偿机制的建构》，《黑龙江民族丛刊》2007 年第 6 期。
[4] 谭世明、张俊飚：《集体林权制度改革研究述评》，《湖北社会科学》2008 年第 6 期。

经济和文化功能。

第一，要坚持农村基本经营制度，确保农民平等享有林地承包经营权。根据林业的特点和农民的愿望，通过均山、均股、均利等形式，将林地的承包经营权和林木的所有权平等落实到户，使集体经济内部的成员平等享有集体林地的权益。关键是确保集体经济组织内部所有成员平等享有承包权，实现真正意义上的"还山于民"。[1]

第二，要兼顾各方利益，确保农民得实惠、生态环境受到保护。集体林权制度改革必须统筹兼顾，正确处理好集体利益与个人利益的关系，处理好自主经营与保护生态的关系。要通过落实农民的林地承包经营权和林木所有权，搞活经营，使农民真正享受到改革带来的成果，调动广大农民兴林致富的积极性。要坚持生态优先原则，特别是本区域集体林地绝大多数为生态公益林，对防风固沙、控制水土流失等具有重要作用，决不能以牺牲生态为代价，要把保护生态作为改革的底线，把各项配套措施、管护措施建立起来，切实保障生态安全。

第三，要充分尊重农民的意愿，确保农民的知情权、参与权、决策权。农民是集体林权制度改革受益的主体，也是参与决策和监督的主体。要尊重群众、相信群众、依靠群众，把如何改、何时改、怎么改等重大问题的决策权交给群众，让群众自主决策，充分发挥民智。改革的结果要张榜公布，接受群众监督。不搞包办代替，更不能强制推行，切实把农民的积极性、创造性保护好、发挥好。

第四，要依法办事，确保改革规范有序。要认真贯彻《中共中央、国务院关于全面推进集体林权制度改革的意见》有关精神，严格执行《物权法》、《农村土地承包法》、《森林法》、《村民委员会组织法》等法律法规和党在农村的各项政策[2]。要坚持按程序办事，做到政策、内容、方法、步骤、结果五公开，严禁暗箱操作，杜绝以权谋私等问题的发生。要妥善处理各种林地纠纷和矛盾，对于已经通过各种形式承包了的林地，如果符合法律规定、合同规范，要予以维护，合同不规范的要予以完善，不符合法律规定且群众意见较大的，要依法纠正。要严厉打击乘机乱砍滥伐林木、乱征滥占林地等违法犯罪行为，确保改革依法有序推进。

第五，要实行分类指导，确保改革符合实际。本区域自然条件差异很大，集体林地林情各不相同。推进集体林权制度改革，一定要坚持从实际出发，因

---

[1]　西南地区集体林权制度改革课题组：《对西南地区集体林权制度改革的思考》，《经济体制改革》2008 年第4 期。

[2]　韦贵红：《集体林权制度改革中有关法律问题研究》，《北京林业大学学报》（社会科学版）2008 年第 1 期。

地制宜，分类指导，分区施策，不搞一刀切。要按照中央关于推进集体林权制度改革的意见精神，结合本地实际，科学确定集体林权制度改革的具体方式和集体林地经营管理形式，使改革更加符合实际，更加具有特色，真正实现林业发展、农民增收的目的。

第六，要坚持试点先行，确保改革健康推进。林地改革既要考虑农民的致富问题，又要考虑生态保护问题，是一项具有探索性的全新的工作，不能盲目推进，急于求成，必须坚持试点先行，逐步推进的原则。各地州要选择一些不同类型、有代表性的县进行试点，各县区也可以选择一些乡镇进行试点。在试点成功的基础上，总结经验，逐步全面、深入推开，确保改革健康、有序推进。[1]

5.5.4. 完善区域草场承包制度改革

草场（或牧场）是牧民赖以生存和发展的生产资料，是牧区经济发展的基础和财富源泉。十一届三中全会以来，在党和政府的统一领导下，广大牧区在"牲畜归户、户有户养、自主经营、长期不变"的生产经营责任制基础上，全面推行"草场公有，承包经营"的草场承包责任制。由于对草原畜牧业生产经营活动和草场承包责任制缺乏深入认识，当前草场承包责任制在实践过程中面临着诸多问题，如草场承包层次低、流于形式，草场承包关系缺乏稳定性和统一性，未将有偿使用纳入草场承包责任制等，导致草场普遍重饲养规模的扩大、轻草场管理和休养生息，草场牲畜超载率日益增长，草场生态环境不断恶化。[2] 在推进香格里拉区域经济发展方式转变过程中，要进一步落实和完善草场承包责任制，全面确立草场家庭承包有偿使用责任制。

现阶段全面确立草场家庭承包有偿使用责任制，有重要意义：一是有利于彻底扭转草场公有公用吃"大锅饭"的局面，理顺牧业生产关系，使牧民充分获得草场经营自主权；二是有利于形成草场建设自主投入机制，加快草场基础设施建设进程，促进草场畜牧业生产的可持续发展；三是有利于牧民实现定居，致力于发展现代化家庭畜牧业生产。

当前，确立和推行草场家庭承包有偿使用责任制，重点要抓好两个环节[3]：

第一，进一步完善草场承包责任制。应根据当地的自然条件和历史，因地制宜地实行草场承包制，并将草场承包合同纳入《合同法》的调节范围，做到

[1] 李建友：《云南集体林权制度改革基本经验及深化改革关注点》，《林业经济》2008 年第 9 期。
[2] 孙翔云：《进一步落实和完善牧区草场承包责任制》，《甘肃农业》2000 年第 4 期。
[3] 扎呷：《论西藏的草场资源与环境保护》，《中国藏学》2005 年第 3 期。

有法可依。

在完善草场承包责任制过程中，要紧紧抓住牲畜这一环节。以往就草论草，过多地将草场承包视为技术问题考虑，要求将承包到户的草场围起来，无助于解决草地超载问题；通过牲畜来配置草地资源是切实可行的，可以避免实物形态分割草地和围栏草地，降低操作难度与成本。广泛采用经济手段，通过对牲畜数量的管理与调节，调控对草场的利用，实现以草定畜，草畜协调发展的目标。

第二，建立健全草场使用权流转制度。要使草场资源的配置富有效率，必须建立健全草场使用权的出租、转让等流转制度。这是草场产权制度建设的核心问题，是传统草场畜牧业走向市场经济体制的关键。唯此，才能打破制约草场畜牧业规模经营的瓶颈，进而有力地促进牧业人口向外流动，带动乡镇企业等牧区经济的全面发展，促进草场畜牧业劳动生产率的提高和可持续发展。

根据产权的可分解性，各地草场承包责任制中的具体做法，应当是多样的。要尊重牧民群众的首创精神，允许出现不同的产权结构，以适应各地不同的自然和社会经济条件。

5.5.5. 建立健全矿产资源开发与管理制度

温家宝总理在 2007 年 3 月十届全国人大五次会议上所作的政府工作报告中指出：要深化重要资源性产品价格改革，完善资源税制度，健全矿产资源有偿使用制度，加快建立生态环境补偿机制 [1]。目前我国矿产资源价格处于不断调整过程中，但过去的数年间一直保持在高位，矿产开发获利颇丰。矿产开发产生的利益如何分配，社会成本如何分摊成为矿产资源开发难以回避的问题，并成为影响区域增长方式转变及可持续发展的关键问题。

依据我国相关法律法规，结合香格里拉区域实际，拟从以下几个方面建立健全矿产资源开发与管理制度：

第一，实行矿产资源开发准入制。为使矿产资源开发有序进行，保障矿山生态环境，建议区域对矿产资源开发建立准入制度。（1）必须依照有关法律、法规及有偿使用原则取得探矿权、采矿权。（2）必须有具备资质的单位勘查提交的资源储量报告和国土资源主管部门认定登记的资源储量。（3）矿山规模必须与矿区（床）的资源储量相适应，矿山建设必须按照具有相应资质的设计单位编制的符合技术规范要求的设计进行施工建设，对不符合矿区（床）最低开

---

[1] 温家宝：《政府工作报告》，《人民日报》2007 年 3 月 15 日，第 1 版。

采规模要求的采矿权申请不予受理。（4）必须有与所建矿山企业规模相适应的资金、技术、人员、装备的物质条件，有良好的业绩和信誉，取得相应资质。（5）开采回收率、采矿贫化率和选矿回收率（"三率"）指标能达到规定的要求。（6）对具有工业价值的共生、伴生矿产有综合开采、综合利用方案，对暂时不能综合开采、综合利用的矿产及含有有用组分的尾矿应有有效的保护措施。（7）必须符合国家规定的环保条件和规划规定的新建矿山生态环境准入条件，实行环境一票否决制。新建、扩建与延续开采矿山必须与国土资源主管部门签订矿山生态环境恢复治理承诺书，预交矿山环境恢复治理保证金。（8）必须符合国家关于安全生产的规定，具有安全生产的资质，有机械化生产的设备、设施和措施[1]。

第二，健全矿产资源开发管理与监督制度。加强矿产资源行政管理，提高执法人员依法行政的水平；要严格矿产资源开发过程中的监督和事前、事后监督，尤其应严格审查矿山建设可行性报告和开发方案，把住发证关，把那些不符合规划规定、不利于矿产资源保护和合理开发利用的矿业开发者堵在依法采矿的范畴之外；定期对各矿山企业实行巡回检查制度，重点检查采矿、选矿及环保是否达到规定要求，及时制止违反规定的行为，确保矿业生产符合法律、法规；建立矿山企业"三率"指标和综合利用指标考核制度，对指标考核不合格的企业应限期达标，连续三年不达标则责令其停产整顿，经批准后方可恢复生产。若恢复生产当年仍不达标，应关闭处理，并收回该矿权重新招标；建立矿山生态环境准予强制执行制度、矿山环境治理书面承诺与保证金制度和矿山生态环境监测报告制度等三项制度，坚持矿山生态环境影响评价和地质灾害危险性评估制度[2]。

第三，认真落实矿业权有偿取得、依法转让的法律制度。构建矿业权设立、流转运行新机制，建立健全矿业权市场管理制度[3]，规范矿业权招标、拍卖、转让和矿业权价款确认、资产处置等行为，使投资者在公开、公平、公正条件下有偿取得探矿权和采矿权；培育矿业权二级市场，允许矿业权人采取出售、作价出资、合作勘查或开采、上市等方法依法转让矿业权，也可以按规定出租、抵押矿业权。建立培育区域矿业市场，充分发挥市场经济资源配置的基础作用。

第四，探索建立矿产资源勘查开发投融资的新机制。用活用足国家实施西

---

[1] 严良、李伟等：《论西部矿产资源开发利用的中观管理》，《中国国土资源经济》2008 年第 6 期。

[2] 吕晓澜：《关于矿产资源开发利用监督管理的思考》，《浙江国土资源》2008 年第 5 期。

[3] 高志敏、王良健：《我国矿产资源开发利用与资产化改革思路》，《中国矿业》2007 年第 2 期。

部大开发制定的财政、金融、税收等各方面的优惠政策，通过内引外联，扩大资金投入；充分利用国家对西部开发政策倾斜不断加大的公益性地质调查评价投入和矿产资源补偿费、矿业权价款及财政列支的专项资金，优先安排规划中推荐的勘查、开发、保护项目，特别是基础性和战略性矿产资源调查评价项目及市场好、工作程度高、储量大的项目[1]。

5.5.6. 建立健全水能资源开发与管理体制

香格里拉区域四地州水能资源丰富，建库条件好，便于集中开发，可形成规模优势。在确保经济效益、社会效益与生态效益相统一的前提下，应坚持"流域、梯级、滚动、综合"[2]的开发原则，明确各利益主体的权、责、利，制定科学合理的电价政策和税收政策，建立健全水能资源开发与管理体制。

第一，建议改革现行的电力开发体制。取消对干流水电开发的行政垄断做法；应根据区域实际，对开发时间、开发顺序、配套条件和移民安置等重大问题进行规划；对现有的开发体制进行改革，建立统一的全面招投标制。从区域实际出发，可首先对由地方审批的中小型水电站实行公开招标，逐步建立水电开发权公平竞争机制。要严格准入条件和程序，完善招标、拍卖等市场化方式选择投资者的运行机制，形成公开化、规范化的竞争市场[3]。

第二，建立健全区域水能资源开发组织管理机构和制度。在遵循市场规律的基础上，充分发挥政府的主导和推动作用，全面统筹和协调水能资源产业开发工作。根据开发的要求增设相应机构和配备专门人员，制定管理制度和工作流程，建立完善的组织机构和工作制度；成立各州县水电开发领导小组，负责水电开发的组织协调、项目管理、政策实施、服务保障等工作。

第三，改革与完善传统的招商引资管理体制。本区域水能资源开发的资金需求十分巨大，必须进一步加强招商引资的力度，吸引更多有实力的开发投资主体，实现投资主体多元化，以解决开发建设的资金来源。可充分发挥市场机制的作用，改变过去以"运动式"招商、会议招商、坐等客商为主的招商方式，实行以中介机构招商，以商招商，网上招商等为主的多种招商形式，奖励引资有功的人员，等等。

第四，完善水电建设项目管理制度。严格水电站的项目审批管理，凡属于

[1] 程刚：《对新疆金属矿产资源开发与投融资情况的调查》，《新疆金融》2007年第7期。
[2] 罗正明、周祥志：《西部地区水能资源开发探讨》，《中国水利》2006年第14期。
[3] 贺恭：《关于推进怒江流域水能资源开发的思考》，《水力发电》2007年第5期。

地州有权力审批的项目，要严格坚持审批制度，尽量减少和杜绝无科学论证、无初步设计批文的项目，确保中小水电站建设的规范。凡属于地州内审批的项目，不符合规划的一律不批。对于审批权在省区和国家的项目，应积极反映情况，争取得到省区和国家的支持，并将其纳入相应规划中，严格按规划审批，从源头上把好开发关；同时，加强对重点建设项目的时序管理，对占有资源而不适时开发的企业，建立严格的防范措施和办法，防止"跑马圈水"、"圈而不建"[1]的现象。

第五，积极争取将香格里拉区域作为西部民族地区生态能源开发试验区或西部民族地区水能资源开发试验区，实行特殊的管理体制和开发政策。建立具有权威的水电开发协调机构，统一领导和实施开发，力争在全国形成示范效应；争取国家和省区规划部门的重视，将更多的项目纳入国家和省区的能源开发规划，以获得中央和省区在政策、项目、布局等方面的大力支持；争取把向国家和省区缴纳的各项水电建设费用留在当地，作为区域水电资源开发的配套资金和生态环境保护的建设资金；争取水电在同等价格下具有优先上网权，争取地方有更大的电力价格审批权，争取出台保证小水电按合理电价全额上网的政策。

第六，强化水电开发的税收优惠与信贷扶持等政策。（1）加强对中小水电开发的税收优惠，增值税按 6% 缴纳，并一次性投资分摊到各年，抵扣增值税进项税额；享受西部大开发的优惠政策，所得税按 15% 征收，适当延长优惠年限；新办电力企业所得税实行"两免三减"，同时争取消费型增值税试点。[2]（2）争取国家和省区在水电开发方面的倾斜扶持，增加国有商业银行长期贷款，实行优惠的利率政策，加大国债资金、国外政府和金融组织贷款等的投入。（3）积极争取国家和省级大型电力开发集团的投资，高起点、高水平开发区域水能资源。

第七，积极探索移民安置和后期扶持政策。移民搬迁安置工作的成功与否，直接影响区域水电建设进度。要吸取一些地方的教训，从根本上转变移民安置思路，使广大移民共享资源开发的经济效益，确保广大移民群众的生活水平不能降低，并逐步提高。在落实好目前国家有关水电移民政策的同时，要按照《云南省人民政府办公厅关于印发云南省完善大中型水库移民后期扶持政策实施方案及相关暂行办法的通知》（云政办发 [2007]8 号）的要求，坚持国家帮扶与移民自力更生、前期补偿补助与后期扶持相结合的原则，统筹兼顾水电和水利移民、

---

[1]　贺恭：《关于推进怒江流域水能资源开发的思考》，《水力发电》2007 年第 5 期。
[2]　罗正明、周祥志：《西部地区水能资源开发探讨》，《中国水利》2006 年第 14 期。

新水库和老水库移民、中央直属水库与地方水库移民，妥善处理历史遗留问题，改善移民生产生活条件，逐步建立促进库区和移民安置区经济发展、水库移民增收、生态环境保护、农村社会稳定的长效机制，实现库区和移民安置区经济社会可持续发展。

5.6. 进一步完善香格里拉区域经济协作制度

5.6.1. 加强区域经济协作的价值与意义

香格里拉区域地处滇、川、藏结合部区域的核心地带，在自然地理上迪庆、怒江、甘孜、昌都四个地州山水相连，同属横断山区，在历史文化和经济上存在着密切联系。同时，该区域的四地州在自然资源的种类、结构与丰缺方面呈现出极强的同构性，资源优势集中在矿产、生物、畜牧和旅游资源等方面；区域经济结构高度相似，经济发展水平大体相当。随着经济技术的进步和市场经济的发展，进一步加强区域经济协作，对区域经济发展更显重要。通过加强区域经济协作，有利于克服因行政区划分割所导致的资源及产业分割现象，促进区域内产业的合理分工，优化配置资源要素，形成区域经济整体优势，提高其在区际市场上的参与能力和竞争能力，从而实现香格里拉区域经济的持续协调发展。

5.6.2. 进一步完善区域经济协作制度的构想

从香格里拉区域实际出发，进行区域经济协作的基本目标和思路是：以国家实施西部大开发战略为契机，以区域自然资源优势为依托，以技术创新和体制创新为动力，通过加强生态环境保护与建设、人力资源开发、以交通为主的基础设施建设、旅游资源开发等方面的合作，培育区域优势和特色产业，努力把区域建设成为我国重要的国际性旅游景区、重要的有区域特色的生物资源产业基地、重要的有色金属工业基地、青藏高原特色畜产品生产加工基地、大西南重要的水电工业基地和长江上游生态林基地。具体地说，建构国际性旅游景区，就是要抓住国家实施中国香格里拉生态旅游区建设的机遇，盘活旅游生产要素，充分发挥迪庆在中国大香格里拉生态旅游区和"三江并流"世界自然遗产中特殊的区位功能和优势，构建由迪庆香格里拉至昌都的滇藏旅游热线、由迪庆香格里拉至甘孜康定的滇川康巴风情旅游热线、由迪庆香格里拉经怒江贡山县沿怒江峡谷至保山或大理的滇西北旅游大环线，以及由甘孜康定至昌都的康藏旅游线路，最终建成世界级精品生态旅游区和国际旅游胜地。[1]建构有区域特色的生物资源产业基地，就是要以区域丰富的野生动植物资源为依托，以虫草、松茸开发为起点，依靠科技进步，逐步建立具有较高经济价值的野生花卉、野生植物栽培基地和野生动物人工驯养基地，延伸产业链，提高附加值。构建青藏高原特色畜产品生产及加工基地，就是要在海拔 3000 米以上的高寒地带通过草场建设和改良畜种，大力发展以牦牛为主的青藏高原特色畜牧业，形成产业规模，进而通过组织创新，积极开拓国内外市场，组建区域性的畜牧业产业化经营组织，逐步实现对传统畜牧业的改造和区域畜牧业资源的整合与深度开发。构建有色金属工业基地，就是在有效地保护好区域生态环境的前提下，以矿产品优势和水能资源优势为依托，多渠道引进资金、技术，高起点、高标准、高规模地开发区域矿产资源，优先开发大型矿床，吸纳、辐射中小型矿点的开发，逐步把区域建设成为以兰坪铅锌矿、德钦羊拉铜矿、香格里拉普兰铜矿和昌都玉龙铜矿为增长点的有色金属工业带。构建长江上游生态林基地，就是要在加强区域天然林保护工程和退耕还林工作的基础上，因地制宜地在河谷、丘陵、半山坡地区大力发展经济林、薪炭林等基地产业，并形成产业规模，把当地群众脱贫致富与长江上游水土保持及生态环境保护有机地结合起来。

　　为此，必须加强区域经济协作机制建设，消除政区壁垒，打破闭关求全的产业结构，按照市场经济的规律配置资源，形成以统一市场为基础的区域经济一体化。（1）建立跨政区的政府经济协作组织。其主要的职能是：指导、规划区域产业布局，以及区域内的产业分工；协商、解决区域经济协作与发展中出现的各种摩擦与冲突；共同向国家争取促进区域经济发展的项目与特殊政策。通过规划指导区域产业布局和区域产业分工，形成区域经济的整体优势与合力，克服资源开发中因各自为政所带来的盲目性；通过协商解决区域经济活动中的纠纷与摩擦，以促进区域整体利益的最大化。（2）积极探索建立符合规模经济原则的跨政区的经济组织形式。打破政区界线，按照市场经济、规模经济的要

---

[1]　彭泽军：《香格里拉生态旅游区合作开发初探》，《生态经济》（学术版）2008 年第 1 期；李伟、周智生：《大香格里拉区域旅游合作及其发展机制》，《经济问题探索》2006 年第 5 期。

求进行区域经济协作，不仅需要消除对各种经济资源的政区分割现象，还需要有相应的组织载体，使分散于各政区的经济资源按照规模经济的要求得到有效配置，并通过组织内部的制度安排合理分配各政区的利益。可以考虑建立健全两个层次的经济协作组织：一是建立滇、川、藏结合部行业经济协作组织，配合和协助当地政府规划区域产业布局，指导制定区域产业政策，协商解决区域经济协作与发展事宜；二是组建跨政区的大型企业集团，通过实现统一品牌、统一定价、统一经营，有效地变区域资源优势为经济优势，并形成区域整体的竞争优势。（3）建立区域科学合理的利益共享机制。由于政区利益边界与区域利益边界的非重叠性，使得政区利益与区域利益存在矛盾与冲突。一项增进区域整体利益的经济活动，有可能损害个别政区的经济利益，受损者出于对自身利益的考虑，有可能以政府行为进行干预，甚至阻挠，从而使经济活动难以实施，也无法获得预期的经济效益。通过建立区域利益共享机制，就能有效地协调各政区的合理利益，保证区域各经济主体都能分享经济合作的成果，实现区域间利益的适度均衡[1]，从而保障区域经济协作的正常进行与开展。

5.7. 加强和完善香格里拉区域对外开放的制度安排

5.7.1. 香格里拉区域扩大对外开放的重要意义

开放是任何一个区域发展的基本特征。区域经济学认为，在经济活动中，生产要素在地理空间的分布和地域经济系统演变运动中的差异性和不平衡性，从根本上说是绝对的、普遍的、长期的。由于各个区域生产要素的自然禀赋和丰裕程度不同，要素配置的初始格局一般说来不能满足区域经济发展的要求，在市场机制的作用下，必然要寻求外部要素的注入和本区域丰裕要素的输出，促使不同地区之间商品的交换和生产要素的流动，使不同地区之间结成一种互补与竞争的关系。正如贝尔蒂尔·俄林指出："生产要素不平衡的分布，除非由相应的地区需求的不平衡加以抵消，否则，这种分布会使生产要素的价格在各

---

[1]　阮丹：《浅谈大香格里拉合作中利益均衡机制的建立》，《乐山师范学院学报》2008 年第 5 期。

地区形成差异，从而促成地区间的分工和贸易。"[1] 根据大卫·李嘉图的比较优势原理，任何区域只要利用相对丰裕的生产要素，专业化生产相对有利的商品，输入相对不利的商品，便可获得比较利益。[2] 如果各地区都按比较利益规律进行社会分工，必然产生区域间的经济合作与区域贸易，区域要素的流动和贸易的发展意味着该区域是一个开放型的区域。

地处川、滇、藏大三角的香格里拉区域是一个以少数民族为主体，以丰富的旅游、生物、水能资源和独特的人文、自然景观与民族文化为主要特征，而经济发展水平又比较低下的特定区域。区域经济的发展，在重视发挥自身内部力量的同时，也有必要继承和发扬"西南丝绸之路"和"茶马古道"的精神，在"香格里拉"这个具有世界级品牌的影响力和凝聚下，通过扩大对外开放、加强经济技术文化交流与合作，加速推进实现经济社会现代化。

5.7.2. 香格里拉区域扩大对外开放的特殊性

与其他区域相比较,香格里拉区域实行对外开放,具有诸多特殊之处。比如，地处祖国西南民族地区，资源丰富，经济社会发展水平落后，由四个分属于不同省区的地州组成，等等。这些特殊因素，无疑会给区域的对外开放带来许多特殊困难与问题。具体地说,香格里拉区域实行对外开放的特殊性[3] 主要体现为：

1. 在自然地理复杂、人口密度小、交通等基础设施落后的基础上扩大对外开放。香格里拉区域地处横断山区，也是南亚板块与东亚板块挤压所形成的极典型的地球皱褶地区，是我国独特的地理单元。金沙江、澜沧江、怒江等大江大河分别自北向南、自西向东地从这里穿过，形成了世界上最独特的高山峡谷地貌，高山与峡谷相间排列，地质结构极其复杂。由于地理上的复杂性，客观上造成了交通不便、信息较为闭塞。尽管最近几年来随着国家西部大开发战略的实施，香格里拉区域交通落后的状况有了显著改观，但与内地汉族地区相比，交通等基础设施落后的状况仍突出存在。同时，香格里拉地区地域较为辽阔、人口密度小,为形成经济集聚区和地区之间的经济技术联系造成了一定困难。在这样的地理制约条件下进行对外开放，必然对基础设施条件的改善提出了更高的要求。

2. 在资源禀赋十分丰富而经济技术水平低、工业基础薄弱的基础上扩大

[1]　［瑞］贝尔蒂尔·俄林：《地区间贸易与国际贸易》，91 页，北京：商务印书馆，1986。
[2]　［英］大卫·李嘉图：《政治经济学及赋税原理》，187 页，北京：商务印书馆，1972。
[3]　张克俊：《大香格里拉整体对外开放与各行政区合作研究》，《开发研究》2007 年第 3 期。

对外开放。如前所述，香格里拉区域的资源禀赋丰富，优势明显。仅以甘孜州为例，水能资源理论蕴藏量3729万千瓦，占四川省的27%；有色金属和贵重金属等矿产资源品种多且储量大，已探明的超大型和大型矿床有30余处，中型矿床40余处；境内分布的国家级保护动物87种，占全国国家级保护动物的60%，国家重点保护的珍稀植物有32种，占全省重点保护植物种类的42%；药用植物1580种，约占四川省已知药植物种类的40%。[1]还有独特的旅游人文资源。但是，香格里拉区域经济技术水平低、工业基础十分薄弱，除各地州州府所在地有一些现代资源性工业外，其他地方的现代工业很少。可见，丰富的资源禀赋与低下的工业技术基础，是其突出特征。由此，区域的对外开放与东部沿海地区依托口岸优势和国际市场不同，必须首先与自身独特的资源禀赋相结合，与经济技术水平和工业基础相适应。

3. 在以旅游业为主的主导产业与产业结构单一性的基础上扩大对外开放。香格里拉区域从一、二、三产业的构成比例来看，呈现出"两头大、中间小"的结构特征。然而，香格里拉区域第三产业所占比重较高，并不能说明其经济发展程度也相对较高，因为大香格里拉区域的这种产业结构是在工业极其落后、体系不完整而不是在工业高度发展基础上的产业结构。以旅游业为主的产业结构，及产业结构的单一性特征，对本区域的对外开放必然产生影响。有利的方面是，容易形成以旅游业为带动的对外开放格局；不利的方面是该地区没有形成发达的分工协作体系，产业配套能力差，造成大多数工业加工项目在该地区的生产成本较高，制约着外来投资者的积极性，工业上对外开放的难度较大。

4. 在缺少大城市带动与存在大量小城镇的基础上扩大对外开放。由于经济社会发展水平滞后，区域城镇化水平低，主要以小城镇为主。小城镇自身经济技术功能弱小、经济技术辐射半径极为有限，加之香格里拉区域交通不便与城镇间空间距离的相对遥远，造成区域内部的分工很不发达、经济技术联系十分有限。在区域对外开放中，引进招商项目缺乏可以依赖的载体。因此，为更有效地对外开放，应在区域四地州选择一些重点小城镇培育转化为小城市；同时，在已有的小城市中着力培育壮大若干中等城市。

5. 在自然经济、计划经济还十分浓厚的基础上扩大对外开放。区域由于地理条件和历史因素的作用，自然经济和农奴社会的社会形态沿袭了几千年；新中国成立以后，农牧民直接从农奴社会进入社会主义社会，但没有铲除自然

---

[1] 《中国民族年鉴·2006》，438页。

经济存在的基础。在国家实行高度集中统一的计划经济体制，又对民族地区实行特殊的照顾政策的双重影响下，广大农牧民的商品意识、开放意识不强；改革开放以来，由于地理、交通条件的阻塞和自然经济、计划经济在农牧民身上的强大生存能力使以市场经济体制为目标的制度变革影响比较弱小，最近几年来，区域旅游业的蓬勃发展虽然对农牧民商品经济意识的培育具有一定作用，但因农牧民的接受能力有限，对其自然经济观念的冲击还十分有限。这一方面说明了区域对外开放的必要性和现实紧迫性，但也对对外开放构成了不利影响。投资企业难以在当地找到适宜的经济要素和合格的劳动者，由此对区域自身的体制变革提出了更为迫切的要求。

6. 在以少数民族为主体、民族文化丰富而科技文化水平低的基础上扩大对外开放。区域是以藏族为代表的 20 多个少数民族聚居的区域，加之历史悠久，从而形成了藏传佛教文化、康巴文化、土司文化等丰富而多元的民族文化。在区域对外开放中，特别对丰富的民族文化保护、少数民族自身的风俗习惯和宗教信仰的尊重提出了更高的要求。同时，由于教育发展滞后，人们的科技文化水平低，依靠科学致富的意识不强，因此需要通过对外开放、加强教育和培训，提高少数民族的科技文化水平和相信科学、依靠科学的意识。

7. 在环境生态脆弱但保存比较完好的基础上扩大对外开放。区域具有独特的自然人文生态环境，不少地方的原始生态至今保存完好；同时，由于地质构造的复杂性，区域的生态系统具有天然脆弱性。长期以来，在人为因素不合理的开发利用下，生态退化的问题已经比较突出。因此，在区域开发开放中，如何保护生态环境是一个突出问题。在开放中应坚持保护第一的原则，而不能走"先污染、后治理"的道路；应全面禁止污染的工业项目的引进；在发展旅游业中应充分考虑环境的承载力，不能超负荷运转，并对旅游者提出更高的环境要求。

8. 在区域协作基础上的整体双向对外开放。香格里拉区域地处川、滇、藏的交错地带，属于经济社会发展水平滞后的西南边疆民族地区，同时由四个分属于不同省区的地州构成的经济单元，受三个省级行政区管辖。这种状况决定了区域的对外开放具有整体、双向性。双向性是指区域对外开放有两个方向，一个是面向国外的对外开放，另一个是面向祖国内地的对外开放。整体性是指区域各地州之间的对外开放是相互联系、互不可分的，区域对外开放的成效如何，很大程度上取决于区域对外开放上协作或合作的程度。当前，区域各行政区之间要在以下五个方面加强对外开放方面的合作：一是建立跨行政区的合作开放机制，成立多种层次、多种形式的协调与服务组织与机构；二是合力打造"香格里拉"品牌，统一诠释、宣传、营销香格里拉品牌；三是在"香格里拉"旗帜下合作招商，统一招商引资政策环境；四是建立联合扩大外贸出口的支撑服务体系，增强应对涉外经济风险的能力；五是合作营造对外开放的环境，包括法制环境、市场环境、社会环境和服务环境。

5.7.3. 香格里拉区域扩大对外开放的基本思路

香格里拉区域的对外开放在大西南乃至西部对外开放中处于十分重要的战略地位，是西南地区整体对外开放战略的重要组成部分，是联结川、滇、藏之间经济文化交流的枢纽，是连接边境与内地对外贸易和经济技术交流的桥头堡，是扩大民族文化对外交流的"明珠"，是促进西南各民族融合的核心地带。当前及今后一段时期，区域扩大对外开放的基本思路是：

1. 融入中国——东盟自由贸易区的建设，扩大投资与贸易。中国与东盟签署的《中国——东盟全面经济合作框架协议》等文件，为中国——东盟自由贸易区的建设提供了一个制度框架和机制保障，必将对推动中国与东盟国家的贸易与投资自由化进程起到很大促进作用。[1]香格里拉区域自身的区位和资源条件决定了参与中国——东盟自由贸易区的建设、扩大投资与贸易具有巨大的潜力。但是东盟的情况很复杂，既有统一的一面，各国之间在经济技术基础、产业结构、发展水平、需求能力、体制机制等方面又有很大的差异，这种差距不仅反映在中国——东盟自由贸易区的谈判过程中，也必然会反映在双边的经贸交往中。因此，香格里拉区域在考虑与东盟自由贸易区的整体战略和对策的同时，更要从实际出发，针对东盟各个国家的不同情况，明确与之合作的重点，并研究和制定相应的措施。同时，中国——东盟自由贸易区的建设进一步凸显了云南作为中国面向东南亚开放的前沿、中国西南的重要门户、中国与东盟的交汇点、中国连接东南亚、南亚的桥头堡的战略地位。香格里拉区域对外开放和投资贸易成效的大小，在很大程度上取决于能否充分利用云南的区位优势。香格里拉区域应利用云南的区位优势，把自身的对外开放融入整个云南对外开放的战略布局中，配合云南省搞好交通通道、贸易通道、产业通道、绿色通道、友好通道以及信息平台、贸易平台、金融平台、人力资源平台、区域合作事务平台等方面的建设，参与"云南陆上邻边自由贸易区"、小型"边境贸易（合作）区"

---

[1]　何慧刚：《中国——东盟自由贸易区的经济效应分析》，《云南社会科学》2006 年第 3 期。

的建设，鼓励本区域企业加入云南沿边地州、边境口岸的贸易。

2. 积极参与澜沧江——湄公河次区域的合作开发。自 1992 年大湄公河次区域经济合作机制成立以来，不仅澜沧江——湄公河沿岸各国及东盟积极参与，日、美、欧和亚洲开发银行等发达国家、地区和国际组织也纷纷挟资而入。我国已加入《大湄公河次区域便利客货跨境运输协定》，签署了《大湄公河次区域政府间电力贸易协定》，帮助次区域一些经济社会发展相对落后的国家摆脱贫困，积极推动次区域贸易投资便利化进程和生物多样性保护走廊的建设，与次区域五国开展了形式多样的农业合作等。[1] 香格里拉区域地处澜沧江—湄公河上游，对整个领域的开放起着重要作用。参与澜沧江——湄公河流域的开发与经济技术合作，有利于本区域的大开放、大开发，有利于建设西南连接东南亚、南亚的国际大通道，有利于利用两种资源、两个市场加快本区域经济的发展，有利于加强与东盟的合作。区域整体参与澜沧江——湄公河合作开发，应坚持睦邻友好、平等互利、尊重差异、协商一致、得失与共、共同繁荣等原则，发挥多种所有制经济的作用，实施大经贸战略、走出去战略、发展特色经济战略、"内外合作"战略"四大"战略，形成立足大西南、面向东南亚、南亚，通江达海、连接周边的便捷立体交通网络，促进人、财、物和信息的快速流动；促进水能、矿产、生物等主要优势资源得到合理开发利用，使资源优势变为经济优势；促进旅游优势产业形成，经济技术合作及贸易与投资形成较大规模；改善和保护次区域生态环境，实现可持续发展；实现地区经济结构的调整和优化，建立起较完善的合作开发机制。区域整体参与澜沧江——湄公河合作开发的重点领域，应是基础设施建设、能源、生物资源、矿产资源、旅游资源、环境保护和次区域国家市场等。

3. 抓住东部沿海产业转移的时机和对口支援条件，扩大与东部地区的对外开放。[2] 目前东部一些地区正面临能源、原材料短缺及劳动力、土地成本不断攀升的压力。在东南亚、南亚以低成本为主的竞争挑战下，东部传统的劳动密集型、资源密集型产业已经或者正在丧失竞争优势，为延长产业的生命周期，具有向区域外成本更低、资源更为富集的地区转移产业的客观要求。东部地区产业的区域转移特征是能够与香格里拉区域的资源条件相对接的，实施向

---

[1] 赵颖新：《建立澜沧江——湄公河次区域经济合作机制问题研究》，《云南省委党校学报》2004 年第 3 期；赵光洲、和矛等：《在中国——东盟自由贸易区的框架内推进澜沧江——湄公河次区域经济合作》，《经济问题探索》2003 年第 2 期。

[2] 巴春生：《承接东部产业转移促进西部经济发展》，《改革与战略》2004 年第 7 期。

东部对外开放是本区域应当要抓的重要机遇。但是，本区域真正要有效承接东部发达地区的产业转移，必须突破自身经济技术水平低、交通不便、产业不配套、缺乏庞大的技术工人队伍等一系列突出问题；同时，区域生态环境的保护具有极端重要性。因此，对东部沿海的产业转移，不能采取"来者不拒"的态度，对于污染严重的产业不能引进。由于香格里拉区域具有水电资源丰富的优势，利用东部丰富的资本和技术，大力开展水电资源的招商引资和经济技术合作具有现实可能，应成为与东部进行经济技术合作的优先领域。同时，香格里拉区域生物资源丰富，加之区域内部经济技术水平的不平衡性，决定了不能完全拘泥于产业梯度推移理论的束缚，完全可能在一些局部的点上通过东部沿海的技术和资本支持发展一些科技含量高的生物产业。此外，香格里拉区域应充分利用自身是西部民族地区的特点，积极争取东部沿海发达省区对本区域更多的对口支援项目，以突破自身在人才、资金、科技、教育、文化等各个方面的"低水平陷阱"。

4. 以旅游业的发展带动全方位的对外开放。旅游业是当今世界的第一大产业。旅游业具有特殊的低重心启动作用和明显的关联带动功能，尤其适合于旅游资源丰富、经济基础薄弱、城乡经济二元结构突出的西部地区。在对外开放中，旅游业还是一个有助于改善投资环境，"让世界了解本地，让本地走向世界"的"先导产业"，是吸引境外人士来本地的主渠道，也是吸引外商从事经贸活动的重要媒介。[1]香格里拉区域旅游资源的丰富性与经济技术水平的相对落后性，决定了旅游业不仅应当是该区域的第一大主导产业，而且在带动本区域对外开放和加强经济技术合作交流方面起着特殊重要的作用。因此，香格里拉区域以旅游业的发展来带动扩大对外开放和招商引资，是本区域应该走的最有效的途径。香格里拉区域以旅游业整体发展带动对外开放，应通过本区域内的联合，共同打造"大香格里拉生态旅游区"，以此吸引外来投资者。要精心编制《中国香格里拉生态旅游区》总体规划，并争取纳入国家或区域经济发展中长期规划，这是打造"大香格里拉生态旅游区"的前提和基础；按照以点串线、以线串面的原则，在打通香格里拉旅游小循环的基础上，尽快把分布在川、滇、藏各个区位的高品位旅游资源串通起来，构建大香格里拉的旅游大循环，以形成对外旅游的竞争力。同时，应实施旅游业发展与旅游城镇发展联动战略，把本区域不同等级的旅游集聚地发展成不同规模的旅游城镇，以此推动本区域的城市化；

---

[1]　郭开中、陈黎明：《发展旅游业的对外投资更进一步促进旅游业的对外开放》，《旅游学刊》1989 年第 2 期。

以旅游业的招商为带动，配套推出其他相关领域的招商，从而形成全方位、多领域对外开放格局。

5. 整体参与由"政府主办、企业唱戏"的各种经济合作与商品交易会。改革开放以来，每年都选择在全国的中心城市或者有特色的城市，以"政府主办、企业唱戏"的模式，举办了各种各样、专业性或综合性的经济技术合作会、招商引资洽谈会、商品和技术交易会、博览会等，这种模式由于充分发挥了政府强大的组织协调功能和企业主动参与的积极性，一般具有信息集中、国内外客商云集、影响大、辐射面广等特征。一个地区或企业参与这些大型的交易会，不仅能带来大量的信息、订单、经济技术合作机会，而且能够了解同行的最新发展动态，因而成为一个地区、一个企业了解外界信息、对外合作、招商引资、销售商品、展示本地特色和形象的窗口。[1] 香格里拉区域由于自身缺乏区域性的中心城市，加之地理位置的不方便性，使该区域中的任何一个城市要举办全国性的乃至国际性的交易会在目前看来还需要进一步创造条件，这就决定了积极参与有关的区域性、全国性乃至世界性的各种综合性、专业性的经济技术合作会、招商引资洽谈会、商品和技术交易会、博览会等，对于扩大本地的招商引资、经济技术合作和对外贸易具有特殊重要的作用。因此，应以香格里拉区域临近的昆明、南宁、成都等区域性中心城市每年举办的各种合作会、交易会为契机，积极面向全国、走向东盟国家。

---

[1]　李小红、石峡：《中越商品交易会的营销思考》，《广西财经学院学报》2005 年第 3 期。

第6章

香格里拉区域发展方式转变
与区域人力资源开发研究

　　人力资源科学合理的开发、配置与利用，既是区域经济增长的基础，也是解决欠发达地区贫困与发展这一矛盾的关键。香格里拉区域要摆脱贫困落后的面貌，发展教育、开发智力、培养人才是关键。忽视人力资源的开发，区域经济发展方式的转变只能是空话。

6.1. 香格里拉区域人力资源开发现状

　　长期以来，香格里拉区域经济增长以粗放型为主，区域经济增长主要是通过增加劳动、资金、自然资源等生产要素的投入来实现的。改革开放以来，随着香格里拉区域经济社会的发展，特别是文教卫生事业的进步，区域人力资源的素质技能也得到了较大的提高。但不可否认，区域人力资源的总体素质技能仍然相对偏低，难以适应区域经济发展方式由粗放型向集约型转变的基本要求。

6.1.1. 人力资源规模小，分布稀疏

　　在香格里拉区域，由于受自然环境和经济社会发展水平的影响，区域人力资源不仅规模小，而且分布稀疏。

　　从人力资源规模看，由于香格里拉区域自然环境复杂多样，有些地区的生活环境极为恶劣，加上公共服务滞后，区域人力资源承载力小。以城乡就业人

员数量为例，迪庆、怒江、甘孜、昌都四个地区的城乡就业人数在各自所在省区中的排名居后，总量较小。至 2005 年末，迪庆州、怒江州城乡就业人数分别为 20.70 万人、27.88 万人，位居云南省各地州倒数第一和第二，只占全省城乡就业人员总数 2461.32 万人的 0.84%、1.13%。同年，甘孜州城乡就业人数为 53.1 万人，占四川省城乡就业人员总数的 4.89%；昌都地区城乡就业人数为 27.59 万人，占西藏自治区城乡就业人员总数 143.60 万人的 19%（见表 6—1、图 6—1）。

表 6—1　2005 年香格里拉区域城乡就业人员情况分析

地州	城乡就业人员数（万人）	占所在省区城乡就业人员总数的比重（%）
迪庆	20.70	0.84
怒江	27.88	1.13
甘孜	53.10	4.89
昌都	27.59	19.00

资料来源：《云南统计年鉴·2006》，70 页；《甘孜统计年鉴·2006》，46 页；《西藏统计年鉴·2006》，47 页。

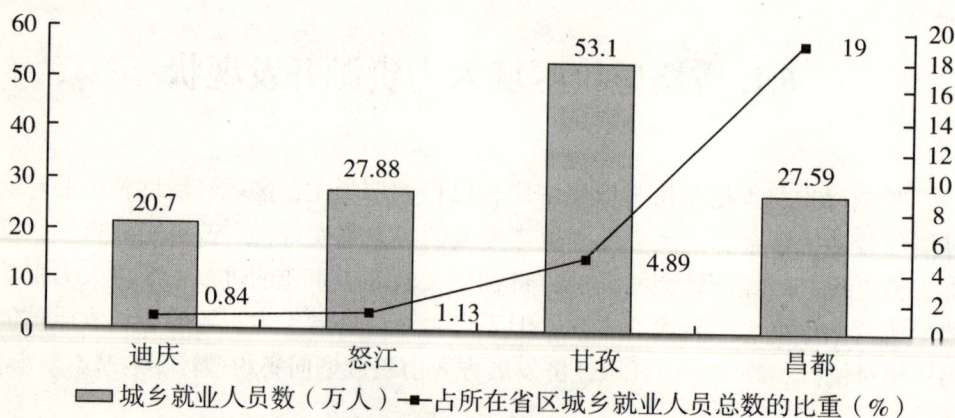

图 6—1　2005年香格里拉区域城乡就业人员情况分析

从人力资源的分布看，香格里拉区域地处横断山区，山脉连绵，江河纵横，山高水深，山多地少，地形地貌复杂，导致区域村落分散，政区分割，人口分布稀散。以人口密度为例，2004 年末，云南省迪庆州、怒江州的人口密度分别为 14.9 人／平方公里、32.7 人／平方公里。同年，甘孜、昌都的人口密度分别为 5.9

人 / 平方公里、5.2 人 / 平方公里。[1]

6.1.2. 人力资源的总体素质偏低，高、精、尖人才稀缺

　　人力资源的素质大体可分为身体素质、技能素质、文化素质及创新能力等。从历史发展来看，香格里拉区域人力资源的素质有了很大的提高；但从横向比较看，区域人力资源的素质与其他地区，特别是全国平均水平相比，还存在较大差距，不利于区域集约型经济发展方式的转变与实现。

　　◎ 从人力资源的受教育程度看，香格里拉区域人口受教育程度和文化素质整体偏低

　　据 2000 年第五次全国人口普查资料显示，以迪庆州为例，6 周岁以上人口322117 人，其中：具有大学专科以上文化程度 4367 人，仅占 1.36%；高中、中专文化程度 19217 人，占 5.97%；初中文化程度 56272 人，占 17.47%；小学文化程度 149674 人，占 46.46%；未上过学及上过扫盲班 92577 人，占 28.74%。在 6 周岁以上人口中，具有大学本科及研究生学历人数仅为 1457 人，占 0.23%，而受初中及以下教育的人数 298523 人，所占比重高达 92.68%，其中，文盲为79322 人，占 24.63%。[2]

　　区域其他三地州的情况也大体相似。截至 2005 年 5 月底，怒江州共有各类专业技术人员 10686 人，占总人口的 2.17%，但多数分布在党政机关。而从事科技研发的人员仅有 29 人，其中高级技术人员 1 人，中级技术人员 9 人，在全省各州市中仅略高于迪庆州，居倒数第二位。[3] 又据《中国民族报》2006 年5 月 13 日的报道，怒江州人均受教育年限为 4.9 年，仅为全国平均水平的 50%，四成以上的人不会说汉语。甘孜州的人口文化素质在四川省各州市中处于较落后的位置，从 2000 年第五次全国人口普查数据看，文盲率为 36.08%，其中男性人口文盲率为 29.21%，女性人口文盲率为 43.19%，均大大高于同期全国平均水平，也高于全国各省、市、区的文盲率的水平。近几年甘孜州在文化教育事业上加大了投入，尤其是对青壮年扫盲工作抓得很紧，青壮年文盲率有了较大幅度的下降，从 2000 年的 30% 下降到 2005 年的 4.3%，下降了 25.7%，[4] 但仍然是全国平均水平 2.15% 的 2 倍。昌都地区的人口素质和教育水平在西藏也处于较落后的位置，据《昌都地区"十一五"时期国民经济和社会发展规划纲要》

[1] 《云南统计年鉴·2005》，62 页；《西藏统计年鉴·2005》，35 页；《四川统计年鉴·2005》，42 页。
[2] 《2004 年云南省人口及经济发展统计资料》。
[3] 怒江州科学技术局：《科技进步推动怒江州经济社会快速发展》，2006 年 6 月 28 日。
[4] 《甘孜州第二至第五次人口普查数据·甘孜统计年鉴》。

载，2005 年末昌都地区人均受教育年限为 4.1 年，而西藏早在 2002 年人均受教育年限已达 4.1 年，全国更是在 2000 年人均受教育程度已经达到 7.33 年，昌都地区人口素质低下状况由此亦可见一斑。

从全国的平均受教育水平看，到 2005 年末，全国适龄儿童入学率达99.3%，初中入学率 95.2%，青壮年文盲率 5.5%，高等教育入学率 19%，总体教育普及率达 98.6%。[1] 显然，与全国平均教育水平相比较，香格里拉区域各地区的教育水平还相当落后，不仅基础教育方面有差距，职业、高等教育方面的差距则更大。

◎ 从人力资源的技能素质来看，受诸多因素的影响，香格里拉区域人力资源的技能素质整体低下，与社会主义市场经济的基本要求还很难适应

由于受区域地形地貌和人口分布状况的影响，居民获得科学技术和生产新技能等的途径单一、闭塞，客观上制约了居民生产技能的提高；从社会生产力水平看，香格里拉区域社会生产力水平低，人民生活比较贫困，低下的生活水平严重影响了人民群众技能素质的提高。因此，在香格里拉区域，乡村居民主要从事传统农牧业和手工业，以粗放经营为主，科技含量和抗风险、灾害能力差；城镇居民除了在行政、事业单位外，也主要在第二、三产业中从事一些低层次的行业，如建筑业、采矿业、运输业、零售业、餐饮业、初级导游，以及其他非正规就业行业（见表 6—2）。

表 6—2　2005 年香格里拉区域城镇主要行业就业人员数及其比重（单位：人、%）

地州	合计	农牧业		采矿业		建筑业		运输业		零售业	
		人数	比重	人数	比重	人数	比重	人数	比重	人数	比重
迪庆	19952	1220	6.1	—	—	1045	5.2	797	4.0	713	3.6
怒江	28079	1524	5.4	3202	11.4	833	3.0	958	3.4	783	2.8
甘孜	59069	9066	15.3	941	1.6	890	1.5	3143	5.3	1683	2.8
昌都	16916	398	2.4	25	0.01	—	—	541	3.2	320	1.9

资料来源：《云南统计年鉴·2006》，73—74 页；《甘孜统计年鉴·2006》，46—48 页；《西藏统计年鉴·2006》，50—51 页。

---

[1]《中国统计年鉴·2006》，39 页。

　　从人力资源的创新能力来看，虽然香格里拉区域不乏优秀人才，但区域居民长期以来普遍形成了一种墨守成规、安于现状的社会心理，这与创新意识是背道而驰的。加上区域生产力水平较低，商品经济不发达，居民的市场竞争意识差，缺乏忧患意识与竞争能力。人要有创新精神就要求其具有强烈的竞争能力和冒险意识，而这正是香格里拉区域居民最为缺乏的。以云南省迪庆、怒江为例，到 2005 年末，两州自然科学研究与开发机构数分别为 1 个和 2 个，从业人员分别为 26 人、38 人（见表 6—3）；两州发明专利申请数仅为 49 件[1]。

表 6—3　2005 年迪庆州、怒江州自然科学研究与开发机构情况（单位：个、人）

地　区	2004 年		2005 年	
	机构	人员	机构	人员
迪庆州	1	26	1	26
怒江州	2	44	2	38

资料来源：《云南统计年鉴·2006》，558—559 页。

6.1.3. 人力资源在行业、产业、城乡之间分布不均衡

　　◎ 人力资源在行业之间分布不均衡是导致香格里拉区域就业矛盾比较突出的重要原因

　　以迪庆州为例，按现行的 30 个专业技术职务序列统计，2005 年末，迪庆州国有企、事业单位各类技术人员按专业分类，从事公共管理与社会组织、教育、农业、建筑业、制造业、交通运输业、批发零售业的人员占全州总就业人数的 31.27%、21.42%、6.20%、5.58%、4.18%、3.75%、3.62%，从事房地产业、租赁和商务服务业、居民服务业、文化娱乐业等二十多个专业的人员所占比例极低。[2] 怒江州、甘孜州、昌都地区的情况也大体相似。这表明，香格里拉区域在传统行业中人力资源相对较为充沛，而新兴行业的人才极为短缺。同时，人力资源在行业上分布的不均衡，还表现为同一专业在不同水平层次上的矛盾。一般是中低层的专业人员较多，而高层次的专业人才却很少。例如旅游管理专业，几乎区域内每个大中专院校都开设这一专业，结果导致中低层旅游从业人员过

[1] 《云南统计年鉴·2006》，559 页。
[2] 《云南统计年鉴·2006》，73—74 页。

量，引起社会结构性失业；同时高层次旅游管理人才的培养却跟不上经济发展的需要，无法满足区域社会经济发展的迫切需求。

◎ 长期以来香格里拉区域人力资源在产业上分布极不均衡

2005 年，云南迪庆州就业人员总数为 20.70 万人，第一、二、三产业就业人员分别为 15.29 万人、1.03 万人、4.38 万人，分别占就业总人数的 73.89%、4.95%、21.16%。同期，云南怒江州就业人员总数为 27.88 万人，第一、二、三产业就业人员分别为 21.82 万人、1.48 万人、4.59 万人，分别占就业总人数的 78.25%、5.30%、16.44%；四川省甘孜州就业人员总数为 58.4 万人，第一、二、三产业就业人员分别为 47.9 万人、1.8 万人、8.7 万人，分别占就业总人数的 82.0%、3.1%、14.9%；西藏昌都地区就业人员总数为 27.59 万人，第一、二、三产业就业人员分别为 18.92 万人、1.65 万人、7.03 万人，分别占就业总人数的 68.6%、6.0%、25.4%（见表 6—4）。

表 6—4　2005 年香格里拉区域四地州三次产业从业人员构成状况（单位：万人、%）

地　　区	就业人员总数	第一产业		第二产业		第三产业	
		绝对数	相对数	绝对数	相对数	绝对数	相对数
迪庆州	20.70	15.29	73.89	1.03	4.95	4.38	21.16
怒江州	27.88	21.82	78.25	1.48	5.30	4.59	16.44
甘孜州	58.4	47.9	82.0	1.8	3.1	8.7	14.9
昌都地区	27.59	18.92	68.58	1.65	5.98	7.03	25.48

资料来源：《云南统计年鉴·2006》，71 页；《四川统计年鉴·2006》；《西藏统计年鉴·2006》，47 页。

上述数据表明，目前香格里拉区域四地州第一产业从业人数占区域总就业人数的 70% 以上，而第二、三产业的就业人数都在 30% 以下，这是极不合理的就业结构。在各产业中的就业人数也充分反映出香格里拉区域经济结构的不合理性：第一产业就业人口过多，大量劳动力仍滞存于劳动生产率低的传统农业中；第二、三产业从业人员少，说明区域工业化程度相对较低，社会服务性行业发展滞后。而在发达国家和地区就业结构中，第二、三产业的从业人员一般占就业人员总数的 90% 以上。所以香格里拉区域人力资源在产业上的分布相对来说是非常不合理的，不利于区域经济的快速增长和增长方式的转变。

◎ 人力资源在城乡间配置不均衡

这主要表现在：2005 年，云南迪庆州城镇、乡村就业人员为 3.56 万人、17.14 万人，分别占全州就业人员总数的 17%、83%；同期，怒江州城镇、乡村就业人员为 4.08 万人、23.80 万人，分别占全州就业人员总数的 15%、85%；四川甘孜州城镇、乡村就业人员为 10.31 万人、45.08 万人，分别占全州就业人员总数的 18.6%、81.4%；西藏昌都地区城镇、乡村就业人员为 3.29 万人、24.30 万人，分别占全州就业人员总数的 11.92%、88.08%（见表 6—5）。这表明，在香格里拉区域，乡村就业人员占区域总就业人员总数的 80% 以上，城镇就业人口只占 20% 以下。这也说明，区域大多数劳动力生活在分散的乡村与牧区，主要从事第一产业，而生活在城镇，从事二、三产业的劳动力相对规模小，这显然不利于区域工业和第三产业的发展，严重制约着区域经济发展方式由粗放型到集约型的转变。

表 6—5　香格里拉区域四地州城乡就业人员情况对比（单位：万人、%）

地　区	城乡就业人员总数	城　镇		乡　村	
		绝对数	相对数	绝对数	相对数
迪庆州	20.7	3.56	17	17.14	83
怒江州	27.88	4.08	15	23.80	85
甘孜州	55.8	10.31	18.6	45.08	81.4
昌都地区	27.59	3.29	11.92	24.30	88.08

资料来源：《云南统计年鉴·2006》，70 页；《西藏统计年鉴·2006》，48 页；《四川统计年鉴·2006》，80 页。

6.2. 香格里拉区域人力资源开发中的主要问题

香格里拉区域人力资源状况与区域经济社会发展的要求不相适应，表明区域人力资源开发尚存在诸多不容忽视的问题。

6.2.1. 区域办学成本高，教育整体水平低

受香格里拉区域地形地貌的影响，区域地广人稀，村落分散，加上政区分

割，办学成本高，办学规模小，办学效率低，极大地影响了区域教育事业的发展。2005 年，甘孜州生均教育经费为 3050.38 元，同期四川省生均教育经费为 945.82 元，前者是后者的 3.23 倍。[1] 又如迪庆州德钦县羊拉乡，自然村与行政村之间往往相距 10 公里以上，而一些自然村户数不到 10 户，中心完小又难以覆盖偏远山村，而在山村建立校点又缺乏相应的规模支持，从而影响和制约了当地办学质量和办学效益的提高。[2]

区域教育发展整体水平滞后。到 2005 年末，迪庆州有小学 924 所，在校学生 36668 人，其中一师一校教学点 610 个，适龄儿童入学率 93.54%，辍学率 4.13%；有中学 23 所，高中在校生 3626 人，初中在校生 13112 人，初中辍学率 6.45%，有职业中学 2 所，在校生 383 人，中等专业学校 2 所，在校生 376 人。怒江州有小学 259 个，适龄儿童入学率 94.88%，辍学率 4.99%；有中学 27 所，其中初中 19 所，在校生 19620 人，辍学率 6.67%，中等职业学校 2 所，在校生 212 人，中等专业学校 1 所，在校生 1214 人。甘孜州适龄儿童入学率达 95.7%，青壮年文盲率 14.28%，中学在校生 23660 人，职业中学在校生 2820 人。昌都地区有小学 191 所，适龄儿童入学率 96.97%；有中学 16 所，在校生 23018 人，初中入学率 62.46%，青壮年文盲率 17.4%（见表 6—6）。

表 6—6　2005 年香格里拉区域四地州教育事业发展基本情况（单位：所、人、%）

地州	小学				初中				中等专业学校		
	学校数量	在校学生数	入学率	辍学率	学校数量	在校学生数	入学率	辍学率	学校数量	在校学生数	毕业学生数
迪庆	924	36668	93.54	4.13	18	15066	80.98	6.45	2	376	114
怒江	259	48898	94.88	4.99	19	25483	65.89	6.67	3	1130	190
甘孜	927	96596	97.77	3.41	11	23224	77.62	8.37	3	1019	171
昌都	191	74866	96.97	3.17	14	17567	62.46	12.46	1	2152	459

资料来源：《中国民族年鉴·2006》，402、399、371 页；《云南统计年鉴·2006》，551—555 页；《迪庆藏族自治州统计年鉴·2005》，115—117 页；《甘孜统计年鉴·2006》，290—293 页；《西藏统计年鉴·2006》，271 页。

---

[1]　《甘孜统计年鉴·2006》，111、265 页；《四川统计年鉴·2006》，223、557 页。
[2]　吴菁：《香格里拉地区教育状况的考察报告》，《基础教育参考》2004 年第 8 期。

　　上述数据表明，香格里拉区域由于基础教育的滞后，在人力资源开发中，不仅面临着一个巨大的文盲人口基数，而且还在不断产生新的文盲人口，在已有的人力资源开发强度下，小学文化程度的人口及文盲、半文盲人口将在香格里拉区域人力资源结构中占主导，区域九年制义务教育的形势严峻；中学教育规模小，质量差；由于应试教育长期以来在教育工作中占据了主导地位，职业技术教育起步晚、规模小，专业结构不合理。

6.2.2. 教育投入严重不足，投资结构不平衡

　　由于历史原因，香格里拉区域办学条件本身基础差，加上地方财政困难，教育经费的主要来源是国家拨款，地方财政难以按有关法规要求做到教育经费的正常逐年增长，因而教育事业费支出低于地方财政支出的增长水平。2005 年，甘孜州教育经费支出占全州财政支出的比重为 10.98%，同期，四川省教育经费支出占全省财政支出的比重为 13.61%，前者比后者低 2.63 个百分点。[1] 在甘孜州，教育投入主要依靠 "教育十年行动计划" 与 "两基攻坚计划"，但投入有限，与 "普九" 标准投入还有很大差距（约 3 亿元），投入与需求的矛盾突出。[2] 同时，区域教育投入结构不平衡。这主要表现在：教育经费中，中学义务教育投入高于小学义务教育投入，义务教育又整体高于职业教育投入。比如昌都地区，2005 的义务教育投入中，中学教育投入为 16910 万元，小学教育投入为 3900 万元，前者是后者的 4.34 倍。[3] 同时，人头费占教育经费的比例越来越大，而用来改善办学条件、开展教师培训的经费严重不足。在改善教育设施方面，近年来取得了一定的成绩，特别是在危房改造、办学条件改善方面，成效显著，但仍难以适应教育事业发展的客观要求。校舍不足，教学设施老化、短缺的问题依然十分突出。到 2005 年末，迪庆州全州只有 3 所教师职业培训学校，每所学校仅有 5 名教职工；在德钦县，部分中学实验课及操作课因教学设施不足而无法开设，正常的教学工作受到影响。[4]

6.2.3. 教育与地方经济发展的关联度低

　　区域人力资源开发中仍未突破传统的教育观念和教学方式，应试教育、"文凭教育" 等仍主导着大多数人的受教育行为。在基础教育中，升学率仍然是最

[1]《甘孜统计年鉴·2006》，111、265 页；《四川统计年鉴·2006》，223、557 页。
[2] 甘孜州教育局：《甘孜藏族自治州教育事业发展 "十一五" 规划》。
[3]《西藏自治区国民经济和社会发展第十个五年计划纲要汇编（2001—2005）》（下册），758 页。
[4] 李时春：《香格里拉县藏区教育发展浅析》，《云南教育》2006 年第 3 期。

重要，甚至是唯一的社会评价标准，因此，"时间加汗水"的传统教学模式仍占主导地位[1]。在成人教育中，受教育的目的是为了得到文凭，从而获得晋职晋级的机会，人们较少考虑知识结构的改善、适应社会和择业能力的提高。这种教育观念与模式，显然是与以培养创新能力为核心的素质教育相悖的。加上传统的教育模式忽视学生素质技能的提高与创新能力的培养，这严重削弱了教育在经济发展中的功能和作用。调查资料显示，香格里拉区域很多富裕乡村并不是通过农牧区教育，即地方基础教育、职业教育和成人教育的成果来实现经济发展和增收目的的，区域居民的受教育程度与当地居民所从事的职业或经济活动取得的收入水平明显是"两张皮"。比如昌都地区的柴威乡翁达冈村，是昌都最著名的富裕村，但这个村的富裕并不是因为当地教育办得好、有成效，而是靠发展传统手工业，大部分家庭都开有作坊，以生产铁器、铜器加工产品为主。[2]又如迪庆州的很多乡村，居民收入的增加和生活的改善，也不是靠发展教育，而主要是依靠利用当地独特的环境与资源，参与低层次的资源开发与旅游经济活动。

6.2.4. 师资队伍素质不高，难以保证受教育者的教育质量

在香格里拉区域，教师素质有待提高，有相当比重教师学历没有达标。1997 年，迪庆州小学教师中，学历未达标的人数占专任教师总数的 20.62%；初中教师学历未达标人数占专任教师总数的 31.47%；高中教师学历未达标人数所占比例为 32.46%；职业中学学历未达标的教师所占比例高达 92.30%。[3] 到了2005 年，全州各级学校学历未达标教师占专任教师总数的比重有明显好转，但仍不可忽视（见表6—7）。怒江、甘孜、昌都三地州的情况大体相似。由于有相当比例的教师学历未能达标，因而难以确保教学质量。即使学历已达标的教师，也由于缺乏获得知识和信息的手段与条件，知识结构陈旧，教学方法简单落后，有近 50% 的教师任教以来一直未得到进修学习的机会。这种状况严重制约了区域教学质量的提高。此外，教师队伍不稳，流动现象突出，有相当数量的教师内心不愿意在乡村及偏远地区任教，每年通过各种方式调入城镇或其他省区的教师比例不小，这也间接地制约着区域乡村教师队伍素质的提高。

---

[1] 吴菁：《香格里拉地区教育状况的考察报告》，《基础教育参考》2004 年第 8 期。

[2] 赵曦、周炜：《21 世纪西藏农牧民增收的途径》，224 页，北京：中国藏学出版社，2006。

[3] 李时春：《香格里拉县藏区教育发展浅析》，《云南教育》2006 年第 3 期。

表 6—7　2001—2005 年迪庆州各级学校学历未达标专任教师人数及其比重（单位：%）

年份	小学		初中		高中		职业中学	
	人数	比重	人数	比重	人数	比重	人数	比重
2001	149	5.82	149	20.61	29	21.64	27	93.10
2002	121	4.80	141	19.29	43	28.67	25	92.60
2003	——		——		——		——	
2004	126	5.17	95	13.46	45	23.20	23	95.83
2005	89	3.64	58	7.38	31	14.42	5	20.00

资料来源：《迪庆藏族自治州统计年鉴·2001》，132 页；《迪庆藏族自治州统计年鉴·2002》，135 页；《迪庆藏族自治州统计年鉴·2004》，127 页；《迪庆藏族自治州统计年鉴·2005》，115 页。

6.2.5. 区域人力资源的市场配置功能与用人单位用人机制不健全、不完善

在劳动力市场建设方面，区域除了地州级人力市场较为正规外，县乡两级劳动力市场都很不规范，法律与规章制度不健全，甚至于还没有建立真正的劳务市场；人力资源的流动往往通过传统的人际关系传递信息进行流动与配置，而不是通过市场进行合理流动与配置；与劳动力市场相关的服务体系不健全，往往只有劳务市场，人力市场没有得到重视，劳动力市场的结构与层次单一。

在劳动力的利用方面，区域政府公共服务意识差，制度创新与扩大就业的能力不强，难以形成"人尽其才"的社会环境，造成区域人才匮乏，留不住、引不来、用不好；很多企业还没有建立与市场经济相适应的现代企业制度，劳动能力、岗位与劳动报酬之间的关联度不强，劳动力正常的培训、晋升、加薪机制不健全；劳动者自身的经济主体意识弱，自主创业、自主择业的意识与能力差，难以维护自身的合法权益。

6.3. 人力资源开发与香格里拉区域经济发展方式转变

6.3.1. 努力提高区域人力资源的素质技能

要努力提高区域劳动者的素质技能。第一，要把教育作为区域经济社会发展的先导产业和基础产业，甚至是第一事业[1]，要抓紧抓好。充分认识教育事业在香格里拉区域经济社会发展中的先导作用和基础作用，研究制定区域教育发展规划，把教育摆在经济社会发展的优先位置，优先安排教育发展项目，优先解决教师待遇问题，并把教育发展情况作为考核领导干部政绩的重要内容[2]。这既是香格里拉区域经济发展方式转变的客观要求，也是 21 世纪知识经济时代落实科学发展观的基本要求。在自然资源赋存值和人均国民生产总值不变的前提下，人力资本的增加就标志着一定区域社会经济整体水平的发展与进步。自然资源的开发，虽然有可能提高人均国民生产总值增量，但只有大于自然资源赋存值的减量时，才意味着社会总财富的增长。因此，真正实施"科教兴国"战略和可持续发展战略，就必须把教育放在社会经济发展的优先位置，把教育发展指标作为考核领导干部政绩的首要目标。

第二，要积极探索教育与区域经济发展相协调的办学模式。教育的发展、人力资源的开发，是香格里拉区域经济发展的基础。在市场经济条件下，发展教育要坚持市场导向原则，积极为社会主义现代化建设服务。长期以来，香格里拉区域教育发展滞后，与教育工作中应试教育占据主导地位密切相关。应试教育使教育脱离了当地的社会经济实践，受教育者接受教育并不能有效地提高其从事社会经济实践的素质与能力，教育对社会经济发展的促进作用得不到充分发挥。

促进教育与区域经济发展的有机结合，一是要全面推行素质教育，全面提高受教育者的综合素质与培养创新能力；二是要围绕区域重点产业的开发办教

---

[1]　刘永佶：《主义、主题、方法——社会主义政治经济学之根本》，365 页，北京：中国经济出版社，2001。
[2]　绒巴扎西：《云南藏区可持续发展研究》，163 页，昆明：云南民族出版社，2001。

育，大力发展职业技术教育，在普通教育中加入与当地资源开发和经济发展相关的知识与技能的教育；三是要加快中等专业学校、职业技术学校的体制改革步伐，把区域各级各类中等职业教育建设成为以市场为导向、专业结构合理、管理科学、办学形式灵活，经济效益与社会效益高的人力资源开发基地；四是要重视加强职业教育与职业技术培训，不断提高劳动者，特别是少数民族劳动者的素质技能。2006 年，迪庆州在财政十分困难的情况下，投入职业教育经费近 2000 万元，改善了办学条件。年内职业教育毕业生有 261 人，实现全部就业，就业率达 100%；开展农村劳动力转移培训 8048 人，培训后就业 3525 人。[1] 在甘孜州"十一五"规划中，明确提出要大力发展职业教育：要围绕水电、旅游、加工、特色种养业、环境保护等应用技术和经济管理，调整现有大中专学校、科研院所和职业学校的服务方向和专业设置，逐步形成适应经济社会发展需要的职业教育体系；大力发展民办职业教育，在小学高年级引入职教因素，逐步推行初中毕业分流教育，采取多种形式发展职业教育;巩固、扩大职业学校规模，建设东部、南部和北部 3 个优质品牌职教基地，建成 18 个县级职教中心，提升职业教育质量。[2]

第三，加强师资队伍建设，这是香格里拉区域实施素质教育，开发人力资源的关键。师资队伍是教育工作的主导方面，师资队伍的状况直接决定着一定区域的教学质量和教育水平；教师的知识结构、教学技能与经验直接决定着教学效果。从这个意义上说，香格里拉区域教育发展的滞后，与区域师资队伍整体素质不高紧密相关。

为此，要进一步加强教师培训工作，设立专项经费鼓励中青年教师进修学习，改善知识结构，改进教学方法，提高教学技能；要进一步改善教师待遇和生活条件，为教师创造比发达地区更为优越的工作和生活条件，只有这样才能吸引和留住优秀的教师人才，为贫困落后地区教育的超前发展提供有力支撑与保障；要加大引进教师人才的力度，特别是高中教育和中等职业教育中的教师队伍，有条件的要实行"整体移植手术"[3]，整体引进外地优秀教师，把原有的教师充实到低一级的教学单位，从而加强基础教育的师资队伍，以先进的教学方法和教学技能来开发贫困地区的人力资源。

第四，推进区域教育体制改革，建立有进有出，能上能下，人才合理流动，

[1] 《迪庆年鉴·2007》，430 页。
[2] 尧斯丹：《甘孜新跨越：甘孜藏族自治州国民经济和社会发展第十一个五年规划》，37 页，成都：四川民族出版社，2007。
[3] 绒巴扎西：《云南藏区可持续发展研究》，165 页，昆明：云南民族出版社，2001。

优教优酬，充分调动教师积极性、主动性的教育管理体制。全面实行校长负责制、教师聘用制和绩效工资制，以体制改革来加强教育教学管理，调动广大教师的积极性。当前，在一些偏远贫困地区，实行"三项制度"改革的困难来自师资力量不足，因而缺乏实施教师聘用制的条件。解决这一问题的办法，一是根据区域办学规模小、校舍分散的实际，适当合并办学点，通过合并办学点提高师生比，为实施教师聘用制创造条件；二是引进部分外地教师，加强与省内外重点学校、著名学校的交流与合作，充实师资力量；三是深化教育体制改革，构建多元化的办学模式。在香格里拉区域，经济成分的多元化、所有制的多元化、利益主体的多元化，要求我们必须突破单一的政府办教育的模式，鼓励社会各方面的力量和公民个人投资办学、集资办学和合作办学，以形成办学主体多元化、投资多渠道、管理多样化，以国家办学为主体，社会各界共同办学的多元化办学模式。必须指出，民办教育并不等于私有制教育，同样是社会主义教育的组成部分。多元化办学模式必须推动教育共同投资体制的建立，形成国家、集体和个人共同参与教育投资，共同承担教育经费，共同分享教育投资利益的多主体、多层次的教育投资格局。近年来，迪庆州根据国家、云南省对深化中小学人事制度改革的实施意见，实施以"三项制度"改革为主的新一轮学校内部管理体制改革，有力地促进了办学水平的提高[1]。

第五，要积极探索适合民族地区实际的办学路子和形式。一是要继续坚持寄宿制办学形式。寄宿制办学虽然投入成本高，管理任务重，但实践证明，这种办学形式是在地广人稀、居住分散的区域最有效的一种办学形式。今后在坚持寄宿制办学的前提下，要进一步改善寄宿学校的教学和生活条件。至2006年末，甘孜州有寄宿制学校432所，其中中学44所，小学388所，在校学生72862人。通过实施标准化管理试点工作，寄宿制办学水平不断提高。[2]二是要继续坚持和加强"双语教学"。至2003年底，甘孜州实行双语教学的小学有668所，开展面达63.2%，在校学生占少数民族学生总数的65.05%。[3]实践证明，在香格里拉区域基础教育阶段，实行单语教学，由于脱离了学生的母语，脱离了社会语言文化环境，难以取得良好的教学效果；而以母语教学为主的双语教学，充分利用了民族地区学生所处的社会语言文化环境，可以获得较好的教学效果。在双语教学中，要进一步加强教材建设，努力解决民族地区双语教材质量不高，

[1]《迪庆州年鉴·2007》，430页。
[2]《甘孜州年鉴·2007》，276页。
[3]《甘孜藏族自治州教育事业发展"十一五"规划》，2页。

教学辅助资料缺乏的情况；要加强双语教师队伍建设，不断提高双语教师的素质技能。

6.3.2. 建立和完善人力资本市场，合理配置人力资源

在努力提高香格里拉区域人力资源的素质技能的基础上，要以市场为导向，逐步建立和完善区域人力资本市场，提高区域人力资源的配置效率，做好人力资源的预测与规划工作。

建立和完善区域人力资本市场，应从以下几个方面着手：一是要明确人力资本市场的供求主体。在人力资本市场上，企业是劳动力的需求主体，劳动者是劳动力的供给主体，企业与劳动者在人力资本市场上的交易对象是具有价值和使用价值的劳动力商品。二是要建立公平合理的劳动力价格形成机制。劳动力的价格即工资的确定，应遵循市场经济基本规律，既要承认不同素质的劳动者、劳动力价格的差异，又要承认供求规律与竞争规律的作用。三是建立健全人力资本市场的服务体系。人力资本市场的服务体系应是城乡统一、覆盖面广、信息贯通、服务完善、流动规范有序的市场服务体系，促进人力资源的有目的的合理流动，避免盲目流动。为此，需要建立一个多层次、多形式的劳动力市场，有劳务市场，也有人才市场，需要政府组织、集体社团及民间机构共同建立服务组织，使人力资本市场更好地发挥转换器和缓冲器的作用。四是要建立健全政府对劳动力市场的宏观调控体系与功能。这主要体现在：调控劳动力市场上劳动力的供求关系、就业总体规模、劳动力的素质结构及地区分布结构；规范劳动力市场正常秩序，维护劳动力市场的有序运行；加强对劳动力价格——工资波动的调控与指导，调节社会分配关系，实现社会分配关系的合理与和谐；逐步扩大对劳动力市场的调控范围，由城镇逐步扩展到农村，建立城乡一体化的劳动力市场体系。五是要加快劳动力市场的组织规范和立法工作，规范和保证人力资源的有序运行。

同时，要以市场为导向，做好区域人力资源的预测与规划工作[1]。要把发展教育、开发智力、培养人才放在首位，使经济建设转到依靠科技进步和提高劳动者素质的轨道上来，这是香格里拉区域经济发展方式转变的客观要求。在市场经济条件下，做好人力资源的预测与规划工作，不仅是制定区域教育发展、智力开发、人才培养长期规划的依据，也是区域社会经济发展规划不可缺少的

---

[1]　绒巴扎西：《云南藏区可持续发展研究》，168 页，昆明：云南民族出版社，2001。

重要组成部分。在人力资源的开发与配置中，只有市场的自发调节是不够的，市场调节的自发性决定了资源配置过程中结构性矛盾的不可避免，特别是由于人力资源开发的周期性较长，往往加剧了劳动力资源配置的结构性矛盾，造成劳动力结构性失业。因此，在坚持市场配置基础性作用的前提下，搞好香格里拉区域人力资源的预测与规划工作，能有效地缓解因结构性矛盾所导致的人力资源闲置和浪费，最大限度地克服人力资源开发、配置中的盲目性。

此外，要通过劳动力市场的建设与完善，实现区域人力资源能自主"走出去、引进来"，不断改善和提高区域人力资源的素质与结构。以甘孜州泸定县为例，2006年聘请"借脑工程"专家16人，面向社会公开招聘了44名教育、卫生、农业方面的专业技术人员；选派部分干部、教师、医生等到上海对口部门参加为期三个月的学习培训，组织各类人才500余人次到外地学习考察；以市场需要为导向，举办种植、养殖、建筑、第三产业4个门类10多个专业的培训15期，9500人次。[1] 这些措施有力地提高了该县人力资源的结构与素质。

6.3.3. 努力营造人尽其才的就业与工作环境

区域人力资源的开发，提高人力资源的素质技能及其配置效率是必要环节，其最重要的环节则是利用好人力资源，使之发挥最大效用。在香格里拉区域，要实现人力资源开发对区域经济发展方式转变的推进作用，最关键的环节就是要贯彻"以人为本"的科学发展理念，积极营造人尽其才的良好环境。

首先，区域政府要制定和完善有关劳动力就业相关的政策和规章制度，努力增加就业机会，保障劳动者就业相关的合法权益。一是要建立健全劳动就业相关的规章制度。尽管我国已经颁布了一系列劳动法律法规，如《劳动法》、《劳动合同法》、《工会法》等，但一些重要、急需的劳动就业法律法规还没有出台，如《集体合同法》、《工资法》、《社会保险法》等[2]。与民族地区经济发展水平相适用的相关劳动法律法规则更显不足与滞后。同时，目前劳动立法所覆盖的劳动者范围还比较窄，如《劳动法》只适用于企业、个体经济组织和实行企业化管理的事业单位，在国家机关、事业单位和社会团体中只适用于建立劳动合同关系的劳动者，其他劳动者则不在劳动法调整范围内[3]。因此，区域要大力加强《劳动法》、《劳动合同法》等法律法规的宣传与执法工作，并就上述法律法规未

---

[1] 《甘孜州年鉴·2007》，60页。
[2] 吴宏洛：《转型期的和谐劳动关系》，309页，北京：社会科学文献出版社，2007。
[3] 吴宏洛：《转型期的和谐劳动关系》，311页，北京：社会科学文献出版社，2007。

调节的地方做些有益的尝试。二是要制定和实施积极的人才、就业与收入政策。在人才政策方面，要制定与区域经济发展相适应的人才引进、使用及待遇方面的规划与政策，使区域经济发展所需要的人才能引进来、留得住，并能充分发挥其才能与智慧；在就业政策方面，要鼓励人们创业，扩大就业渠道，积极发展第三产业，促进城乡劳动力的合理有序流动，鼓励和规范城乡非正规就业形式；在收入政策方面，规范过高收入，保障最低收入，调节收入差距，发挥收入杠杆对劳动力就业的促进作用，在全社会树立劳动光荣、平等的观念与风尚。三是强化劳动法律法规及政策的执行力度，切实保障劳动者的合法权益。由于信息不对称及就业歧视的存在，劳动者在就业和工作中被视为弱势群体，合法权益经常受到侵害，需要各地州政府从维持社会平等、公平及正义角度切实保障其合法权益。

其次，区域企业等用人单位要改革用人制度与机制，规范人才招聘、岗位培训、岗位责任、岗位晋升及辞退等各个环节，形成人才能进能出、能上能下，劳动贡献与劳动报酬、岗位晋升相联系的人才使用制度。以企业为例，要以建立现代企业制度为契机，实施规范的人力资源管理制度。在人才招聘上，企业必须明确自己需要什么样的人才，以能力而不是文凭或形象等为标准全面考察所要招聘的人才；在岗位培训中，要以提高劳动者的素质技能为中心，把岗位培训与岗位责任有机结合起来，并进一步考察所聘人才所适合的岗位；在工作中，要把所聘人才安排到最适合的岗位上，并提供良好的工作条件与环境，激发其工作主动性与创造性，使之能够为企业发展充分发挥聪明才智；在评价工作绩效上，要以工作绩效与贡献为标准，客观、公正地评价员工的工作业绩，把员工的劳动报酬、岗位晋升与其劳动能力及业绩挂钩。只有这样，企业才能找到自己所需要的人才，也才能充分发挥其聪明才智。

第 7 章

香格里拉区域经济发展方式转变
与区域利益共享机制构建研究

有效整合各方面的利益关系是区域经济发展方式转变的出发点和归宿，区域经济发展方式的转变必须使各方利益都得到体现与改善。香格里拉区域经济主体的多元性，是区域经济利益复杂性的重要原因。香格里拉区域经济发展方式转变过程中，随着生态环境保护的加强、产业规模化与集约化经营、产业结构的调整，不可避免地引起区域内部利益的变化与调整。因此，探索和构建与和谐社会相适应的利益协调机制，是实现区域经济发展方式转变的重要内容与保障。

7.1. 香格里拉区域经济利益关系状况分析

从经济主体企业、居民及政府来看，香格里拉区域经济利益主体是多元的。受区域经济地理位置、自然环境与资源、产业结构、劳动者素质技能、经济社会发展水平等因素影响，区域经济主体间的利益关系既有统一性，也有差异性。

7.1.1. 经济利益主体的多元化

所谓经济利益主体，是指在一定的生产关系下从事社会经济活动，以直接或间接手段谋求经济需要（包括生产需要和生活需要）满足的个人或群体。在特定的区域经济活动中，经济利益主体一般来说包括三个基本主体，即居民、企业和政府。[1]然而，对于少数民族地区，特别是横跨滇、川、藏三省区的香格里拉区域来说，经济利益主体的多元化更加典型，经济利益关系也更为复杂。

首先，从经济主体居民来看，不仅存在政区、地域、行业、城乡间的划分，而且表现为汉族与少数民族，以及各少数民族之间的类别划分。对香格里拉区域来说，以居住地域为依据，可以把区域划分为迪庆居民、怒江居民、甘孜居民和昌都居民；以生产和生活方式为依据，则可以把区域居民划分为城镇居民和乡村居民。这些居民之间的利益关系，构成了香格里拉区域经济利益关系的基本方面。从民族类别及其分布看，区域经济利益关系更加多元化与复杂。香格里拉区域是一个以藏族居民为主体的少数民族地区，区域内生活着藏、怒、傈僳、白、汉等26个民族，并且呈现出"大杂居、小聚居"的分布格局。因此，在区域经济活动中，不仅存在汉族与各少数民族之间的经济利益关系，而且存在各少数民族之间的经济利益关系。此外，如果把香格里拉区域作为一个整体的话，则有香格里拉区域居民与其他区域居民之间的经济利益关系。

其次，从经济主体企业来看，香格里拉区域经济利益主体的多元化，不仅体现在区域所有制经济成分的多元化上，而且体现在多民族杂居的现状上。改革开放以来，香格里拉区域所有制经济结构，由计划经济体制下单一的公有制经济逐步发展成为以公有制经济为主体多种经济成分共同发展的格局。与此相适应，区域内形成了与多种经济成分相适应的各种类型的企业。因此，区域经济活动中，不仅存在公有制企业与非公有制企业之间的经济利益关系，而且存在公有制企业之间，以及非公有制企业之间的经济利益关系。同时，作为少数民族地区和民族自治地方，香格里拉区域存在着相当比重的少数民族企业，即以少数民族为生产、经营主体，或以生产具有少数民族特色产品和服务为主的经济组织。少数民族企业与非少数民族企业之间，以及少数民族企业之间在经济交往中呈现出诸多不同于一般企业经济利益关系的特殊性，如企业利益的寻求、创造、分配、协调等。此外，从企业的地区分布来看，不仅存在着各地州内部企业之间的利益关系，还存在着区域内各地州企业间，以及香格里拉整个区域企业与区外企业之间的利益关系。

再次，从政府层面来看，香格里拉区域既存在一般区域经济活动中代表国家的中央政府与区域地方政府之间的经济利益关系，也存在着区域内同级别以及不同级别地方政府之间的经济利益关系。同时，作为少数民族地区和少数民

---

[1]　余明勤：《区域经济利益分析》，46页，北京：经济管理出版社，2004。

族自治地方，香格里拉区域还存在着中央政府与少数民族自治地方政府、少数民族自治地方政府之间的经济利益关系。

7.1.2. 经济主体间利益关系的统一性

香格里拉区域经济主体利益的统一性，是指区域经济社会发展给各经济主体带来的、并能为各经济主体共同分享和受益的整体经济利益。这主要体现在：

◎ 区域基础设施建设的改善

以山地高原为主的地理特征，是香格里拉区域多元经济产生和发展的基础。同时，这种地形地貌也成为区域经济社会发展和对外经济交流的自然屏障，加大了区域经济的生产成本与交易成本。加大香格里拉区域道路交通、水电通讯等基础设施建设的投入，必然会改善区域的生产生活条件，增加区域资源环境等方面的比较优势，加快区域资源优势转化为经济优势的速度与效益。区域基础设施建设的改善，有利于区域生产要素及产品的跨地区及跨国流动，打破封闭式发展环境，加快与外界的物质与信息交流，加强和优化与国内外经济体的合理分工与合作，实现经济资源与要素的优化配置。同时，基础设施建设投入具有很强的乘数效应，能够拉动国民经济相关产业的发展，进而带动区域经济快速发展。如迪庆州，2006 年通过实施县际油路、县乡公路硬化和乡村公路通畅工程，全州新建公路 683.1 公里，通车里程达 4425.5 公里；完成 10 个行政村移动电话覆盖，全州行政村通讯覆盖率达 95%。基础设施建设的加强，有力地推动了全州经济社会的发展。2006 年，全州生产总值跃上 30 亿台阶，达到 34.89 亿元，比上年增长 20%。[1] 因此，区域内的基础设施越完善，表明区域内各经济主体所能分享到的公共经济利益越多、越充分。

◎ 区域产业结构的合理与优化

产业结构是一个动态范畴，适应生产力水平从低级到高级的发展过程，产业结构也处于不断地变化和演进之中。由于历史、自然条件等方面的原因，香格里拉区域产业结构演进速度缓慢，整体层次低，竞争力不强，资源性产业比重过高，工业化程度低。这制约着区域各经济主体谋取经济利益的多少，也影响着经济利益的水平与层次。为此，应在国家和地方政府所制定的区域产业发展规划的指导下，按照市场、可持续、竞争力等原则进行产业结构的优化调整；在充分发挥资源环境优势和地缘优势的前提下，以国内外市场需求及未来产业

---

[1]《迪庆州年鉴·2007》，11—12 页。

结构发展的趋势，合理布局和调整产业结构，努力提高区域产业结构的整体竞争力。区域产业结构的优化调整，将会带动区域内存量资产的优化重组，极大地推动区域民营经济的发展，推进国有经济改革和创新；特别是依据区域的特色资源与物产而形成的特色产业，有利于区域内各经济主体广泛参与，增加各主体的经济利益。

◎ 区域生态环境的保护与建设

生态环境是区域各经济主体赖以生存的物质载体，是区域经济发展的基本条件。由于地形、地质、土壤、气候等的特殊性，以及长期以来人类不合理的经济行为，使香格里拉区域经济发展面临着严重而脆弱的生态环境问题。因此，有必要把生态环境的保护与建设作为区域经济发展的重要内容。不仅国家和地方政府要专门安排资金用于环境项目，区域各企业和居民个人也要积极参与生态环境的保护与建设。生态环境的改善，能增强区域经济活动的承载力，实现区域经济社会的可持续发展；也有利于改善区域经济主体生产生活条件，增大其经济利益。以甘孜州为例，2006年，通过实施天然林保护、退耕还林、退牧还草等工程，全州完成公益林建设53.2万亩，退牧还草770万亩，治理水土流失85.8平方公里，重大项目环评率达100%。生态环境的改善，极大地促进了全州经济的增长，全年完成地区生产总值60.02亿元，比上年增长14%，实现了"十一五"的良好开局。[1]

◎ 区域扶贫帮困工作

香格里拉区域作为少数民族地区，也是我国贫困人口较多的地区之一。区域贫困人口多、贫困程度深，对区域经济主体谋利活动是不利的，容易引起诸多不必要的经济冲突与纠纷。而通过加强政府主导的、企业与居民积极参与的区域扶贫帮困活动，能更好地协调人们之间的经济行为，共同创造和分享更多的区域利益。

7.1.3. 经济主体间利益关系的差异性

香格里拉区域经济主体利益的差异性，是指由于区域不同经济利益主体占有的政治、经济和社会资源不同，以及获取利益的目标、方式等不同而造成的主体间经济利益多寡、水平等方面的差异。在香格里拉区域，经济主体利益的差异性集中体现在以下几种利益关系上：

---

[1] 《甘孜州年鉴·2007》，11—13页。

◎ 开发商与当地政府、居民之间的利益关系

一旦一个政府性制度安排为人们所接受，那么它的推广成本就会下降。因某项计划而建立起来的现存官僚政治的基础，经常可以相对更便宜地扩展到另一个方案的使用上。[1] 制度作为政府管理辖区内各项事务的无形工具，其发挥的作用反映的正是政府本身的意志。当代经济学认为，政府的功能是为了弥补"市场失灵"，政府以公开、公平、公正的特征，为社会提供公共产品，满足社会的公共需要，促进社会发展和进步，帮助社会中分散的个人或团体，降低沟通协调的信息成本。制度安排是支配经济组织之间可能合作与竞争的方式的一种安排，其作用对象可能包括单个人、一批自愿合作在一起的团体或者政府。民族地区政府及其主导的制度安排对开发商（或企业）及当地居民的经济观念影响极大：一方面，政府在促进该地经济增长的过程中，需要引进外界的资本、技术和管理，进入的开发商要考虑民族地区的投资环境，包括政策环境、风险因素等。这就存在一个合作问题，即开发商与政府之间就投资开发某一项目的风险承担和利益分享上的谈判协调机制。另一方面，开发商进入该地区后如何与当地群众和谐共处问题，这牵涉到利益相关者理论中关于利益调适机制及其运行预期效果。制度安排的关键作用就是，在既定制度规范内，政府、企业和其他利益相关者都能够按规则行事，把政府、企业、居民的一切重大行为以法律条文方式固定下来，以便在发生利益矛盾问题时迅捷高效内部化，从而避免"寻租"和"求租"行为发生，也不致使企业与居民在相关权益方面发生较大争端。制度安排的效率性问题直接关系到民族地区经济发展方式能否得以顺利转变，因而，地方政府需对此给予高度关注。

◎ 中央政府与地方政府之间的利益关系

中央和地方政府在追求和创造可持续增长方式这一理性目标时，都往往面临以下三大"两难抉择"：一是地方政府 GDP 政绩观以及增殖税激励导致重工业化的强烈动力和当地能源供给不可支撑性；二是地方政府对 FDI 的饥渴症鼓励甚至顺应了发达国家把高能耗、高污染产业向我国转移的倾向，增强了增长不可持续性的程度；三是对经济增长的迫切需求使得上项目不顾环境污染，劳动行为不计伤害，造成污染事故和人身伤亡以及重大事故频发。[2] 二者不同之处在于，中央财政是由各个地方政府财政上缴组成的，而地方政府财政来源于

[1]　［美］L.E. 戴维斯、D.C. 诺斯：《制度变迁与美国经济增长》，转引自 R. 科斯等著《财产权利与制度变迁》，301 页，上海：三联书店，1994。
[2]　蔡昉：《经济发展方式理性目标与激励机制：冲破可持续发展的两难处境》，《中国党政干部论坛》2005 年第 5 期。

辖区内企业的营业税、增值税等各种税费征收，其对中央的依赖主要表现在经济发展政策条件的放宽和优惠待遇上。这样一来，中央集中地方部分上缴资金，对欠发达地区政府进行财政拨款，支援其基础设施建设和各项社会事业发展；而地方政府通过不断索取中央的优惠政策不断提升当地的竞争实力，不仅在经济增长方面，更在政治权利诉求方面。两者之间处于长期博弈的动态过程，在此过程中，实现各自不同的目标。

◎ 地方政府之间的利益关系

地方政府在执行上级关于促进经济增长政策时，不仅要注重选择适合当地实际情况的，具有可持续性的增长方式，更应注重区域内政府之间的横向合作。比如，在资源开发过程中，如果当地政府能够在政策上积极采取创新机制，那么，这样的制度安排将会减少很多决策失误和产业调整成本；而一旦该政府的制度创新成功了，它便会引起区域内其他政府的关注，并被借鉴和采用。这样就实现了制度移植，即制度安排在这个局域网内的一致性和统一性，从而提供了区际政府之间合作发展的可能性。这对于改革和冲破民族地区长期囿于自我封闭式发展的经济增长困境是极其重要的。

◎ 地方政府与居民之间的利益关系

凡是一个公民能为国家所做的任何服务，一经主权者要求，就应该去做，可是主权者决不能给臣民加以任何一种对于集体是毫无用处的约束，他甚至不可以有这种意图，因为在理性的法则之下，任何事情绝不能是毫无理由的。[1] 只有政府行为与居民的利益诉求达到相对一致时，制度推进才可能顺利和合理。但是，要注意的一点是，当居民与政府的制度安排相悖或者发生冲突时，就要权衡"民意"的代表范围广度。如果仅仅是极少部分人别有用心地以团体形式对政府的经济增长政策和方针路线进行恶意阻挠，那么当地政府就应该以政治手段而不是经济手段处理与这一部分群体的"矛盾"问题。如果出现当地居民以一个较大规模的整体抗拒政府的制度安排或政策推动情况时，政府就首先要自行重新审视经济发展方式的可行性和合理度。最为关键的是，当一项有关经济发展方式转变的制度安排（比如技术进步）没有受到任何来自当地群众的反对时，政府亦不能过于乐观，而要结合区情和历史经验教训，对方案本身进行严格的理性分析和反复的科学论证。因为往往越是不为公众所了解的政策，可能由于其高度专业化和深奥难懂，越是具有不确定性和高风险性，一旦在未经

---

[1] [法]卢梭：《社会契约论》，27页，北京：商务印书馆，1980。

简易通俗化之前付诸行动，其后果也越会是灾难性的。

对于民族地区的政府及其官员来说，要推进当地经济发展方式的有效、快速转变，在方案设计和实施过程中，要权衡该项措施能否得到民族群众的认知和理解从而接受。比如移民工程、扶贫助困工程等，要从具体民族文化背景上下一番工夫。首先，让人们了解政府的意图；再则，以已有其他地区的事实为例让其明白这样做的好处（收益）所在；最后，制定一项或者几项适合该地区该民族自身发展（包括其文化保持等方面）的并且符合政府调整目标的实施方案。因为一切制度安排的最终目的都只有一个，就是促进当地经济与社会协调快速可持续发展。如果政府能够与群众进行良性沟通与合作，阐明转变当地目前经济发展方式的必要性和紧迫性，以及这样做的最终利益相关程度如何，等等，那么，群众可能会部分接受政府的一系列安排，并且按照其所指示的那样去做。比如，要在怒江的某一方位开发一个综合利用型水库，政府首先应对当地民族群众进行宣传，讲道理，从政府为民族利益而努力改善经济与社会发展条件和水平等角度说明开发水库的重要性。

◎ 城乡居民之间的利益关系

从总体上看，少数民族的分布在平面上以边疆为主，在垂直分布上以高原山地为主。这些地区无论在历史上还是在现代，远离现代经济文化中心，很难受到经济增长中心的辐射，从事现代经济活动的生产与交易成本远远高于内地和平原地区，导致生活在山区的经济主体谋利活动成本高，获利低。而坝区在生产生活条件、经济集聚规模、对外交流、历史发展基础等方面具有明显优势，由此发展成为区域各种经济及政治文化资源的主要集中地。因此，生活在坝区的经济主体的谋利活动成本低而获利高。同平原坝区与山区的关系一样，区域城乡间经济主体分布的格局也影响着其利益结构及利益实现方式，存在着不同的利益关系。从历史上看，少数民族地区基本上是少数民族居住在农村，从事农牧业；汉族居住在城市或集镇，从事工商业活动，并充当着少数民族与内地商品交流的中介。由于城乡之间在经济发展水平、基础设施、个体发展机会等方面都存在一定的差距，尤其在城乡"二元经济"结构条件下，城镇居民拥有较高的收入和生活水平，能享受更多的公共产品带来的方便与舒适，而乡村居民则在收入水平、生活质量等方面与城镇居民存在较大差距。

◎ 区域人口较少民族与其他民族之间的利益关系

在我国 56 个民族中，有 22 个总人口在 10 万人以下的民族习惯被称为"人口较少民族"，总人口约 525860 人，主要分布在西北、西南和东北地区。[1] 在香格里拉区域，汉族与少数民族、少数民族之间因人口数量及质量的差异，导致从事的经济活动类型及所获得的经济利益也不同。比如，迪庆州境内共有 26 个民族，其中千人以上的民族有藏、傈僳、汉、纳西等 9 个；甘孜州的总人口中，藏族占 78.7%，汉族占 17.8%，彝族占 2.8%，其他民族只占 0.7%。[2] 由于区域内各个民族群体所从事的经济活动以及获取利益的方式不同，各民族之间的利益差异显著。

7.2. 香格里拉区域经济利益关系存在的问题与矛盾

改革开放以来，随着香格里拉区域生态环境保护加强、产业规模化、集约化经营以及产业结构调整，区域经济社会取得了长足进步。但在粗放型经济发展方式条件下，区域经济主体间的利益差异更加明显，矛盾不断扩大，由此造成主体间经济利益关系的对立与冲突。

7.2.1. 区域内部各地县经济发展之间、区域地方经济发展与少数民族经济发展之间的分离与脱节

在香格里拉区域，由于受面积、人口、资源、历史等因素影响，各地州内部县域之间的经济发展也不协调，发展不平衡性明显。以迪庆州为例，2006 年，全州国内生产总值达到 34.89 亿元，但德钦县的年生产总值为 44335 万元，仅占全州国内生产总值的 12.7%（见表 7—1）；2007 年怒江州财政总收入为 49.96 亿元，其中，兰坪县财政收入为 29.4 亿元，占全州财政总收入的 58.85%，而贡山县财政收入为 2.35 亿元，只占全州财政总收入的 4.7%，前者是后者的 12.5 倍（见表 7—2）；2006 年甘孜州 18 个县的地方财政总收入为 45067 万元，其中，康定县为 9275 万元，占甘孜州地方财政总收入的 20.6%，而新龙县仅为 208 万元，只占甘孜州地方财政总收入的 0.5%（表 7—3）。

[1] 王文长等：《西部开发中民族利益关系协调机制研究》，171 页，北京：中央民族大学出版社，2007。
[2] 《迪庆州年鉴·2007》，46 页；《甘孜州年鉴·2007》，54 页。

表 7—1　2006 年迪庆州各县地方财政收入情况对比（单位：万元、%）

项　目	财政财入	比重
迪庆州	348933	——
香格里拉县	215231	61.7
德钦县	44335	12.7
维西县	84087	24.1

资料来源：《迪庆藏族自治州统计年鉴·2006》，17 页。

表 7—2　2007 年怒江州各县地方财政收入情况对比（单位：亿元、%）

项　目	财政财入	比重
怒江州	49.96	——
泸水县	11.88	23.78
福贡县	3.79	7.59
贡山县	2.35	4.70
兰坪县	29.4	58.85

资料来源：怒江州统计局：《2009 年怒江领导干部经济工作手册》，52 页。

表 7—3　2006 年甘孜州各县地方财政收入情况对比（单位：万元、%）

项　目	财政收入	比重
甘孜州	45067	100
康定县	9275	20.6
泸定县	3904	8.7
丹巴县	3007	6.7
九龙县	6671	14.8
雅江县	825	18.3
道孚县	1415	3.1
炉霍县	372	0.8
甘孜县	532	1.2
新龙县	208	0.5
德格县	398	0.9
白玉县	889	2.0
石渠县	590	1.3

（续表）

项　目	财政收入	比重
色达县	432	1.0
理塘县	608	1.3
乡城县	418	0.9
稻城县	1189	2.6
得荣县	834	1.9

资料来源：《甘孜统计年鉴·2007》，112—113 页。

　　同时，区域地方经济发展与少数民族经济发展之间也存在分离与脱节现象。从理论上看，由于香格里拉区域少数民族地区是以少数民族劳动者为基本经济主体，区域经济发展与地方民族经济发展应该是基本一致的。但是，在实践中要做到这一点非常困难。以区域县域经济发展为例，很多少数民族地区的县域经济发展不能真实反映当地少数民族经济的发展，即县域经济不能准确反映少数民族经济的发展状况和发展水平。这有客观条件原因，也有政府行为因素。从客观条件看，由于历史的原因，少数民族群众往往分布在山区或边缘地区，距离经济活动的中心县城和集镇较远，难以充分参与县域经济活动，也难以分享到县域经济发展的成果。从政府行为看，地方政府在县域经济发展中起着主导作用，在现行政治体制下，地方政府往往为了追求"政绩"而只关注全县经济社会的发展，如国内生产总值及其增长速度、人均纯收入等，不可避免地会忽视或无暇顾及处于弱势中的少数民族群体。[1] 这从上述香格里拉四地州各县财政收入之间的差距也可以体现出来。

　　区域内部各地县经济发展之间的不平衡性，以及区域地方经济发展与少数民族经济发展之间的分离与脱节，必然造成区域主体间经济利益分配的不一致，导致区域各民族间经济的不平等和发展差距的扩大，最终从整体上阻滞区域经济的可持续发展。

7.2.2. 区域资源开发中经济主体间经济利益关系矛盾

　　香格里拉区域丰富的自然资源是区域经济发展的重要优势，也是区域产业结构调整的基础，很多产业都是围绕自然资源的开发和利用发展起来的。但在区域自然资源的开发和利用过程中，存在着严重的重开发和利用、轻保护和建

[1]　龙远蔚等：《中国少数民族经济研究导论》，184 页，北京：民族出版社，2004。

设的问题，并由此引发区域经济主体间经济利益关系的冲突与矛盾。具体地说，主要体现在：

◎ 中央与地方政府之间的利益冲突与矛盾

在我国，除由法律明确规定的部分森林、草原、荒地、滩涂等属于集体所有外，其余大部分自然资源、矿产资源在所有权上属于国家所有，国家具有对国有自然资源、矿产资源的开发利用决策权。由此，尽管很多自然资源、矿产资源分布在全国各个地区，但资源地所在地方政府并没有资源开发和利用的决策权，只能参与和配合中央政府主导下的资源开发和利用。国有资源开发和利用的利益绝大部分归中央政府所有，地方政府获利很小。同时，国有资源在开发利用过程中，普遍存在重开发轻建设的问题，即因资源开发而造成地方生态环境污染，但治理生态环境的责任，包括禁止砍伐、封山育林、退耕还林还草等，却往往落在地方政府身上。因此，中央政府与地方政府在资源开发利用中的利益关系极不对称、极不协调，突出表现为地方政府获利小，承担的责任大。

◎ 政府与资源、矿产开发商之间的利益冲突与矛盾

在区域资源、矿产开发利用过程中，开发商的利益目标与中央、地方政府的利益要求与目标不尽一致。开发商的利益要求是获得独立的生产经营自主权和公平的市场竞争环境，利益目标是实现企业利润最大化；而中央、地方政府则希望开发商不仅要注重企业的经济效益，也要注重企业的社会效益最大化，以实现区域经济社会全面协调发展。然而，当开发商只注重企业经济效益，忽视其社会效益与责任时，必然引发政府与资源、矿产开发商之间的利益冲突与矛盾。近年来，随着区域经济开发规模与速度的加快，政府与资源、矿产开发商之间的利益冲突与矛盾也呈上升趋势。据统计，2002 年迪庆州司法部门共排查出山林、土地、牧场、矿产资源等争议与纠纷共 93 起，占社会纠纷总数的62%。[1]

◎ 政府、开发商与当地居民之间的利益冲突与矛盾

资源、矿产存在于一定的地域空间，与当地经济社会发展和居民生产生活密切相关。"靠山吃山，靠水吃水"。但以往区域资源、矿产开发利用项目的建设和发展，往往考虑更多的是中央、地方政府、开发商的利益，而忽视当地居民，特别是少数民族群众的切身利益。这体现在三个方面：一是区域资源、矿产开发利用项目的实施，没能带动当地各种生产要素的广泛动员和参与，特别

[1]　迪庆州司法局社会矛盾纠纷排查调处办公室：《关于社会矛盾纠纷排查调处工作总结》（2002 年）。

是没能充分激发当地居民参与经济活动的积极性、主动性和创造性，因而当地居民获得开发项目带来的直接经济利益很小。二是区域资源、矿产开发利用与生态环境的保护，不仅不能增加当地居民的经济利益，反而减少或损害了他们的经济利益。如1998年长江流域发生特大洪水后，国家在少数民族地区采取一系列保护生态环境的举措，包括封山育林、退耕还林还草等，造成当地居民收入的减少；又如水电资源开发，往往涉及库区居民的搬迁安置问题，解决不好，就会使他们失去赖以生存的土地，陷入贫困之中。三是在政府、开发商对区域资源、矿产重开发和利用、轻保护和建设的情况下，因资源开发利用而造成地方生态环境破坏、污染的消极影响和后果，往往由当地居民来承受。即使政府、开发商会给予当地居民一些补偿，其标准和数量也极低，难以弥补当地居民所遭受到的侵害。统计资料显示，2004年，迪庆州仅国道214线建设中引发的纠纷与矛盾就多达129起，因公路、水利、市政等工程建设以及移民搬迁引起的矛盾纠纷也有数10件。[1]

7.2.3. 大型投资开发企业与当地居民之间的经济利益矛盾

新中国成立以来，国家在香格里拉区域等少数民族地区建立了一些国有企业，这些企业以资源型企业为主，为支援国家经济及国防建设，改善地区经济结构作出了重要贡献。

然而，由于当时的经济体制及企业自身的性质，决定了这些企业大多是"外嵌入型"的，企业的投资主体是国家，生产是为了满足国家宏观经济发展及国防需要，其产生和发展与当地经济发展没有必然的内在联系。显然，在经济活动中，获得经济利益较多的是投资主体国家和企业自身，而当地居民只能获得这些投资项目带来的基础设施改善等"溢出效应"，而没有机会通过直接参与获得要素收益。在当时的条件下，这些企业与当地经济主体的市场交换非常有限，是两个封闭的经济循环系统，相互间没有太多的物质和能量交换。[2]而且，一些投资项目非但没有带动地区经济发展，增加当地居民的收入和提高其生活水平，反而由于不合理的资源开发活动造成生态环境恶化，影响了当地居民正常的生产生活。

[1]　迪庆州州委、州政府：《云南省迪庆藏族自治州工作情况汇报》（2004年）。
[2]　王文长等：《西部开发中民族利益关系协调机制研究》，170页，北京：中央民族大学出版社，2007。

7.3. 香格里拉区域经济利益共享机制的构建

7.3.1. 坚持"以人为本"、"和谐共享"的区域经济利益关系协调目标

在区域经济利益格局多元化的情况下，经济主体间存在着各种各样的利益关系，如何从不同层面上协调好这些经济利益关系，是区域经济社会和谐发展的关键。在香格里拉区域，区域经济利益关系和谐的基础是区域整体经济利益的不断提高，以及各经济主体，特别是当地各少数民族经济利益目标的充分实现。

因此，构筑和谐的经济利益关系，必须充分照顾到区域内不同利益主体的需要，应坚持"以人为本"与"和谐共享"的原则，把区域经济发展与区域内各民族的发展及其整体生存状况的改善结合起来，使区域经济利益发展能惠及各个经济主体，并产生对区域整体经济利益的认同与珍重。区域不同的经济主体在实现自身利益最大化的同时，能最大限度地考虑其他经济主体利益和区域整体利益的实现与保障。同时，由于历史及地理环境等原因，香格里拉区域还有相当一部分居民处于贫困当中，他们缺乏基本的生产生活资料，自我发展能力不足。对于这些处于"弱势"的经济主体，在协调区域主体经济利益关系中，不仅要坚持"以人为本"的原则，更要充分发挥社会主义集体主义精神，通过多种方式使他们能更多地分享到区域经济社会发展的成果，早日走上脱贫致富的道路。因此，"以人为本"、"和谐共享"应成为香格里拉区域经济利益关系协调的基础和目标。

7.3.2. 明晰区域经济利益主体间的产权关系

区域经济利益关系的有效协调是建立在良好地协调基础之上的，而这除了要有区域经济主体间共同的利益整体和利益目标之外，还必须有明晰的利益主体产权关系。

◎ 区域多元利益主体的内部化

香格里拉区域利益关系的结构，从一致性的共同基础看是一个整体，而从经济主体的分布及利益差别看，则呈现出利益主体的多元化。如前所述，香格里拉区域经济主体的多元化不仅体现为居民、企业和政府三个基本层次，而且体现为这三个层次内部构成的复杂性。区域利益关系结构中利益主体的多元存在，相应地必然发生利益获取和实现的竞争关系，要求在有限资源的配置中获取更多的利益。在市场经济体制下，利益主体的多元化显然不可能复归于计划经济的一元化，合作竞争与明晰的利益边界是市场经济体制条件下香格里拉区域经济主体间建立和发展相互关系的基本特征。通过充分发挥市场机制的基础性功能，区域经济主体的多元性存在内部化的可能，即利益主体之间具有内在关系，存在一致性的共同基础，在一定条件下能够把利益主体的多元存在纳入一个新的整体，通过整体利益的实现来协调不同利益主体间的利益差异与矛盾。利益主体的协调本质上也是达成竞争妥协的交易，协调的意义在于争取交易成本最小。在常规条件下，内部交易的成本要小于外部交易的成本，即内部交易可以节约成本。[1] 这表明，在利益主体之间存在共同的整体利益目标的基础上，可以通过化外部交易为内部交易，争取利益主体多元关系的内部化。

在少数民族地区经济发展实践中，以经济主体间根本利益一致为基础，化外部交易为内部交易，争取利益主体多元关系的内部化，并不是纸上谈兵的臆想，而是可行的现实要求。比如，新疆在地州、兵团、中央企业之间构造的融合型经济体，便是一种成功的尝试，值得借鉴。新疆巴音郭勒蒙古自治州（以下简称巴州）境内有塔里木石油勘探开发指挥部和石化工程建设指挥部、新疆生产建设兵团农二师所属的 17 个农业团和 5 个工程团、南疆铁路监管处以及自治区供销、商业、生产资料、石油等二级批发企业，区域利益主体的多元化特征明显。巴州发展融合型经济的思路，就是打破行政隶属关系的界限和条块分割，在共同发展目标的指引下，在平等、互利的基础上，充分发挥地方的资源优势、农二师的人才优势、石油铁路等中央企业及自治区驻州企业的人才、技术、信息、资金等优势，通过资源、经济技术、人才、资金等经济要素的交流合作，建立起利益联结、优势互补、资源共享、风险共担的融合体。[2] 巴州经济融合的实践就是化利益主体的外部联系为内部联系，在利益共同体内部实现并协调中央、

---

[1] 科斯的经典性文献《企业的性质》探讨了企业在一个专业化的交换经济中出现的原因，这为探讨区域经济多元化主体间利益关系的协调提供了有益的启示。

[2] 璞玉东：《条块结合效应》，1—2 页，乌鲁木齐：新疆青少年出版社，1998。

地方、兵团、企业、居民之间的利益。通过经济融合体，使利益主体的多元性内部化，从而降低了利益摩擦和矛盾，提高了区域经济发展效益。

◎ 明晰产权关系是区域利益主体多元性内部化的基础

利益主体多元性的内部化，在形式上形成了新的整体，进行了利益关系的融合，但新的整体和利益融合并不是模糊利益主体间的利益关系，内部化恰恰以利益主体间明晰的产权关系为基础。比如新疆巴州融合型经济中，经济形式主要包括两种类型：一类是直接按股份制形式组建股份制企业；另一类是按专业分工和配套服务的形式组建企业。但无论哪种类型，都是以平等、自立、明晰的产权关系为前提和基础的。实践证明，只有明晰的产权关系，利益的获取、实现、分配才有明确的预期，明晰的权益结构才能形成，才使得利益主体间的合作型的竞争框架得以维持，协调机制才有可凭借的基础并得以充分发挥作用。

因此，明晰区域利益主体间的产权关系，是利益主体多元关系内部化的基础条件。把利益主体的多元存在纳入一个新的整体，通过共同利益和整体利益的实现，协调利益主体间的关系，这本质上是一种互利共享的权益结构。所谓互利共享，就是假设在一个合作竞争的框架内，如果内耗最小，则整体利益最大，共享整体利益的个体利益也相对大，个体利益的目标与个体之间的共同利益目标构成一种良性互动，利益主体间的利益实现形成一种相互支持的状态。因此，利益主体多元性的内部化，就是构造互利共享的权益结构。从这个意义上说，香格里拉区域经济利益共享机制的构建，就是要以区域利益主体间明晰的产权关系为前提与基础，以互利共享的权益结构为框架，构建互利共享的协调机制。

7.3.3. 确认和保障当地居民，特别是少数民族居民经济利益的优先受惠权 [1]

人类生存对自然资源的依赖是一种经验常识，人们总是在特定环境下由特定的自然资源结构提供生产和生活资料，维持生存发展，愈往史前追溯，这种状态特征便愈是明显。尽管自然资源与当地居民的原初权益关系没有明文规定，但人们对其生存环境和自然资源的权属形成习惯性认同，由此构成自然资源权属的习惯法基础。正如卢梭所言："人的最原始的感情就是对自己生存的感情；最原始的关怀就是对自我保护的关怀。土地的产品，供给他一切必要的东西。" [2] 这种源自生命对周围自然资源的本能利用，其原初状态用不着申明这是我的或

---

[1]　王文长等：《西部开发中民族利益关系协调机制研究》，20—23 页，北京：中央民族大学出版社，2007。
[2]　[法] 卢梭：《论人类不平等的起源和基础》，112 页，北京：商务印书馆，1997。

这是我们的。在我国，自然资源归国家所有，国家代表全体国民行使所有权。就自然资源的法权关系而言，自然资源所在地的居民与非自然资源所在地的居民在理论上是平等的，都是作为国民平等地通过国家占有自然资源。但这仅仅是法权关系的变化，而且这种变化没有改变自然资源的自然存在，也没有改变当地居民的居住空间。自然资源法权关系变化并不能同时改变当地居民与自然资源存在的自然关系，当地居民仍维持着对当地自然资源的自然依赖。显然，自然关系强于法权关系。[1] 因此，区域经济主体间产权关系的明晰界定，最根本的就是当地居民与当地自然资源权益关系的界定；区域利益主体间经济利益关系的协调，其基本内容就是确认和保障当地居民经济利益的优先受惠权。优先受惠权的依据和基础，就是当地居民与所在地资源的自然关系和衍生的资源使用权。

当地居民对区域自然资源、矿产工业能源存在及开发利用的优先受惠权主要包括：第一，资源地居民对自然资源保护、开发利用的知情权。自然资源的开发利用应当尊重当地居民的意愿，征询当地居民的意见，反映当地居民的根本利益。第二，自然资源开发利用当地居民有直接受益权。在自然资源开发过程中的劳务安排和利益的初次分配中，应确保当地居民的正当权益，并在自然资源开发利用形成的物质利益中直接体现落实这种权利。如库区居民对供电的需要，资源地居民对资源品消费的需要等。第三，对自然资源开发中增加值的分享权。资源地资源开发过程中，资源品的输出、增值应维护资源地居民的基本利益，确保资源地居民在资源增值中的正当权益；资源开发及资源品的输出、增值应有利于资源地的经济社会建设与发展，应有利于支持资源地经济的可持续增长；资源输出和增值应保障资源地居民生产生活水平不断提高。

在香格里拉区域等少数民族地区，确认当地居民对自然资源开发利益的优先受惠权，就是要更充分体现、切实落实当地居民，特别是少数民族居民在自然资源开发中利益主体地位的权利，在资源开发的利益结构中合理安排当地居民与区域整体利益的关系，体现当地居民的优先受惠权。这方面值得借鉴的成功案例也有很多，如中国铝业广西平果分公司对百色平果县的经济带动作用、广西红水河上游龙滩电站的建设对广西天峨县经济的拉动作用、南昆铁路建设对沿线地区经济的带动作用等。全长 898.6 公里的南昆铁路 1997 年 11 月 30 日正式运营以来，沿线地区经济依托铁路高速运转，经济效益显著，大量的贫困

---

[1]　王文长等：《西部资源开发与可持续发展研究》，302 页，北京：中央民族大学出版社，2006。

人口迅速脱贫。广西百色地区提前两年实现国家"八五"扶贫攻坚计划，贫困人口已由 233 万人减少到 19 万人，财政收入连年快速增长；贵州黔西南布依族苗族自治州 2001 年国内生产总值 67.2 亿元，人民生活水平明显提高，其中农村居民人均收入 1420 元，比"八五"末增加 447 元。[1] 正反经验表明，只有确认当地居民对自然资源存在和开发利用的优先受惠权，并在具体的开发决策、开发活动和利益分配中体现和兑现这种权益，才可能真正调动当地居民对自然资源保护和合理开发的积极性，促进区域主体利益关系的协调。

当地居民对资源开发利用的优先受惠权既涉及代内关系，也涉及代际关系，即需要关照到后代人的权益。现实生活中存在这样的现象，如分散矿点的开发，当地居民有较强的自主介入能力，自主投资、自主发动开发，但如果产权关系不清晰，就可能导致当地可持续发展利益的损害，具体的利益关系结构表现为开发者对资源的开发、利用、获益超越优先受惠权的范围。因为优先受惠权体现的是对当地资源权益的实现、分配次序的优先保障，而不是任意占有、强行占有和过度占有。超越优先受惠权的行为，将导致当地可持续发展利益的损害，实际上是破坏了代际权益关系的秩序。

7.3.4. 建立健全区域经济利益补偿机制

明晰资源地居民在资源开发中的利益主体地位，确认其享有的优先受惠权，在具体的实践过程中，既体现在资源开发利益实现过程的直接参与及分配关系上，也反映在资源使用权实现不充分或不能实现引起的生存利益受损的补偿关系中。针对资源地居民对其资源开发及利用中普遍存在的优先受惠权实现不足的现象，必须建立保障和兑现该优先受惠权的制度规范，即建立健全资源地资源保护、开发、利用和输出的利益补偿机制。其主要内容包括 [2]：

◎ 对资源保护的利益补偿

资源地居民对自然资源保护与停止对资源的使用为国家的生态平衡、环境保护作出了贡献，国家应当给予相应的适当利益补偿。对资源保护的利益补偿，也就是对资源使用权的利益补偿。国家设立自然保护区及保护野生动植物等，对当地居民资源使用权的限制所造成的生存利益问题和损失，也应当由国家对当地居民给予相应的利益补偿。这样，当地居民的利益主体地位及对当地自然

---

[1]　王文长等：《西部开发中民族利益关系协调机制研究》，186—187 页，北京：中央民族大学出版社，2007。
[2]　参见王文长：《民族自治地方资源开发、输出与保护的利益补偿机制研究》，《广西民族研究》2003 年第 4 期；王玉玲：《论少数民族地区生态环境利益补偿机制——以云南省迪庆藏族自治州为例》，《中央民族大学学报》（哲学社会科学版）2006 年第 3 期；胡仪元：《西部生态经济开发的利益补偿机制》，《社会科学辑刊》2005 年第 2 期。

资源的优先受惠权，就通过对资源使用权益受损的补偿得以落实与体现。

◎ 资源开发对代际利益的补偿

这主要涉及不可再生资源开发与当地居民未来发展的利益关系。不可再生资源的开发导致的资源耗竭，对当地居民未来发展及后代生存状态的影响，需要协调现实利益与未来利益的关系，由现实利益安排对未来发展权益进行补偿。比如，支持资源地的基础设施建设；重视和加强资源地的教育、卫生等社会公共事业，完善社会保障制度；通过政府建立长期的财政转移支付政策与制度；建立长期的定点帮扶对象与地区等。

◎ 资源开发对环境利益的补偿

自然资源的开发，不可避免地改变着资源地生态系统的原有秩序，改变当地生态环境的平衡状态，使当地居民对生态环境改变存在重新适应或生态环境重新修复的要求，这便产生了对生态环境适应或复原的成本。当地居民是资源地生态环境变化的直接承受者，资源开发行为必须补偿当地居民所承受的环境成本，承担环境复原的责任和费用。

◎ 资源地自然资源品输出的利益补偿

资源地资源品的输出及其加工增值，在一定程度上改变了资源地利益实现的自然关系及利益实现程度，即体现为一方面减少了资源加工增值过程中当地居民的就业机会；另一方面也减少了增值过程中的利益分享及对相关产业的带动。对资源地自然资源输出的利益补偿，是资源地居民对资源利益优先受惠权的一种实现方式。同时，根据资源地居民对当地自然资源的优先受惠权，以及资源保护、开发、输出利益补偿机制的主要内容，在具体实践过程中的制度安排上，还必须进一步结合具体情况建立健全和实施相应的制度措施。

◎ 实行自然资源有偿转让制度

这主要包括：资源的开发、利用，必须对生态环境的维护和未来发展利益给予补偿；资源增值利益的转移，必须依据资源地居民的优先受惠权给予适当补偿，补偿形式为以补偿费计入资源价格来实现。

◎ 规范自然资源价格，丰富自然资源的定价标准与体系

自然资源价格应反映自然资源保护、开发、利用和运输的成本，并以多种形式得以补偿。其中，自然资源的消费成本，可以通过征收资源品消费税得以补偿；资源开发造成的环境复原成本，可以通过列支资源生产消费费用来补偿；对资源地生态环境维护和当地居民未来发展利益的补偿，补偿费标准可以依据具体资源开发对生态环境的影响程度和资源品消耗量来规定，原则上对生态环

境的补偿应满足环境复原的要求，对未来发展利益的补偿则应当为消费者所能承担为限。同时，应当丰富自然资源的定价标准和方法，除了成本定价法外，还应积极探索影子定价法、区位定价法、过程定价法等在实践中的运用。

◎ 设立和征收自然资源流通税

自然资源以原材料形式输出，应当考虑到资源输出的机会成本，参照资源出口的关税，对资源地输出的自然资源征收流通税。

◎ 设立不可再生资源未来发展补偿基金

应把一部分从不可再生资源开发中获得的利益，通过税收途径转为积累，用以支付形成未来发展长期效应的基础设施。未来发展基金的形成，可以通过扣除不可再生资源总成本中的资源品消费成本来获得。

◎ 规范自然资源保护、使用限制的利益补偿制度

由国家设立自然资源保护专项基金，用于保障资源地居民在资源限制使用后的生存利益需要。原则上，利益补偿的标准，应达到原资源使用获益的水平，确保足额补偿。

◎ 完善资源相关的税收体系，保障生态环境的合理性补偿

首先，要完善资源税。由于资源税税额过低，不能充分体现资源的稀缺性，也不能有效促进资源开发利用的合理性。要适当调整税额，不仅要将资源级差地租和绝对地租纳入到税额中来，而且需要把资源开发所造成的环境成本考虑进来。其次，要改革排污费。改变以前只对排污超标部分收费的做法，变为"排污收费、超标罚款"，将企业排污的外部成本内部化。再次，开征生态环境补偿费。对开发、利用生态环境资源的企业，应该征收环境补偿费。补偿费可以按生态环境资源的开发利用量来征收，按属地原则征收资源开发企业生态环境补偿费。同时，对于国家统一征收的矿产资源补偿费应主要用于当地居民的发展需要。补偿费用应明确补偿项目，设立专项基金，专项使用。

◎ 完善财政转移支付制度，建立政府援助基金

要增加对西部少数民族地区生态环境补偿的财政转移支付，加大中央财政预算内建设资金（包括铁路、交通等专项建设基金）和国债资金投放力度；要建立少数民族地区生态环境保护和建设专项基金，可以考虑通过发行"生态彩票"等方式融资，同时吸纳社会各界的捐助；建立健全政府援助基金，可以借助国际上政府开发援助（ODA）的做法，从东部发达地区的 GDP 中拿出一定比例的资金，专项用于西部少数民族地区的生态环境保护与建设。

第8章

香格里拉区域经济发展方式转变与区域民族文化建设研究

香格里拉文化是以人与自然、人与人之间和谐共处为核心理念的区域文化，也是以藏族为代表的当地居民文化精神素质的重要体现，因而是影响香格里拉区域经济发展方式转变的重要因素。加强香格里拉文化建设，有利于区域生态环境的保护，有利于区域经济协作，也有利于区域经济利益的协调与整合。

8.1 香格里拉文化的内涵

8.1.1 文化在经济发展中的作用

西方学者尼科·斯特尔在其著作《知识社会》中，描述了社会经济发展的几个阶段：物质经济——货币经济——符号经济。他认为，从物质经济向后两种经济的转换，是知识的作用越来越凸显的过程；到符号经济形态，大部分财富体现为信息、知识、专门人才的掌握及创造运用上，"符号商品——也就是知识——的运用已经成为世界经济中的一个更加突出的因素"。[1] 知识经济时代的到来充分表明，强调文化对经济的驱动力作用是符合经济自身发展规律的。文化之所以能够在经济发展中发挥作用，原因在于文化是劳动者素质技能的重要方面。劳动者的素质技能主要体现为三个方面：身体素质、技能素质和精神文

---

[1] [加]尼科·斯特尔：《知识社会》，2—3页，上海：上海译文出版社，1998。

化素质。文化就是劳动者精神文化素质的重要体现。在经济活动中，劳动者不仅要发挥身体素质和技能素质的作用，也要体现精神文化素质的功能与作用；而且，随着人们经济活动层次的提升，文化素质的功能与作用将越来越明显与重要。

第一，文化教育塑造和培养了人，人的文化素质和水平在经济发展中起着决定性的作用。人是生产力的主体，是社会物质财富和精神财富的创造者。在当今知识经济的挑战和经济全球化的浪潮下，人成为决定性的因素，是社会经济发展的关键所在。文化的教育功能和塑造功能是人才培养的关键，通过后天的文化学习，生产出具有健康人格、先进科学知识的劳动者，是文化的重要驱动力所在。

第二，精神文化生产的成果不仅为人类提供了丰富的文化消费品，也是社会经济发展的精神动力和智力动力。劳动者作为香格里拉区域经济发展方式转变起着重要推动作用的要素具有两重性，即生产者和消费者的重合。人类生产了各种各样的物质和精神文化产品，同时也满足了自身生理、精神和再生产的需要。"仓廪实而知礼节，衣食足而知荣辱"[1]。人类除了衣食住行的基本需要，还有更高层次的精神需要，这是个人在追求自我完善和发展不同阶段所决定的。只有个人需求得到满足，才能更好地激发人的积极性和创造性，使人才的潜质得到充分发挥，从而更好促进社会经济的发展。精神文化的生产，不断对人们的思想、观念、精神、价值观产生影响，产生精神力量，推动社会发展。

第三，经济的发展越来越离不开文化，文化经济一体化的趋势越来越明显。文化在经济发展中的作用日益明显，随着文化自身从特权化到普及化再到大众化的不断发展，文化功能的多样化和需求的多样化特征日益明显。文化产品的消费在人们消费结构中的比例不断增加，文化附加值成为生产者获取超额利润的重要手段。企业文化、品牌战略、文化营销对于企业具有越来越重要的意义。文化产业和创意产业的蓬勃发展更有力地证明了文化经济一体化的大趋势[2]。

8.1.2 香格里拉文化的内涵 [3]

自 1997 年 9 月云南省人民政府宣布香格里拉就在云南迪庆藏族自治州以来，香格里拉随之成为我国西南地区旅游的一个亮点，香格里拉文化也越来越

---

[1] 司马迁：《史记·货殖列传》。《管子·牧民》中的原话为："仓廪实则知礼节，衣食足则知荣辱"。
[2] 叶南客：《当代文化经济一体化的生成动因与实现途径》，《江海学刊》2004 年第 4 期。
[3] 绒巴扎西：《云南藏区可持续发展研究》，214—215 页，昆明：云南民族出版社，2001。

受到人们关注。

第一，人与人、人与自然的和谐是香格里拉文化的核心价值。人与人的和谐包括了群体和个体两个层面的人际关系。群体层面的人际关系包括了社区与社区之间的关系；社区内信仰不同宗教、具有不同民族文化背景的人群之间的关系。在希尔顿笔下虽然把香格里拉描述为与世隔绝的社区，但香格里拉人对外来人总是持一种友善的态度；而社区内信仰不同宗教、具有不同民族文化背景的人群之间也世世代代维持着一种和谐的人际关系，而在人类历史上种族歧视、民族冲突、文化冲突、教派之争却是屡见不鲜，这正是香格里拉人际关系和谐的魅力所在。因此，人际关系的和谐是香格里拉文化的重要内涵。如果没有了人际关系的和谐，香格里拉将失去宁静，香格里拉文化将会黯然失色。

人与自然的和谐是香格里拉和谐理念的又一个重要方面。在希尔顿笔下，香格里拉的人们在调解人与自然的关系方面也普遍遵守着"取用有度"的行为规范。香格里拉壮丽的雪山，水草丰茂的草地，茫茫林海，以及富饶的土地，丰富的物种，无不体现出人与自然的和谐与融洽。在香格里区域，即使像金矿这种贵重资源，也是按需而取，这令从西方社会来到香格里拉的人们大为惊讶。由此，使香格里拉维系着一种和谐的人地关系，这里有壮丽的雪山，丰茂的草地，茫茫林海，丰富的物种和物产，无不使人感受到人与自然的亲情。

第二，藏族文化是孕育香格里拉文化的母体。这不仅是因为希尔顿始终把香格里拉置于藏族文化背景中，更重要的是藏族文化中有丰富的关于人与自然，人与人和谐共处的文化积淀。藏文化发祥地青藏高原，由于高寒缺氧，气候复杂多变，使得任何一种生命的孕育成长都面临着严峻的挑战，人对生命的理解深刻而独特。加之藏传佛教文化的广泛传布，善待生命、关爱生命成为藏族文化中最重要的特征。在藏传佛教中把不杀生列为五项根本戒律之首；在民间则把怜惜生命作为善业之本。至今不少藏区在农业生产活动中仍禁忌喷施农药、化肥，以免伤害生灵。每至万物复苏，春暖花香之际，僧尼都要闭门修持，足不出户以免践伤幼虫。在藏族文化中以山神崇拜为典型的自然崇拜文化也极为丰富。在藏族社会中，广及整个藏区，小到每个村落都有护佑一方的山神，如云南省德钦县的卡瓦格博峰（梅里雪山主峰）、西藏自治区境内的岗仁波钦峰，都是全藏区性的神山，每个地域、每个村庄还有自己的神山。在藏族观念中神山是护佑当地人畜平安、五谷丰收、兴旺发达的神灵；广大藏民对神山不仅要敬香膜拜，而且视神山上的飞禽走兽，草木土石都神圣不可侵犯，即使神山中的猛兽伤害了人畜，也不可猎捕。藏族社会中善待生命、关爱大自然的文化积淀，不仅使藏区长期维持着人与自然和谐共处的状态，也为人们探究人与自然和谐共处的人文精神提供了丰富的素材和实例。

人与人的和谐是藏族文化中又一鲜明的主题。藏传佛教认为，人的一切身心活动，任何行为和思想都会给行为者本人带来一定的后果，即报应；善有善报，恶有恶报，行善者投生于善道；善道有轻重之别，即使生于同一道中也有千差万别，人的贫富贵贱均由报应所致。以此为基础形成了一整套完备的为民众所接受的行善戒恶，修身养性的伦理道德规范，认为杀生、贪欲、妄语、淫欲、邪念是万恶之源，每个人都要通过修身、行善来戒恶业。在藏传佛教文化的影响下，藏族社会中的个体成员往往把淡泊名利、与世无争、多行善事、忍耐豁达作为修身取向，因而在人际关系上往往具有友善和睦、谦让宽容、互相帮助的文化特征。在与其他民族或具有不同信仰习俗的群体交往过程中，他们也往往保持着和谐的人际关系。

第三，民族文化的多样性与丰富性是香格里拉文化的显著特征。在希尔顿笔下，不仅描述了香格里拉地区多种民族、多种文化、多种宗教和谐共处的状况，而且把民族文化的多样性与丰富性作为人与人和谐的背景。因为只有在多元文化的背景下，人与人的和谐理念才能得到充分表达，人与人的和谐也才有了全人类的意义。脱离了多元文化背景，单一文化体系下的人与人的和谐是不完整的，也是不深刻的。

8.2 香格里拉文化在促进区域经济
发展方式转变中的作用

香格里拉文化是香格里拉区域以藏族为代表的各族居民在长期的生产生活中形成的，已经成为当地居民精神文化素质的重要内容与体现。在香格里拉区域经济活动中，香格里拉文化必然会在当地居民的经济活动中体现出来，从而影响香格里拉区域经济发展方式的转变。

8.2.1 香格里拉文化有利于促进区域生态环境的保护

在香格里拉区域，尽管历史上有过不同文化之间的交汇与冲突，也经历了人口数量不断增长、向自然界不断索取的历史过程，但整体来看，香格里拉文化的变迁始终是沿着人与自然和谐共处的历史轨迹演进的。可以说，人与自然的和谐是香格里拉文化最鲜明的特征，这一文化特质使香格里拉区域生态环境得到了有效保护。

一是迄今仍保持着较好的区域生态环境状况。在云南迪庆州，人们可以看到壮丽的雪山，成片的原始森林，与雪山、原始森林相辉映的秀丽的高山湖泊，清澈的溪流与江河，成群的珍禽异兽。在这里，人们可以感受到原始生态的朴实与完美。这里被称为地球上保持原始生态最好的地区之一。2004 年，全州林地面积达 88.43 万公顷，森林覆盖率达到 66.8%，人均蓄积量 549.2 立方米，远高于全省和全国的人均水平。生物资源种类十分丰富，仅维管束植物就有 227 科，3372 种，占云南省维管束植物的 22%。动物种类也十分丰富，境内有野生动物1400 余种，是高山动物聚集的中心，同时还保存着许多珍稀和古老的动物种类，如滇金丝猴、小熊猫、血雉等，有"生物基因库"的美誉。[1] 大面积保持着原生态以及拥有丰富的物种资源，就是对人与自然和谐共处的文化精神最有效的实证。

二是丰富的自然崇拜文化对协调人与自然的关系，对保持区域生态环境产生了重要作用。在香格里拉区域，人们将山视为神山，水视为圣水，湖视为仙湖，树是神树，并演绎出一整套人与自然和谐共处的行为规范。[2] 人们对这些自然神灵只可敬畏，不可侵犯；认为人们对神灵的侵犯会遭到报应。因此，人们禁忌在神山上樵木、狩猎、采石等，禁忌在神湖、神水中洗污除垢，禁忌采伐神树等。在乡村，藏民每天要给山神敬香，祈求山神保佑；在藏历新年初一、初三、初十、初十五都要到当地的神山去烧香，以求风调雨顺，人畜平安。此外，香格里拉区域还有丰富的有关神山、神湖显灵的故事，并世代为当地居民所信守。

三是藏族等民族文化中关爱生命的伦理观念，对保护生态环境产生了积极的作用。香格里拉区域的藏民认为，任何一种生命现象都是珍贵的，杀生是有罪的。按藏传佛教教义，今生修为决定着一个人来世的境遇，罪孽深重就不可能有好的来世，因此，藏民禁忌杀生。许多信教群众不仅视杀生为大忌，而且也不吃鲜肉，认为食鲜肉也是罪孽。寺院僧尼不仅禁止杀生，而且在高原万物生长最为茂盛的 6、7 月间，全体僧人都要举行夏安居，严禁僧尼出寺院，以免

[1]　《中国民族年鉴·2005》，401、402 页。
[2]　蔡维琰：《香格里拉旅游文化蕴涵的历史和审美意识》，《云南民族大学学报》（哲学社会科学版）2005 年第5 期。

损伤幼虫和幼苗。这种怜惜生命，关爱生命的地域文化根基，使得香格里拉区域的人们对生命现象都倍加珍惜和爱护，从而使该区域长期保持着一种良好的生态环境。

四是在调节人与自然的关系中，遵循"适度"原则[1]的文化根基，促进了香格里拉区域人与自然的和谐。比如在迪庆，藏民认为山上的一草一木与山脚村落人口的生存与安全息息相关，山顶过度采集虫草、贝母，则会导致来年气候异常，引发雹灾，影响来年农作物产量；森林火灾以及过度采伐森林则会导致洪灾和泥石流，影响河谷地区的农业生产及财产安全，因此在人与自然的关系中提倡取之有度。此外，该区域藏民由于受藏传佛教文化的影响，其价值观取向于重来世，轻现世；重善业，轻物欲。因而在经济活动中普遍缺乏物欲的冲动，这种消费需求自律的经济文化根基，也在一定程度上有效地调节了人与自然的关系。

8.2.2 香格里拉文化有利于促进区域经济合作

文化是人们适应和改造自然环境，进行共同的社会生活的经验总结，是人们所创造的物质产品和精神产品的总和。从文化经济学的角度看，文化作为社会上层建筑的组成部分，有其社会经济基础，是一定社会生产力水平下人们共同从事经济活动的产物；同时，作为上层建筑，又会对社会经济活动产生反作用，即能够促进人们的共同经济活动。因此，文化与经济密不可分，文化对人们的共同经济活动有着强大的整合功能与导向功能：[2]（1）文化的整合功能。它是指文化对于协调群体成员的共同行动所发挥的作用。社会群体中不同的成员都是独特的行动者，他们基于自己的需要，根据对情境的判断和理解来采取自己的行动。然而，社会成员满足自己需要的行动在何种程度上会得到其他成员的理解与合作，则要看其行动的价值和意义在多大程度上被他人认可。在这里，二者之间沟通的中介就是文化，如果二者之间有共同的文化，他们之间就能够有效地沟通，就有可能通过有效地沟通消除隔阂、促成合作。（2）文化的导向功能。它是指文化可以为人们的共同行动提供方向和可供选择的方式与途径。在群体和社会生活中，人们根据自己的需要可能会采取多种行为，然而，并非所有行为都能有效地达到目的，因为某一行动者的目标必须通过他人合适的回应才能实现。什么是合适的行为，这必须由社会成员的共享文化来判断。共享文化向

---

[1]　绒巴扎西：《云南藏区可持续发展研究》，233 页，昆明：云南民族出版社，2001。
[2]　王思斌：《社会学教程》，39—40 页，北京：北京大学出版社，2003。

人们提供着可供选择的行为方式，依据共享文化，人们知道自己的何种行为是适宜的、可以引起积极回应的，并由此倾向于选择适宜的有效行为，以达到自己的目标。

香格里拉文化是以藏族文化为母体的多元文化的融合体，是与香格里拉区域人与自然、人与人之间和谐共处高度统一的区域性文化。香格里拉文化作为区域劳动者长期共同生产生活所创造物质的和精神的成果，既是区域劳动者共同经济活动的产物，也对区域劳动者的共同经济活动起着整合与导向功能。以香格里拉文化为纽带，区域经济合作将得到不断加强、拓展与深化。

任何经济合作的基础都在于合作者彼此间的共同需要。历史上，香格里拉区域所在的滇、川、藏省区各民族间存在着密切的经济文化的交往，结成了互相依存的地域经济合作关系。唐宋以来，香格里拉区域各民族间的茶马贸易，不仅满足了各民族生产、生活的实际需要，促进了区域畜牧业、茶叶生产的发展，更重要的是带动了区域各民族间各类商品的交换与商品经济的发展，成为互通有无、互为依赖的不可分割的整体。

近年来，香格里拉区域生态旅游在国内外颇具影响。香格里拉的蓝天白云、雪山冰川、江河峡谷、高原湖泊、森林草地、丹霞红岩等自然景观无不给人以雄浑、博大的实地感受；基于多民族传统的民众文化节庆资源和多民族交往的历史遗迹资源，包括宗教文化、婚姻习俗、节庆仪式、民间歌舞、服饰饮食和茶马古道、藏彝走廊、长征路线等人文景观系列则给人以纯真、迷离的旅游体验。显然，"香格里拉"旅游文化品牌形象及其感召力，是连接该区域相关省区的纽带，也是他们彼此进行旅游开发与合作的共同依托。世界旅游发展的实践证明，独特的文化内涵是旅游的灵魂和生命力所在。旅游产品的文化品位越高，独特性越强，多样性越丰富，就越具有吸引力和生命力，越具有广阔的发展前景。[1]香格里拉区域生态旅游的发展，必须发挥香格里拉文化的优势，以共同的区域文化为纽带，大力整合区域旅游和文化资源，使香格里拉文化特色与区域旅游相融合，成为区域旅游的精髓。[2]没有区域民族文化的大发展，就没有区域旅游业的可持续发展。

[1]　蔡维琰：《香格里拉旅游文化蕴涵的历史和审美意识》，《云南民族大学学报》（哲学社会科学版）2005 年第 5 期。
[2]　李伟、周智生：《大香格里拉区域旅游合作及其发展机制》，《经济问题探索》2006 年第 5 期。

8.2.3 香格里拉文化有利于促进区域经济利益关系的协调与整合

以迪庆为中心的香格里拉区域地处青藏高原的南缘，横断山区中部，历史上曾是各民族迁徙的重要通道，被称为古代多民族走廊；唐代是吐蕃通往南诏的咽喉之地；明代以来，迪庆一直是中央王朝进入西藏的重要通道。在历史进程中，香格里拉区域成为青藏高原文化、中原文化以及东南亚、南亚文化交流、交汇的区域。以迪庆为例，迪庆藏族文化与青藏高原文化一脉相承，又与中原文化以及南亚文化有着广泛的联系；迪庆白族、纳西族文化不仅与中原文化有着极密切的联系，而且与青藏高原文化、东南亚文化也有密切的联系；迪庆境内的汉族、回族既保持着本民族传统的文化，又接受了来自青藏高原的藏族文化，形成了多元文化交融共处的状况。从民族构成看，人口在千人以上的世居民族有 9 个，包括了藏族、傈僳族、纳西族、白族、普米族、苗族、彝族和回族，各民族分布呈大杂居、小聚居的格局，民族之间的交往联系十分频繁。从宗教信仰状况看，迪庆藏区有藏传佛教中的宁玛派、噶举派和格鲁派，还有天主教、基督教、伊斯兰教、道教、东巴教。藏族和部分傈僳族信仰藏传佛教；部分傈僳族和藏族信仰天主教；部分傈僳族信仰基督教；纳西族信仰东巴教；回族信仰伊斯兰教；汉族多信仰道教。既有一个民族信仰多种宗教的状况，也有多个民族信仰同一种宗教的状况。在德钦县茨中村，一部分藏族信仰藏传佛教，另一部分藏族则信仰天主教。在德钦县的一些傈僳族村寨中甚至有三种宗教信仰形式同时并存的状况。又如在德钦县升平镇，信仰藏传佛教的藏民和信仰伊斯兰教的回民共处于同一条街道，藏传佛教寺院与清真寺并存于同一村镇。这种多元文化、多种宗教并存共处的状况，在迪庆藏区最为典型。

香格里拉文化所体现的多元文化交融共处，不仅促进了香格里拉区域人与自然的和谐共处，也促进了区域人与人之间的和谐共处，即表现为各民族人民的友好往来与交流。香格里拉区域人与人之间的和谐共处，其基础则是以香格里拉文化为纽带的区域各民族间经济利益的和谐。以藏传佛教为例，在迪庆藏区规模最大的寺庙松赞林寺中，不仅有藏族僧人，而且有纳西族僧人，并设有由纳西族僧人组成的基层组织"卓康千"，该康千的僧侣全为来自金沙江沿线的纳西族。在经济活动中，每年中秋前后香格里拉县四村的藏族牧民就要驮上酥油及奶酪等乳制品到地理上与之毗邻的三坝纳西族地区调换稻谷等粮食。香格里拉县小中甸乡的藏族每年秋后也要带上畜产品到金沙江河谷地区的纳西族、白族聚居区调换玉米、稻米等。迪庆藏语方言中的玉米、核桃等词汇则是从纳西语中借用而来的。而在德钦县的傈僳族、藏族杂居的地区，藏族和傈僳族都通晓对方的语言，甚至一些傈僳族青年比藏族青年更擅长藏族歌舞。德钦及中甸县境的回族均能讲一口流利的藏语。[1] 这种语言文化融合的现象，既是民族之间和睦相处、民族文化相互交融的结果，也是民族团结、人际和睦的例证。

8.3 香格里拉文化建设的路向

8.3.1 香格里拉文化建设面临的主要问题

改革开放以来，香格里拉区域随着市场经济的逐步发育，追求经济利益的观念与动机也随之兴起，在维系人与人、人与自然的关系中，经济利益的作用日益突出，经济利益愈来愈成为人们关注的焦点，原有的价值标准和伦理规范不同程度地受到冲击，由此使得区域人与人、人与自然和谐共处的状况面临着新的挑战，并深刻制约着区域经济发展方式的转变。

一是利益矛盾、利益纠纷增多，交易成本上升。据不完全统计，2000 至 2003 年，迪庆司法部门调解处理的各类民间纠纷由 1231 件上升到了 1538 件，上升了 24.9%。[2] 近年来发生的利益纠纷既有因利益边界模糊所引起的利益纠纷，也有在经济交往中因违约造成一方利益受损而引起的利益纠纷，还有在经济开发与建设中因整体利益与局部利益之间的矛盾所引起的利益纠纷。利益纠纷的类型既有社区与社区之间的利益纠纷，也有群众与基层政府之间的利益纠纷，还有群众与寺院之间的利益纠纷。从利益纠纷的表现形式看，有的表现为群众性上访，有的表现为社区与社区之间的群众性斗殴事件，还有的则表现为聚众滋事。这种状况既不利于社会的稳定与和谐，也增大了交易成本，制约了增长方式的转变。

二是经济活动中的短期行为增多。家庭联产承包责任制以来，在畜牧业生产中实行了牲畜私有私养，草场公有共用的体制安排。在这一制度安排下，农牧民养畜越多，就可从公有草场上获得更多的收益。农牧民在利益动机的作用

---

[1]　蔡维琰：《香格里拉旅游文化蕴涵的历史和审美意识》，《云南民族大学学报》（哲学社会科学版）2005 年第 5 期。
[2]　迪庆司法局：《工作总结》（2002—2003）。

下竞相养畜，其结果导致草场负荷过重，草场退化，区域生态环境恶化。在野生物资源的采集过程中，人们在利益动机的驱使下出现了过度采集、竭泽而渔的行为，导致珍稀生物资源的种群数量下降、再生能力降低。在矿业开发中采富弃贫，浪费资源，破坏生态环境现象时有发生。极少数人在经济利益的诱惑下，置国家法律于不顾，在自然保护区内偷捕偷猎或采伐珍稀树种。凡此种种，严重影响了区域可持续发展。

三是香格里拉区域历史上长期处于自给自足的自然经济阶段，生产力水平低下。历史上香格里拉区域人与自然和谐、人与人和谐是以落后的生产力为基础的，并通过藏传佛教教义教理这一特殊的认知方式来调节、维系的。香格里拉区域传统文化在导向人与自然，人与人和谐的同时，也铸就了知足、安贫、隐忍、出世的文化心理，并在一定程度上抑制了经济主体的创新能力与风险意识，进而制约了区域增长方式的转变。

8.3.2 香格里拉文化建设的目标和原则

◎香格里拉文化建设的目标

香格里拉区域文化建设中所面临的矛盾与问题，是区域经济社会转型的必然产物。香格里拉区域文化建设关键在于找到"传统"与"现代"的结合点，在现代化的进程中使民族优秀传统文化得到继承，并使之成为促进区域社会发展与现代化的深厚文化基础和精神力量。从文化变迁的角度看，现代化的冲击和体制转轨是文化变迁的背景与诱因，而文化变迁的过程并不必然表现为"传统与现代"的矛盾，或以"现代"取代"传统"。文化变迁既可能采取以"现代"取代"传统"的方式，也可以在继承传统文化的基础上通过文化创新来实现。创新型文化变迁又总是以继承传统文化为前提，在继承传统文化的基础上，通过对传统文化的不断创新，通过文化体系对现代化的调适，最终形成具有民族文化底蕴、并与现代文明相对接和满足各民族现代生活需要的崭新文化体系[1]。

因此，香格里拉文化建设的目标就是要在继承香格里拉区域各民族优秀文化的基础上，通过不断创新，逐步形成既有地方民族文化特色，又与现代文明相对接；既能维系香格里拉区域人与人、人与自然的和谐共处，又能最大限度地促进区域社会发展与进步；既保持民族文化的多样性特征，又能促进区域各民族平等团结，共同繁荣的文化体系。

---

[1] 李学军：《论创新型文化的建构》，《河南社会科学》2006年第6期。

◎香格里拉文化建设的原则

为了通过文化传承与创新，促进区域经济发展方式的转变，在香格里拉文化建设中，必须遵循以下原则：

一是香格里拉文化建设必须以科学发展观为指导。科学发展观，是立足社会主义初级阶段基本国情，总结我国发展实践，借鉴国外发展经验，适应新的发展要求提出来的。以科学发展观为指导，就是要在香格里拉文化建设中以科学发展为出发点和归宿，通过香格里拉文化建设促进区域经济增长质量和效益的提高，努力实现速度和结构、质量、效益相统一，经济发展和人口、资源、环境相协调，努力保护和增强区域发展的可持续性。构建区域文化建设与经济发展方式转变互动互促的关系。

二是香格里拉文化建设必须坚持为香格里拉区域经济发展、增长方式转变服务的原则。经济发展是文化繁荣的物质基础，是现代社会发展的中心线索。文化建设脱离了经济发展需要，就失去了前进的目标和方向。因此，在香格里拉文化建设中，要大力传承和弘扬保护生态环境，促进区域可持续发展，整合经济要素，促进区域经济协作的民族文化。对不利于促进科技进步和经济发展的文化事项及观念，则要通过积极引导，在当地群众自觉自愿的基础上实现移风易俗与文化革新，最终达到通过香格里拉文化建设来促进香格里拉区域经济发展方式转变的目标。

三是香格里拉文化建设应坚持文化建设和生态环境保护相结合的方针。自然生态环境是靠人类的精心保护而存在。人与自然和谐共处是香格里拉文化中最有价值和生命力的文化理念之一。香格里拉区域各民族人民在长期求生存、求发展的实践中，认知和积累了丰富的关于人与自然共生共存的知识体系，从而形成了富有价值的生态伦理道德和固有的生态文明，诸如自然崇拜、民族习惯法、村规民约等维系人与自然和谐共处的观念文化和制度规范。在香格里拉文化建设中，要充分吸取民族传统文化中关于人与自然和谐共处的合理内容，对传统的生态文明及生态伦理道德观进行系统发掘和弘扬。

四是香格里拉文化建设必须坚持继承与创新相结合的方针。保护与继承优秀的民族传统文化，是香格里拉文化建设的基础和前提。文化创造脱离了传统的文化根基就失去了基础，文化创新也就成了无本之木，无源之水；而民族传统文化缺乏创新，就得不到发展，就会失去生命力。因此，香格里拉文化建设必须坚持继承和创新相结合的文化建设方针。

主要参考文献

一、研究论著

[1] [英]大卫·李嘉图:《政治经济学及赋税原理》,北京:商务印书馆,1972年。

[2] [法]卢梭:《社会契约论》,北京:商务印书馆,1980年。

[3] [美]布朗:《建设一个持续发展的社会》,北京:科技文献出版社,1984年。

[4] [瑞]贝尔蒂尔·俄林:《地区间贸易与国际贸易》,北京:商务印书馆,1986年。

[5] [美]西奥多·W·舒尔茨:《论人力资本投资》,北京:北京经济学院出版社,1990年。

[6] [美]L.E.戴维斯、D.C.诺斯:《制度变迁与美国经济增长》,引自R.科斯等:《财产权利与制度变迁》,上海:上海三联书店,1994年。

[7] 迪庆藏族自治州统计局:《迪庆藏族自治州统计年鉴·1994》,1995年。

[8] 曾培炎:《加快转变经济增长方式》,北京:中国计划出版社,1995年。

[9] 李芝喜等:《迪庆森林遥感分析》,昆明:云南科技出版社,1995年。

[10] 王庆功、杜传忠:《走向21世纪:中国经济增长方式转变》,天津:天津人民出版社,1996年

[11] 迪庆藏族自治州统计局:《迪庆藏族自治州统计年鉴·1995》,1996年。

[12] [法]卢梭:《论人类不平等的起源和基础》,北京:商务印书馆,1997年。

[13] 陈德华等：《论经济增长方式的转变》，成都：西南财经大学出版社，1997 年。

[14] 郑冶钢、吕海燕：《农村经济增长方式研究》，北京：中国农业科技出版社，1997 年。

[15] [加] 尼科·斯特尔：《知识社会》，上海：上海译文出版社，1998 年。

[16] 朱震葆：《经济增长方式转变评价体系研究》，南京：河海大学出版社，1998 年。

[17] 刘万贵、路广平：《经济增长方式转变理论探索》，北京：中国计划出版社，1998 年。

[18] 蒋永穆、杨建川：《企业经济增长方式转变论》，成都：四川大学出版社，1998 年。

[19] 李文华等：《青藏高原生态系统及优化利用模式》，广州：广东科技出版社，1998 年。

[20] 郭保熙：《发展经济学经典著作选》，北京：中国经济出版社，1998 年。

[21] 陈大江：《新疆经济发展与转变经济增长方式研究》，乌鲁木齐：新疆大学出版社，1999 年。

[22] 车志敏：《云南——矿业王国》，芒市：德宏民族出版社，1999 年。

[23] 西藏自治区发展和改革委员会：《西藏自治区国民经济和社会发展第十个五年计划纲要汇编（ 2001—2005 ）》（上、下册），2000 年。

[24] 迪庆藏族自治州统计局：《迪庆藏族自治州统计年鉴·1999》，2000 年。

[25] 袁文平：《经济增长方式转变机制论》，成都：西南财经大学出版社，2000 年。

[26] 刘秀清：《内蒙古经济增长方式：从粗放到集约》，北京：中国计划出版社，2000 年。

[27] 蒲勇健：《经济增长方式转变中的产业结构调整与产业政策》，北京·华文出版社，2000 年。

[28] 姜作培：《经济增长方式转变的政策选择》，北京：中国经济出版社，2000 年。

[29] 洪银兴：《经济增长方式转变研究》，南京：南京大学出版社，2000 年。

[30] 侯亚非：《人口质量与经济增长方式》，北京：中国经济出版社，2000 年。

[31] 刘永佶：《主义、主题、方法——社会主义政治经济学之根本》，北京：

中国经济出版社，2001年。

[32] 何永芳：《加快经济增长方式转变：四川产业结构调整与产业政策》，成都：西南财经大学出版社，2001年。

[33] 刘国光、李京文：《中国经济大转变：经济增长方式转变的综合研究》，广州：广东人民出版社，2001年。

[34] 绒巴扎西：《云南藏区可持续发展研究》，昆明：云南民族出版社，2001年。

[35] 王洛林、朱玲：《后发地区的发展路径选择：云南藏区案例研究》，北京：经济管理出版社，2002年。

[36] 赵绍敏、齐扎拉：《香格里拉之路：有藏区特色社会主义发展道路新探索》，昆明：云南民族出版社，2002年。

[37] 郑必清、李伍荣：《消费增长与经济增长方式转变》，长沙：湖南人民出版社，2002年。

[38] 曲建：《外商直接投资与经济增长方式关系研究》，北京：中国财政经济出版社，2003年。

[39] 迪庆藏族自治州地方志编纂委员会：《迪庆藏族自治州志》（上、下），昆明：云南民族出版社，2003年。

[40]《迪庆州年鉴》编辑部：《迪庆州年鉴·2003》，昆明：云南美术出版社，2003年。

[41] 甘孜藏族自治州发展和改革委员会：《四川省甘孜藏族自治州生态农业产业发展规划（2005—2020年）》，2004年。

[42] 龙远蔚等：《中国少数民族经济研究导论》，北京：民族出版社，2004年。

[43] 余明勤：《区域经济利益分析》，北京：经济管理出版社，2004年。

[44] 王梦奎：《中国中长期发展的重要问题（2006—2020）》，北京：中国发展出版社，2005年。

[45] 丁任重：《西部经济发展与资源承载力研究》，北京：人民出版社，2005年。

[46] 甘孜藏族自治州发展和改革委员会：《甘孜藏族自治州南部特色生态农业产业规划（2006—2010）》，2005年。

[47] 国家民族事务委员会：《中国民族年鉴·2005》，北京：中国民族年鉴出版社，2005年。

[48]《昌都地区志》总编室：《昌都地区志》（上册），北京：方志出版社，2005年。

[49] 四川省康藏研究中心、四川旅游规划设计研究院：《甘孜藏族自治州生态旅游产业发展规划》，2005 年。

[50] 昌都地区统计局：《昌都年鉴·2006》，北京：中国藏学出版社，2006 年。

[51] 昌都地区发展和改革委员会：《昌都地区"十一五"时期国民经济和社会发展规划纲要》，2008 年。

[52] 迪庆州发展和改革委员会：《迪庆藏族自治州国民经济和社会发展第十一个五年规划纲要》，2006。

[53] 怒江州科学技术局：《科技进步推动怒江州经济社会快速发展》，2006 年。

[54] 甘孜州统计局：《甘孜统计年鉴·2006》，北京：中国统计年鉴出版社，2006 年。

[55]《甘孜州年鉴》编辑部：《甘孜州年鉴·2006》，2006 年。

[56] 甘孜藏族自治州畜牧局：《甘孜藏族自治州畜牧业"十一五"规划及 2020 年远景目标》，2006 年。

[57] 甘孜州统计局：《甘孜藏族自治州 2005 年国民经济和发展统计公报》，2006 年。

[58] 甘孜州教育局：《甘孜藏族自治州教育事业发展"十一五"规划》，2006 年。

[59] 国家民族事务委员会：《中国民族年鉴·2006》，北京：中国民族年鉴出版社，2006 年。

[60] 云南省统计局：《云南统计年鉴·2006》，北京：中国统计出版社，2006 年。

[61] 西藏统计局：《西藏统计年鉴·2006》，北京：中国统计出版社，2006 年。

[62] 迪庆藏族自治州统计局：《迪庆藏族自治州统计年鉴·2005》，2006 年。

[63] 丁任重：《中国大香格里拉经济圈研究》，成都：西南财经大学出版社，2006 年。

[64] 厉无畏、王振：《转变经济增长方式研究》，上海：学林出版社，2006 年。

[65] 王文长等：《西部资源开发与可持续发展研究》，北京：中央民族大学出版社，2006 年。

[66] 四川省民族事务委员会：《四川省"十一五"民族地区经济社会发展规划纲要汇编》，2007 年。

[67]《甘孜州年鉴》编辑部：《甘孜州年鉴·2007》，2007 年。

[68] 迪庆州志编纂委员会办公室：《迪庆州年鉴·2007》，昆明：云南民族出版社，2007 年。

[69] 尧斯丹：《甘孜新跨越：甘孜藏族自治州国民经济和社会发展第十一个五年规划》，成都：四川民族出版社，2007 年。

[70] 吴宏洛：《转型期的和谐劳动关系》，北京：社会科学文献出版社，2007 年。

[71] 王文长等：《西部开发中民族利益关系协调机制研究》，北京：中央民族大学出版社，2007 年。

[72] 戴书松：《无形资产投资、价值创造及经济增长方式转变》，北京：经济管理出版社，2008 年。

[73] 杨永生：《循环经济与云南经济增长方式转变》，昆明：云南大学出版社，2008 年。

二、学术论文

[74] 郭开中、陈黎明：《发展旅游业的对外投资更进一步促进旅游业的对外开放》，《旅游学刊》1989 年第 2 期。

[75] 李变花：《西方经济增长理论评述》，《河南师范大学学报》（哲学社会科学版）1995 年第 6 期。

[76] 韦剑峰：《民族地区推进经济增长方式转变的制约因素及对策思考》，《民族研究》1997 年第 2 期。

[77] 孙翔云：《进一步落实和完善牧区草场承包责任制》，《甘肃农业》2000 年第 4 期。

[78] 刘少武：《关于制度安排对经济增长方式转变作用的几点思考》，《管理世界》2000 年第 6 期。

[79] 胡乃武、龙向东：《半个多世纪以来西方经济增长理论的发展》，《经济学动态》2001 年第 1 期。

[80] 齐扎拉：《"香格里拉"保护与发展的探索及行动》，《思想战线》2001 年第 1 期。

[81] 曲格平：《发展循环经济是 21 世纪的大趋势》，《中国城市经济》2002 年第 1 期。

[82] 刘平宇、马骥：《论循环经济发展的必然性》，《生态经济》（学术版）

2002 年第 4 期。

[83] 何燕:《试论环境影响评价制度》,《生态经济》(学术版) 2002 年第 5 期。

[84] 陈一之、缪家福:《解放思想与香格里拉的跨越式发展》,《中共云南省委党校学报》2002 年第 6 期。

[85] 李绍明:《简论牦牛文化与牦牛经济》,《云南民族学院学报》(哲学社会科学版) 2003 年第 1 期。

[86] 周笑源:《生态旅游内涵再论——兼与郭舒先生商榷》,《旅游学刊》2003 年第 1 期。

[87] 赵光洲、和矛等:《在中国——东盟自由贸易区的框架内推进澜沧江——湄公河次区域经济合作》,《经济问题探索》2003 年第 2 期。

[88] 赵颖新:《建立澜沧江——湄公河次区域经济合作机制问题研究》,《云南省委党校学报》2004 年第 3 期。

[89] 王文长:《民族自治地方资源开发、输出与保护的利益补偿机制研究》,《广西民族研究》2003 年第 4 期。

[90] 赵晓华、李琳:《科学发展观与民族地区经济增长方式的转变》,《贵州民族研究》2004 年第 4 期。

[91] 叶南客:《当代文化经济一体化的生成动因与实现途径》,《江海学刊》2004 年第 4 期。

[92] 江世铭:《西部经济增长方式转型与区域经济协调发展》,《贵州财经学院学报》2004 年第 6 期。

[93] 欧庭高:《社会行为与技术创新社会生成》,《社会科学家》2004 年第 6 期。

[94] 巴春生:《承接东部产业转移促进西部经济发展》,《改革与战略》2004 年第 7 期。

[95] 吴菁:《香格里拉地区教育状况的考察报告》,《基础教育参考》2004 年第 8 期。

[96] 顾丽、彭福扬:《面向循环经济的企业技术创新研究》,《科学学与科学技术管理》2005 年第 2 期。

[97] 胡仪元:《西部生态经济开发的利益补偿机制》,《社会科学辑刊》2005 年第 2 期。

[98] 单宝:《解读循环经济》,《生产力研究》2005 年第 3 期。

[99] 王兆华、尹建华:《循环经济理论的国际实践及启示》,《改革》2005 年第 3 期。

[100] 谢彦君：《对生态旅游的本质探讨》，《北京林业大学学报》（社会科学版）2005 年第 3 期。

[101] 金莲芳：《加快迪庆旅游业发展面临的问题及对策》，《经济问题研究》2005 年第 3 期。

[102] 扎呷：《论西藏的草场资源与环境保护》，《中国藏学》2005 年第 3 期。

[103] 张波、赵华：《俄罗斯生态鉴定制度初探——兼议完善我国环境影响评价制度》，《求是学刊》2005 年第 4 期。

[104] 长江水利委员会：《正确处理保护与开发的关系，合理开发怒江流域水能资源》，《中国水利》2005 年第 4 期。

[105] 蔡维琰：《香格里拉旅游文化蕴涵的历史和审美意识》，《云南民族大学学报》（哲学社会科学版）2005 年第 5 期。

[106] 李军杰：《地方政府经济行为短期化的体制性根源》，《宏观经济研究》2005 年第 10 期。

[107] 绒巴扎西：《香格里拉旅游品牌的核心价值与建设》，《云南民族大学学报》（哲学社会科学版）2006 年第 2 期。

[108] 冯留雷：《从"输血型"到"造血型"——建立和完善西部地区生态环境补偿机制》，《环境经济》2006 年第 3 期。

[109] 何慧刚：《中国——东盟自由贸易区的经济效应分析》，《云南社会科学》2006 年第 3 期。

[110] 王玉玲：《论少数民族地区生态环境利益补偿机制——以云南省迪庆藏族自治州为例》，《中央民族大学学报》（哲学社会科学版）2006 年第 3 期。

[111] 侯新华：《开发怒江旅游 打造世界品牌》，《社会主义论坛》2006 年第 4 期。

[112] 李伟、周智生：《大香格里拉区域旅游合作及其发展机制》，《经济问题探索》2006 年第 5 期。

[113] 景跃军、陈英姿：《关于资源承载力的研究综述及思考》，《中国人口环境与资源》2006 年第 5 期。

[114] 路幸福、陆林：《香格里拉旅游地生成机制与发展模式研究》，《资源开发与市场》2006 年第 6 期。

[115] 李学军：《论创新型文化的建构》，《河南社会科学》2006 年第 6 期。

[116] 苏建设、顾巍：《循环经济与技术创新的关系探讨》，《经济师》2006 年第 8 期。

[117] 张干：《对我国西部地区建立生态环境补偿机制的思考》，《生态经济》（学术版）2006年第9期。

[118] 罗正明、周祥志：《西部地区水能资源开发探讨》，《中国水利》2006年第14期。

[119] 张雪绸：《生态农业与西部地区的农业可持续发展》，《安徽农业科学》2006年第22期。

[120] 陈维春、何晖：《环境影响评价制度中的公众参与浅析》，《求实》2006年第S2期。

[121] 吴楚材、吴章文等：《生态旅游概念的研究》，《旅游学刊》2007年第1期。

[122] 梁慧：《国际生态旅游发展趋势展望》，《当代经济》2007年第1期。

[123] 周中林：《农业龙头企业循环经济技术创新新目标探析》，《农业现代化研究》2007年第2期。

[124] 高志敏、王良健：《我国矿产资源开发利用与资产化改革思路》，《中国矿业》2007年第2期。

[125] 李磊：《我国流域生态补偿机制探讨》，《软科学》2007年第3期。

[126] 张克俊：《香格里拉区域整体对外开放与各行政区合作研究》，《开发研究》2007年第3期。

[127] 任保平、邵晓：《我国经济增长方式研究述评》，《天津行政学院学报》2007年第4期。

[128] 毛振军：《论西部民族地区生态补偿机制的建构》，《黑龙江民族丛刊》2007年第6期。

[129] 张华：《面向循环经济的企业技术战略与技术创新转型》，《生态经济》（学术版）2007年第9期。

[130] 颜复萍、贾玉巧：《西部生态旅游的经济学分析》，《中国西部》2007年第9期。

[131] 唐龙：《从"转变经济增长方式"到"转变经济发展方式"的理论思考》，《当代财经》2007年第12期。

[132] 张红：《国内外资源环境承载力研究述评》，《理论学刊》2007年第10期。

[133] 王健：《我国生态补偿机制的现状及管理体制创新》，《中国行政管理》2007年第11期。

[134] 胡学勒：《经济增长方式与经济发展方式的联系与区别》，《经济纵横》2008年第1期。

[135] 彭泽军：《香格里拉生态旅游区合作开发初探》，《生态经济》（学术版）2008 年第 1 期。

[136] 韦贵红：《集体林权制度改革中有关法律问题研究》，《北京林业大学学报》（社会科学版）2008 年第 1 期。

[137] 徐柯健：《大香格里拉地区旅游开发模式比较分析》，《地理科学进展》2008 年第 3 期。

[138] 赵兵：《资源环境承载力研究进展及发展趋势》，《西安财经学院学报》2008 年第 3 期。

[139] 西南地区集体林权制度改革课题组：《对西南地区集体林权制度改革的思考》，《经济体制改革》2008 年第 4 期。

[140] 何雄浪、杨继瑞：《从转变经济增长方式到转变经济发展方式》，《贵州财经学院学报》2008 年第 5 期。

[141] 吕晓澜：《关于矿产资源开发利用监督管理的思考》，《浙江国土资源》2008 年第 5 期。

[142] 阮丹：《浅谈大香格里拉合作中利益均衡机制的建立》，《乐山师范学院学报》2008 年第 5 期。

[143] 谭世明、张俊飚：《集体林权制度改革研究述评》，《湖北社会科学》2008 年第 6 期。

[144] 李建友：《云南集体林权制度改革基本经验及深化改革关注点》，《林业经济》2008 年第 9 期。

[145] 李剑文：《试论我国环境影响评价制度的完善》，《经济问题探索》2008 年第 11 期。

[146] 孙力：《生态功能区补偿法律制度初探》，《环境保护》2008 年第 12 期。

[147] 刘继莉：《浅析循环经济的技术支撑体系研究》，《中国科技信息》2008 年第 20 期。

[148] Emily T. Yeh . Forest Claims, Conflicts and Commodification: The Political Ecology of Tibetan Mushroom- Harvesting Villages in Yunnan Province, China, The China Quarterly, No. 161 (Mar. 2000), pp.264—278.

[149] Daniel Winkler. The Mushrooming Fungi Market in Tibet-Exemplified by Cordyceps sinensis-and Tricholoma matsutake . Journal of the International Association of Tibetan Studies,issue4, 2008.

[150] Andreas Gruschke. Nomads without Pastures? Globalization, Regionalization,

and Livelihood Security of Nomads and Former Nomads in Northern Khams. Journal of the International Association of Tibetan Studies,issue4, 2008.

[151] Susan Costello. The flow of wealth in Golok pastoralist society: Towards an assessment of local financial resources for economic development. Proceedings of the Tenth Seminar of the IATS, 2003, Volume 11 Tibetan Modernities Notes from the Field on Cultural and Social Change Edited by Robert Barnett and Ronald Schwartz Publication year:?2008.

后 记

本书是在王德强（绒巴扎西）教授主持完成的国家社科基金项目"香格里拉区域经济增长方式转变研究"（批准号：06BMZ015)的基础上写成的。王德强（绒巴扎西）教授负责本项目的申报论证，调研提纲、写作大纲的编制，实地调研以及全书观点的形成和修改审定；并负责第一章、第二章、第五章（第1、2、3、4节）和第八章的撰写。廖乐焕承担了第三章、第四章、第五章（第5、6、7节）和第七章的撰写工作；彭泽军承担了第六章的撰写工作；普德明、田甜做了大量的调研和文献工作。

在调研过程中得到了时任中共迪庆州委书记齐扎拉的大力支持与帮助；还得到了中共迪庆州委副书记、州长黄政红，中共迪庆州委常委、统战部长杜永春，中共迪庆州委常委宣传部长鲁永明，四川省甘孜州人民政府秘书长易凡，甘孜州人民政府办公室副主任曲梅的大力支持与协作，在此一并致谢！

研究和写作过程中参阅了大量同行专家的研究成果，并在书中一一做了注明，在付梓之际，谨致谢忱！

本项研究得到了国家社科基金的全额资助；本书的出版得到了云南民族大学博士学科建设经费的资助；人民出版社邵永忠编辑为本书的出版付出了大量辛勤的劳动；云南民族大学党委书记甄朝党教授、云南民族大学校长张英杰教授、博士学科建设办主任安学斌教授、经济学院院长高梦滔教授、经济学院肖建乐教授非常关心支持本书的出版工作，在此一并致谢！

作者谨识

2010 年 11 月于昆明